O PODER PELO AVESSO

Dora Kramer
O PODER PELO AVESSO

99 CRÔNICAS POLÍTICAS

BARCAROLLA

Copyright © 2010 Editora Barcarolla
© Dora Kramer

Capa
Marcelo Girard

Foto da capa
Joedson Alves/AE
Palácio da Alvorada, Brasília (DF)

Revisão
Ciro Hardt Araujo

Diagramação
IMG3

Dados Internacionais de Catalogação na Publicação (CIP)
(Câmara Brasileira do Livro, SP, Brasil)

Kramer, Dora
   O poder pelo avesso: crônicas políticas ;
2001-2009 / Dora Kramer. -- São Paulo : Editora
Barcarolla, 2010.

   1. Artigos jornalísticos 2. Brasil - Política e
governo 3. Crônicas brasileiras 4. Jornais -
Seções, colunas etc. 5. Jornalismo político
6. O Estado de S. Paulo (Jornal) I. Título.

10-01851   CDD-070-44932

Índices para catálogo sistemático:
1. Jornalismo político   070-44932

2010

Todos os direitos reservados à
Editora Barcarolla Ltda.
Av. Pedroso de Moraes, 631|11° andar
05419-000 Pinheiros São Paulo SP Brasil
Telefone|fax (55 11) 3814 4600
www.editorabarcarolla.com.br

Índice

Introdução, 9

2001

Desejo de mudar, 19
Cansado está o eleitorado, 23
O presidente em seu labirinto, 27

2002

A *egotrip* do clã Sarney, 31
MST leva PT às cordas, 35
De parafusos todos soltos, 39
Completamente dominados, 43
Ao Congresso, as traças, 47
Aprendiz do Bem-amado, 51
Informação, opinião e eleições, 55
Reencontro no Planalto, 59
Posse cria atrito na transição, 63
A tentação do aparelhismo, 67

2003

Em linha direta com a rua, 71
Toda cooptação tem seu preço, 75
Crônica de um atrito anunciado, 79
A excelência da inconveniência, 83
Ação entre amigos (da onça), 87
O alto preço de um boné, 91

Em prejuízo da maioria, 95
Fisiologismo ideológico, 99
Sem direito a surpresa, 103
África é pobre, mas é limpinha, 107

2004

Seria Waldomiro uma ilha?, 111
Por que tanta pose, doutor?, 115
Anormal, ilegal e fatal, 119
Nos jardins da Babilônia, 123
O ovo da serpente, 127
Afeto cívico no adeus a Brizola, 131
No paraíso da tocaia, 135
Onda de obscurantismo, 139
Cadáveres insepultos, 143
No palácio, assim como no comitê, 147
A cultura da infração, 151
O mito do articulador, 155
Mais ao espírito, menos ao fígado, 159

2005

A quase lógica do senso comum, 163
Câmara topa tudo por dinheiro, 167
Bem pior que a encomenda, 171
Tristes trópicos, 175
Deu um cheque e dormiu tranquilo, 179
O guardião do rei, 183

O silêncio dos indecentes, 187
Atração fatal, 191
O ignorante político, 195
De ofício, um fingidor, 199
Amargo regresso, 203

2006

Umbigos ilustrados, 207
Impressão digital, 211
A consagração da ilegalidade, 215
Os bobos da Corte, 219
A quem interessa, 223
A primeira vítima, 227
Desvio de função, 231
Só a política comove, 235

2007

Bela forma de frágil conteúdo, 239
O motor da emoção, 243
O convescote da boquinha, 247
Campeões de tiro no pé, 251
Geleia geral, 255
Ingerência autorizada, 259
Palavra de arquibancada, 263
Festim diabólico, 267
O PAC do palanque, 271
Aula magna, 275
Osso duro de largar, 279
Por que falas?, 283
A paga da praga, 287
Notícias do palácio, 291
Cultura da facilidade, 295

2008

Para o que der e vier, 299
O fiador da reincidência, 303
Algo de sujo além de fichas, 307
Sob o patrocínio da bela viola, 311
Mentalidade de exceção, 315
Na curva do Tietê, 319
Era vidro e se quebrou, 323
Ao vencedor, o desmanche, 327
Sob o rigor da lei de Gérson, 331
Mudança de hábito, 335
Ato Inconstitucional, 339

2009

Autossuficiente da Silva, 343
A volta de quem não foi, 347
Como Pôncio Pilatos, 351
Dom de iludir e confundir, 355
Barbárie consentida, 359
Obama é o cara, 363
Abandonado na pista, 367
Fracasso invulgar, 371
A lei? Ora, a lei..., 375
Perdido no espaço, 379
Advogado do diabo, 383
Teúdos e manteúdos, 387
Estadista pelo avesso, 391
Os russos estão chegando, 395
Correção de rumo, 399
Toffoli 10, Senado 0, 403
Degradação programada, 407
Uma nação de cócoras, 411

Introdução

Cobra-se do jornalista imparcialidade. Dependendo do ângulo de visão pode ser uma demanda justa. Ou uma cobrança indevida de quem desconhece a lida da informação, o exercício da interpretação e o ofício da opinião como a expressão de um modo de ver as coisas para o cotejo do leitor que as vê da mesma forma ou, então, de maneira oposta.

Se a ótica for semelhante à aplicada à missão do magistrado, a exigência é imprópria: jornalista não é juiz, não tem na lei um parâmetro de conduta rígido. É muito mais um costureiro de retalhos, um artesão de panos de fundo. Pinça a ponta do fio e a partir daí vai destrinchando os meandros da meada.

Se, ao se definir o ser imparcial, imagina-se aquele que não submete seus elementos de raciocínio a conveniências próprias ou alheias – patrulhas incluídas –, aí sim a imparcialidade pode ser um critério e não um erro de avaliação grosseiro a respeito de uma atividade movida a liberdade de pensar. No desvio do senso comum. De preferência mesmo, na contramão.

Em miúdos: autonomia mental é a essência da coisa.

Nisso, não há como rezar no altar da objetividade, aí entendida como a mais completa ausência de discernimento em atenção à fidelidade dos "fatos".

Quais fatos? Em geral, a versão mais conveniente para seus autores e respectivos propósitos. Quando cheguei a Brasília, em 1987, "importada" da sede do *Jornal do Brasil* no Rio para a sucursal que criava as melhores cobras – no bom sentido – do jornalismo político, ouvi, não me lembro de quem, uma história. Se não for verdadeira, é verossímil. "Pacas do Cerrado" era o apelido dado aos repórteres que as chefias "soltavam" na Esplanada dos Ministérios em busca de notícias. Voltavam para as redações com um papelzinho preso às orelhas dos quais transcreviam com total isenção as versões das "fontes". Não fui conferir com possíveis autores a história. Vale como alegoria da reverência ao oficialmente declarado ou extra-oficialmente informado, e do temor de discernir entre o que faz sentido e o que apenas proporciona uma artificial sensação do dever cumprido.

Naquele dia decidi encerrar minha carreira de paca do Cerrado e fui cobrir a "direita" na Constituinte. Lá se vão 22 anos, quase 15 dos quais dedicados ao ofício diário de fazer uma coluna de análise política.

Nesse meio tempo mudei de estilo, de público, concepção de trabalho e também de endereço. De 1995 a 2001, a coluna foi publicada no *JB*, de 2001 a 2004 em regime de dupla militância com *O Estado de S. Paulo* e a partir daí, só no *Estadão*, que revende por meio da Agência Estado para outras cidades e capitais do País.

Mudei muito, mas não mudei minha convicção de que a

independência mental é a chave do negócio. Isso não quer dizer ausência de posições políticas. Ao contrário. Para transformar as observações em análise é preciso tê-las muito nítidas e deixá-las transparecer ao leitor para que ele saiba qual a natureza da ótica, para que identifique a natureza do filtro, para que não se engane quanto ao produto oferecido. Só que isso não se faz do dia para a noite. Nem se adquire autonomia por força da vontade. É fruto de alguma ousadia, esmero na elaboração de um texto que possa seduzir o leitor o bastante para torná-lo um escravo voluntário da forma, mesmo que se oponha ao conteúdo, de uma dose de saudável isolamento, um grau quase doentio de indiferença à moda do mundo em volta e de ruptura com a exacerbação da autocrítica. Aquela que paralisa, bem entendido.

Abrir mão da outra é se expor ao risco do ridículo.

No início, as colunas eram feitas mais ou menos como matérias comuns. Muita entrevista, muita consulta às "fontes" (nem sempre luminosas), quase nenhuma marca pessoal.

Aos poucos isso foi mudando e mudou definitivamente no governo Luiz Inácio da Silva, cujos próceres revelavam nos bastidores o plano de privilegiar os amigos da imprensa e tirar o oxigênio daqueles que consideravam inimigos. Estes, em breve, estariam profissionalmente "mortos".

Por inimigos eram entendidos todos aqueles que não compartilhavam da "emoção" de ver a presidência da República ocupada por um ex-operário que encarnava expectativas e ilusões à deriva de que estaria, enfim, garantido o passaporte dos brasileiros ao paraíso.

Isso ficou patente quando, em um almoço ainda nos primórdios do primeiro mandato, Tarso Genro assinou o seguinte recibo em gauchês castiço: "Dora, sabes que não consegues disfarçar que preferias que o Serra tivesse sido eleito?"

Claro que sabia, inclusive porque não disfarçava coisa alguma, há oito anos (desde 1995, isso ocorreu em 2003) externava todo dia uma opinião claríssima sobre os constantes equívocos do PT e, mais especificamente na reta final da campanha de 2002, a óbvia diferença de preparo entre os dois candidatos. Mas a frieza de análise não interessava. O escrutínio muitas vezes de tão duro até impertinência a que os artigos submetiam os tucanos, os então pefelistas e companhia, era totalmente ignorado a fim de não prejudicar o objetivo sistematicamente perseguido: desqualificar o analista, lançando suspeitas, confundindo ponto de vista com desonestidade.

A crítica era vista naquele início como um ato de lesa-pátria e um ofício a ser exercido às escondidas. Hoje é tida como coisa de golpista. É um ardil muito comum em artífices do ludíbrio. Não ofende, só infantiliza o debate e deprecia o interlocutor.

Andar na contramão da exaltação desprovida de senso crítico foi um pouco difícil. Mas, digamos que só até a página 3. Daí em diante bastou aplicar aquele critério exposto acima, de não submissão dos elementos de raciocínio a conveniências próprias ou alheias, e ficou tudo mais fácil. A mim nunca emocionou nem intrigou o personagem Luiz Inácio da Silva – chamado quando surgiu Ignácio e depois subtraído no "g" porque Lula "não gostava" da grafia – a não ser no início, na época das greves do ABCD paulista, como novidade jornalística, mas sem as afetividades ideológicas que mobilizavam consciências em busca de alívio.

Lula era um sindicalista fazendo a viravolta, mas não era o único a escrever a História na luta pela retomada democrática. Havia o MDB, havia muita gente de luta, havia o renascer do movimento estudantil, havia a ressurreição do movimento sindical, mas havia também o renascimento da sociedade civil no combate contra a carestia, o jeito engajado da época de se falar de inflação.

Lula não inventava nada. Embarcando na onda do lado certo, soube navegar, sobreviver, persistir e vencer.

Ao longo dessa trajetória até a Presidência, compreendido como a tradução perfeita do PT, mais errou que acertou quando esteve em jogo o destino do Brasil.

Perdida a batalha das Diretas-já, Lula e seu partido não se engajaram na luta pela retomada do poder civil por meio da campanha indireta de Tancredo Neves. Recusaram-se a convalidar o processo, para eles, "espúrio". Não abraçaram a causa da Assembleia Nacional Constituinte e, no fim, não quiseram assinar a nova Carta.

Atuante, fundamental mesmo, no processo que levou ao pedido de *impeachment* e à renúncia de Fernando Collor, o PT não quis também participar da coalizão que sustentou o governo tampão de Itamar Franco – expulsou Luiza Erundina quando ela aceitou ser ministra.

Hoje beneficiário da estabilidade da moeda e do fim da inflação, o PT firmou fileiras contra o Plano Real, denunciado como mera "manobra eleitoral". Ficou contra a Lei de Responsabilidade Fiscal, as reformas e todas as mudanças que entendia fruto de uma visão "neoliberal" de governo e, quando conseguiu alcançar a Presidência, o fez com a promessa de "mudar".

Atendia não apenas aos ditames de sua história de oposicionista, mas também ao que diziam na época as pesquisas: a maioria das pessoas manifestava o desejo de "mudar completamente as prioridades e os programas do governo atual".

Lula manteve a política econômica, recauchutou os programas sociais, não avançou nas reformas, mas também não propôs nenhuma alteração no cardápio que outrora criticara. Para conforto geral, diga-se.

Esse, o elogio à incoerência, foi o lado bom da coisa. O ruim logo se expôs como norma de conduta: a apropriação da "herança maldita" remodelada em roupagem adaptada ao figurino da nova direção que se arvorava a prerrogativa de inaugurar a História do Brasil, o mergulho profundo no pragmatismo sem nenhum caráter e a transformação do já quase absolutista presidencialismo brasileiro num exercício diário de culto à personalidade.

O desenho dos últimos anos aparece delineado no passeio que o leitor está convidado a fazer pela memória de um período de muitas perdas, mas de alguns ganhos inequívocos no que tange ao institucional: foi ao fundo do poço o Congresso, mas do isolamento emergiu um Judiciário altivo e ativo.

A seleção das crônicas publicadas entre 2001 e 2009 seguiu esse fio, procurando conduzir a leitura desde os primórdios da campanha para a eleição de 2002.

Passando pela transição civilizada, por um início de governo já sob a marca do personalismo, desembocando numa série impressionante de retrocessos diários que só não jogaram o país no obscuro terreno no autoritarismo, porque a sociedade brasileira é mais forte que o Estado.

Isso não obstante a complacência geral para com as transgressões, também cotidianas, de princípios e costumes que devagar vinham se aprimorando.

Prova é que resistiu – como não resistiram outros povos do continente em países de regras democráticas, como o Brasil – a investidas de controle da informação e reagiu quando ameaça foi mais gritante. Em várias ocasiões, nosso passeio no tempo mostrará, o poder central teve de recuar.

E, ainda assim, avançou. Sobre o Congresso, que se deixou solapar e por isso paga o preço da desmoralização, sobre as instituições de um modo geral, tentando desqualificar o contraditório e o rigor de leis que significaram conquistas. Sobre os partidos, que se encolheram – uns por conforto, outros por medo –, sobre a oposição, cujo pior dos males é a própria inépcia.

Não há nessa seleção uma divisão rígida de assuntos. O que conduz os relatos é o passar do tempo e, nele, os protagonistas variam.

No quesito personalidades – psicológica, mental e politicamente falando – Lula, claro, é a principal. O perfil é traçado por ele mesmo dentro dos parâmetros do que a cientista política Luciana Fernandes Veiga definiu com precisão como "a lógica do senso comum": o uso de argumentos que parecem lógicos segundo noções genéricas do cotidiano, embora não resistam ao cotejo com a precisão da realidade.

Aqui foi difícil escolher as crônicas, tantos foram os episódios dignos de registro. Ficamos só com os impagáveis, as gafes – "quem chega a Windhoek não parece estar num país africano" –, a vocação para as meias-verdades, a tendência a considerar a política eleitoral mais importante que as políticas de governo, a irritação com a contrariedade, os excessos verbais, o gosto pela defesa de malfeitos e proteção dos malfeitores, o dom de iludir e confundir, a autossuficiência e a enorme habilidade no terreno da autoajuda de efeito imediato.

O Lula que apareceu na presidência da República é um governante, é um animador do espetáculo do crescimento da própria popularidade.

Contou todo tempo com o beneplácito da plateia intimidada pela força avassaladora, e racionalmente inexplicável, de um presidente popular, mas que não sabe verdadeiramente se organizar nas questões essenciais.

Exemplo: o único momento de firmeza da oposição, na derrubada da CMPF. Ali Lula confiou na sorte. Foi confrontado com uma derrota que lhe deu a noção exata da impossibilidade de fazer passar pelo Congresso – o Senado, melhor dizendo – o terceiro mandato.

Sobre os movimentos sociais pouco houve a dizer além do registro da cooptação da maioria e dos relatos sobre as barbaridades consentidas cometidas pelo MST, recebido no início em Palácio e defendido ao longo de todo período em seu direito de transgredir impunemente.

Entre as instituições se destaca o Congresso que fez de tudo e mais um pouco para ir às profundezas do poço. Acobertou toda sorte de falcatruas de parlamentares, elegeu Severino Cavalcanti presidente da Câmara, ignorou o quanto pôde decisões do Judiciário, preservou suas mordomias, submeteu-se a todas as vontades do Executivo e avançou muito nesses últimos oito anos em direção ao atraso.

A intelectualidade, os estudantes, a chamada sociedade civil assistindo a tudo de um lado embasbacada, de outro acovardada, e de modo geral insensível aos sinais de que o ambiente moral se deteriorava enquanto a economia propiciava um razoável conforto travestido pela propaganda em figurino de tudo resolvido.

Há também os escândalos, as trapalhadas da política externa, a segurança pública, cujos problemas se agravaram na proporção direta do aumento da indiferença do poder público para com problemas que infelicitam os cidadãos, mas não podem ser resolvidos com a criação de bolsas qualquer coisa.

Nosso trajeto se inicia com a celebração da esperança expressa no desejo de mudança e termina com o sentimento de que há no ar o aroma azedo do medo de pensar diferente. Mas, de certo modo, estava tudo escrito. Um dia, logo depois da posse de Lula no primeiro mandato, fui saber do ideólogo da propaganda da vitória, Duda Mendonça, se não havia incoerência na promessa de mudar e depois da eleição nada mudar e ainda piorar o que já era ruim, caso típico da promiscuidade com o Congresso.

"E quer mudança maior do que essa?", respondeu com um sorriso de esperteza, em prenúncio – depois pude compreender – da desfaçatez que estava por vir.

29 | 8 | 2001

Desejo de mudar

Se pesquisas de opinião, nessa altura, não podem ser lidas como tradução exata do resultado das urnas daqui a um ano e um mês, servem pelo menos como indicativo para a montagem dos roteiros de campanha e construção de discursos de cada um dos candidatos.

Nesse aspecto, chama mais atenção na pesquisa CNT|Sensus, divulgada ontem, o percentual (66,1%) de pessoas que gostariam de votar em um nome de fora do cardápio hoje apresentado, do que propriamente os índices dos nomes pesquisados.

Enquanto o cenário das preferências não exibe grande alteração – nem os bons índices de Roseana Sarney em relação a outros governistas se constituem uma novidade –, o quadro do desejo de mudança sofreu significativa ampliação. Na pesquisa anterior, eram 40% os que manifestavam a expectativa de que aparecesse uma opção nova.

Esse sentimento pode até causar alguma animação no campo governista, cuja candidatura ainda não está posta. Seria, no entanto, uma leitura excessivamente otimista da realidade. Além de apressada.

O instituto Vox Populi tem uma pesquisa, já discutida com o ministro José Serra, mostrando em números que a questão da mudança é menos simples do que parece. São quatro os cenários exibidos aos pesquisados, sob a pergunta: "O que você acha que seria melhor para o Brasil ao eleger o novo presidente?". Apenas 5% optaram pela resposta "manter as mesmas prioridades e programas do governo atual". Somaram 19% os que responderam "fazer algumas mudanças, mantendo a maioria das atuais prioridades". Os que preferiram o inverso, "fazer muitas mudanças, mantendo algumas prioridades" foram 28% e 44% optaram por "mudar completamente as prioridades e programas do governo atual".

Como se vê, é mínimo o universo dos que querem que fique tudo como está.

Mas, mesmo sendo infinitamente maior o porcentual dos que preferem que tudo mude de lugar, a posição é majoritária, mas não hegemônica. Ganha, na soma, a parcela (47%) do eleitorado que varia a dimensão de sua opção entre mudanças e permanências, sem deixar de fazer uma conta de chegar entre custo e benefício, perdas e ganhos.

Ou seja, pelo retrato de hoje, não obterá sucesso de crítica e bilheteria quem se propuser a virar o país de cabeça para baixo. A oposição leva, nisso, alguma vantagem, dado que não está fazendo o discurso da terra arrasada. Já o governo terá grande dificuldade – embora não seja uma impossibilidade – de capitalizar a ânsia da renovação.

Para caracterizar-se como "novo", o representante oficial teria de cumprir duas preliminares tão trabalhosas quanto arriscadas. Precisaria não apenas dedicar-se com afinco às artes do malabarismo, mas também se apresentar de tal forma capaz de executar um projeto diferente daquele ora em curso, que correria o risco de enveredar pelo perigoso terreno do oportunismo, da traição e da pusilanimidade. Considerando que eleitor não é bobo, seria grande a chance de ser condenado pelo inadequado exercício do artificialismo explícito.

Ilusão de ótica

Esquisita a indignação exibida ontem pelo candidato à presidência do PMDB e ocupante temporário do cargo, senador Maguito Vilela, em discurso|denúncia sobre as práticas de seus opositores partidários na busca dos votos para a convenção do próximo dia 9.

Não se pode impor reparos a que o senador, alinhado ao grupo que apoia Itamar Franco, use as armas que tem à mão para fazer a disputa interna. É do jogo. É preciso, no entanto, que ele se dê conta da impossibilidade de fazer isso em prejuízo dos fatos.

Maguito queixou-se da interferência da máquina administrativa federal, via ministros do PMDB, no trabalho de sedução eleitoral e proclamou a necessidade de o partido romper com o governo federal em nome da independência e da decência.

Aplaudido do plenário por seu correligionário Orestes Quércia, não impôs, no entanto, reparos à atuação do vice-governador de Minas, Newton Cardoso, em sua campanha. Desconsiderou, também, a necessidade de abrir mão dos cargos federais – entre os quais o DNER – que seus aliados ocupam em Goiás.

Caso não corrija esse vácuo de coerência entre intenção e gesto, o senador terá sido ontem porta-voz do faça o que eu digo mas não faça o que eu faço.

27|10|2001

Cansado está o eleitorado

Os senadores do finado Conselho de Ética alegam que decidiram pelo arquivamento do processo contra o senador Luiz Otávio porque estão cansados de tanta guerra em defesa da ética e dos bons costumes no setor público. Cumpre informar, no entanto, que se Suas Excelências "estão mortas", de cansaço, e acham que as investigações "desmoralizam a instituição", o eleitorado está para lá de farto da desfaçatez de quem vive do voto obrigatório e ainda dá-se ao desfrute de imprimir ao Parlamento regras e tempos próprios, diferentes daqueles aplicados ao todo da cidadania.

O assunto dar-se-ia por esgotado caso não fossem as explicações fornecidas por alguns senadores – publicadas ontem nos jornais –, que pioram bem o episódio e mostram que o presidente do extinto Conselho de Ética, Juvêncio da Fonseca, não foi voz isolada quando pregou um freio nas investigações de um modo geral e ainda acusou o

Senado de ter agredido a Constituição ao provocar o afastamento dos senadores Luiz Estevão, José Roberto Arruda, Antonio Carlos Magalhães e Jader Barbalho.

Vamos a algumas dessas manifestações: "Se formos condenar quem enriqueceu ilicitamente ou cometeu irregularidades, seremos obrigados a processar centenas", disse o senador Carlos Patrocínio, considerando naturalíssimo o enriquecimento ilícito, mas sem especificar as "centenas" de que se referia, já que senadores – 81 – não somam sequer uma.

Passemos ao líder do PSDB, Geraldo Melo: "Qual o cidadão que nunca teve um cheque devolvido, um título protestado? A dificuldade financeira é inerente a quem se envolve em atividades empresariais. Aí a pessoa resolve ser senador, anos depois, e vão dizer que houve quebra de decoro?". Bonita lição forneceu o senador às novas gerações: considerando que a dificuldade financeira não é inerente apenas a quem se envolve em atividades empresariais e, segundo seus argumentos, a dificuldade justifica o ilícito, a conclusão é de que o cheque sem fundo e o calote de dívidas passam, na visão dele, à condição de legalidades justificadas.

Ney Suassuna, o novo ministro da Integração Nacional, achou um jeito peculiar de esquentar panos sobre o episódio: "Que ele (Luiz Otávio) cometeu irregularidades, todos sabemos. Mas não meteu a mão no dinheiro. Ficou tudo com o sogro, dono da empresa". Empresa esta da qual o senador Luiz Otávio era sócio e levou um empréstimo de US$ 13 milhões do BNDES para projetos que não realizou. Portanto, na concepção do novo ministro, se fica tudo em família, que mal há?

Enquanto a naturalidade com essas declarações tomava conta do ambiente, uma voz lúcida, a do senador Saturnino Braga, levantou-se: "Estou perplexo com o que está se falando!". O senador Saturnino tenha certeza de que não está sozinho na sua perplexidade. Assim também estão as dezenas de leitores que se manifestaram por e-mail e também aqueles que nem força para reagir têm.

Estão cansados, não como o Senado, de levar adiante um trabalho de necessária depuração. Mas de assistir aos seus representantes – compulsórios, enquanto houver a obrigatoriedade do voto – comportarem-se como se vivessem em outra galáxia. Imagine o leitor se a polícia resolvesse também declarar-se "cansada" de investigar crimes, pois isso exporia a situação de uma sociedade onde há criminalidade crescente?

E o médico, então, poderia dizer-se cansadíssimo de atender pacientes porque isso daria uma falsa ideia de que a Humanidade não é saudável como gostaríamos. Advogados esgotados também poderiam parar de defender acusados sob o argumento de que em nossa florida e sorridente coletividade não vigora suspeição sobre ninguém.

Há quem argumente que o Senado não é delegacia de polícia e que, portanto, precisa parar de funcionar tal e qual e dedicar-se a temas de estatura.

Perfeitamente. Desde que a instituição retire de seu convívio frequentadores de inquéritos policiais e se mostre capaz de elevar o patamar da representação, tarefa esta da qual não pode também se abster o eleitor, mas que começa com a reforma da lei e das condutas que permitem candidaturas de portadores de folhas corridas. O ideal é que possamos contar com biografias.

Seara alheia

O PMDB ainda não resolveu seus problemas de candidatura, mas não deixa de dar palpite no quintal do vizinho.

Segundo recentes conversas de peemedebistas do alto comando, frente à quase certa hipótese de que terão candidatura própria, o PFL ficará com a vaga de vice.

Como Roseana Sarney é areia demais para o caminhãozinho do cargo e Minas Gerais é um colégio eleitoral de importância crucial, a aposta dos peemedebistas é que o atual ministro da Previdência, Roberto Brant (PFL-MG), será o indicado para parceiro do tucano ainda desconhecido.

Raiz quadrada

Os analistas de pesquisa têm dito aos governistas que Fernando Henrique dispõe de capacidade de transferência de 50% de sua avaliação ótima e boa para o candidato que apoiar.

Com isso, está se fazendo a seguinte conta: FHC precisa ter no ano que vem 35% de ótimo e bom nas pesquisas. De acordo com os analistas, isso daria quase 20% certos ao candidato e o resto ficaria por conta da capacidade de sedução do escolhido. Se o eleitor tivesse a precisão de uma raiz quadrada, estaria tudo perfeito.

14 | 11 | 2001

O presidente em seu labirinto

O presidente Fernando Henrique, ao que consta, voltou do exterior apressadíssimo para organizar a balbúrdia que se instalou nos partidos governistas no que tange à sucessão presidencial. Balbúrdia essa desnecessária, desprovida de conteúdo sério e, com todo respeito, provocada pelo mesmo que agora pretende organizá-la.

De duas uma: ou o plano estratégico de FHC é algo digno de Prêmio Nobel ou, se conduzir a sucessão como o fez até agora – pelo método mais confuso de apoiar a todo mundo e a ninguém –, mais uma vez, é bom lembrar: poderá acabar falando sozinho. Mas a tentativa que fará, registram os noticiários, é encontrar a saída do labirinto onde se meteu na base da conversação com um a um dos personagens.

Para o próprio bem da candidatura governista, queiram os deuses que o presidente esteja pronto para expor claramente suas posições, como convém a quem se pretende comandante do processo.

Evidente que, por mais forte que seja o presidencialismo brasileiro, não é a vontade do chefe da nação que resolve os problemas e dirime todos os conflitos. Mas pelo menos aqueles que ele criou ao ignorar que factoides adquirem dinâmica de fatos vai precisar resolver da maneira que mais o desagrada: sem adiamentos nem ambiguidades.

Nessa história toda de incentivos de candidaturas a torto e a direito, a única pessoa que se mostrou com a cabeça firmemente presa ao pescoço foi o ministro da Fazenda, Pedro Malan, cuja resistência à proximidade da mosca azul revelou acurado senso do ridículo.

Outros já não tiveram a mesma prudência e saíram por aí reafirmando candidaturas desde sempre inexistentes, mas que, mesmo na condição de ectoplasmas, agora estão presentes o suficiente para embaralhar mais o quadro.

Dizem que o presidente da Câmara, Aécio Neves, não está nesse grupo e anda também cônscio de suas limitações. Mas, ao mesmo tempo, rodopia pela Europa com uma equipe de TV e acompanhado de assessores que se mantêm em linha direta com jornalistas no Brasil para que não passem em branco as referências que Aécio ouve lá fora sobre sua suposta candidatura.

Nessa altura, aliás, é perigosíssimo duvidar do que quer que seja, na medida em que tudo vai se tornando possível. A esse processo dá-se o nome de perda de controle da situação.

Vejamos o caso do governador Tasso Jereissati, que outro dia mesmo estava jurando fidelidade eterna ao jogo tucano sucessório, de onde evoluiu – se é que se pode chamar de evolução – para o tratamento irônico ao adversário José Serra, uma "Carmen Miranda" de tão exibicionista, na opinião dele, e agora já propõe uma alternativa aos dois.

É mais ou menos como se no PT o senador Eduardo Suplicy, resoluto a disputar as prévias, e Luiz Inácio da Silva negando-se a elas, resolvesse que Lula estivesse endurecendo o jogo a ponto de justificar um zerar de placares.

Ora, quem quer concorrer é Suplicy, Lula nunca disse que topava a disputa para cuja existência é necessário que haja concorrentes.

Tasso lançou-se candidato, quer que Serra se lance também, Serra não quer fazê-lo agora e o governador então determina que existe um impasse a justificar a escolha de "uma terceira via". E nessa alternativa inclui a pefelista Roseana Sarney – concomitantemente à explicitação do apoio de Antonio Carlos Magalhães à governadora, que até então não estava a frequentar-lhe o coração –, o que soa no mínimo esquisito para quem se declarava tucano até morrer. Ao que se saiba, ainda não foram alterados os planos do PSDB de ocupar a cabeça da chapa que disputará a presidência.

Seja lá qual for o lance que Tasso Jereissati esteja fazendo, trata-se de um direito dele escolher o caminho político que lhe seja mais conveniente.

Agora, convenhamos que quando uma liderança da estatura do governador do Ceará, com a influência que tem, faz movimentos algo desconectados da *pax* partidária que havia sido combinada, é porque algo anda errado no processo.

E até aonde a vista alcança, a falha está na direção cuja ausência de clareza permite que os atores dessa peça individualmente corram ao centro do palco a fim de garantir o papel de protagonista. Afinal de contas, trata-se de um elenco à deriva onde ninguém sabe exatamente qual é a tarefa de cada um, o que favorece o ambiente do salve-se quem puder. E quem não puder, que trate de levar o adversário junto ao fundo do mar.

Expurgado

O ex-deputado José Eudes, expulso do PT por ter votado em Tancredo Neves no Colégio Eleitoral de 1985, não achou a menor graça na referência que Lula fez ao episódio dizendo que o radicalismo exacerbado em certa época foi importante para a evolução do partido.

Eudes, agora tucano, até hoje não se conforma: "Ao que eu saiba, o método do expurgo só foi importante para a construção do stalinismo". É normal? Não é desprovido de sentido o combate que o PMDB governista faz à candidatura Itamar Franco, uma vez que o governador já anunciou que, escolhido candidato, apoia Lula.

Seria o mesmo que o petista sair vitorioso da prévia de seu partido direto para a candidatura do PSDB.

7 | 3 | 2002

A *egotrip* do clã Sarney

O PFL anunciava ontem em Brasília que decidirá hoje pelo rompimento com o governo federal, conforme exige Roseana Sarney para que se mantenha candidata à presidência. Esperava-se também um "duro" discurso, depois adiado, do senador José Sarney – o mesmo que na presidência distribuiu rádios em troca de votos –, contendo denúncias graves sobre o uso político que o PSDB faz do aparelho de Estado.

Não nos parece o locutor mais indicado para o tema, mas, enfim, o PFL deve saber o que faz. Inclusive deve estar plenamente consciente de que sai de uma situação politicamente confortável para embarcar num cenário de risco máximo apenas para satisfazer o ego da família Sarney. Isso se entre ontem e hoje se mantiver a opção pelo desprendimento governista. O que pressupõe, note-se, o abandono de todos os cargos federais na União e nos Estados. Não vale bravatear com a demissão de três ministros cuja saída dar-se-ia – à exceção de José Jorge – daqui a um mês por causa do calendário eleitoral.

Caso resolva mudar o estilo e manter a valentia, abandonando qualquer relação com a máquina estatal, o PFL terá de tomar algumas providências urgentes se não quiser ficar apenas com uma candidatura sob a qual vigora suspeição para carregar.

Entre essas providências, matricular-se num curso intensivo sobre como fazer campanhas eleitorais sem recursos do Orçamento da União, só na base do palanque, aqui entendido como discurso de identificação com a sociedade.

Para tal, precisará também arrumar um projeto de Brasil que seja diametralmente oposto àquele defendido pela aliança PSDB-PMDB, para não dar a impressão de que o rompimento foi apenas porque a Polícia Federal cumpriu ordem judicial. Haverá que existir um argumento político, ou pelo menos administrativo.

Senão, o eleitorado não cairá no truque. Pois, falando em eleitorado, há um outro problema para o coletivo do partido: quantos votos será que acoplará ao seu patrimônio rumando à oposição? Aliás, onde arranjará com rapidez uma fantasia de oposição que convença aqueles que há anos veem o pefelê de braços dados com o poder, seja ele qual for?

É obvio que os pefelistas devem também saber perfeitamente o que fazem quando se recusam a votar a CPMF e adotam uma postura contrária ao governo no Congresso. Terão, com isso, de fornecer alguma boa explicação a seus financiadores de campanha – no que tange ao projeto que justificou a aliança com Fernando Henrique – e também dar tratos à imaginação para, na possibilidade de vencerem as eleições, poderem dispensar o dinheiro daquele imposto. Nessa, nem o PT, que é mais impulsivo, caiu e votou a favor.

Mas, vamos que o PFL resolva mesmo fazer meia oposição: entrega os cargos, diz que rompe, mas mantém fidelidade no Congresso. O eleitor, nesse quadro, terá direito de perguntar, então, que rompimento mesmo é esse? E aí, de novo, a desvantagem para o conjunto dos pefelistas, que caem naquela zona cinzenta onde não se sabe se a mercadoria é carne ou peixe. Como há dos dois em oferta no mercado eleitoral, lógico supor que o freguês opte pelo produto de procedência inquestionável.

Mesmo aquele freguês que poderia esperar da candidatura Roseana uma espécie de função *stand by* para o caso de José Serra patinar sem conseguir chegar a lugar algum, agora – na hipótese do rompimento – o mais provável é que aposte firme no nome do tucano. Pois é evidente, além da reação cartorial, errática e descontrolada da candidata, que esse pessoal, que podemos denominar aqui de PIB, dificilmente se arriscará a prosseguir num terreno que já se sabia algo pantanoso.

Afinal de contas, os personagens principais do episódio em curso não remetem as memórias a um passado recente que guarde relação com madre Tereza de Calcutá. São biografias a respeito das quais muito já se falou, embora sobre elas nada tenha sido provado. E, numa eleição, mais do que em qualquer outra situação, vale mais o que parece do que o que é.

Ou seja, mesmo que o fato de uma governadora e seu marido serem sócios de empresa privada – o que já soa inadequado – onde se guardam muitos milhares de reais em dinheiro vivo venha a ser satisfatoriamente explicado, Roseana já perdeu, na percepção popular, sua imagem de vestal. E pela própria incapacidade emocional e inabilidade política de conduzir com frieza um caso que, tivesse sido outra a reação, poderia mesmo ser arquivado como mero lance de campanha eleitoral

Ao vestir a carapuça de vítima do adversário, Roseana deu

ao eleitorado o direito de concluir que, num eventual governo que comandasse, os amigos teriam direito a tudo e apenas aos inimigos seria aplicada a lei.

Delirante

As versões disseminadas pelo PFL, segundo as quais o presidente Fernando Henrique poderia demitir o ministro da Justiça ou até mesmo abrir mão de José Serra como candidato, pecam por um detalhe: entre as características de FHC não consta a tendência ao suicídio.

26|3|2002

MST leva PT às cordas

As cenas dos sem-terra refestelados na sala da sede e dançando forró madrugada adentro nos jardins da fazenda Córrego da Ponte, guardadas todas as proporções, estão para o PT – em matéria de má imagem para efeitos eleitorais – como a exibição da dinheirama na empresa Lunus esteve para o PFL.

Com a diferença de que, no caso petista, ainda há tempo de o partido reagir ao golpe, entre outros motivos porque está pagando uma conta que não é sua: nem Lula nem um só político de destaque no PT podem ser responsabilizados pelo gesto tresloucado e politicamente suicida do MST, de não apenas invadir, mas de ocupar casa particular, manter empregados como reféns e desfrutar daquilo que pertence a outrem.

Se isso não é crime que justifique as prisões ocorridas logo após a desocupação, então se perdeu a noção de limite entre legalidade e ilegalidade.

E vamos nos abstrair aqui de enfatizar que a propriedade pertence à família do presidente da República. Sobre isso muito se discutiu da última vez em que houve tentativa de invasão da fazenda, tropas do Exército foram deslocadas para lá e houve uma revolta generalizada pelo que se configuraria um privilégio ao presidente Fernando Henrique, enquanto o cidadão comum não conta com a mesma prerrogativa de segurança. Além de sofismático, o raciocínio é equivocado.

É o acúmulo de equívocos dessa natureza, aliado à extrema benevolência com todos os tipos de atos dos sem-terra, que levou o PT agora às cordas do ringue em que há tempos luta para se desvincular dos atos ilegais do MST.

Daí a injustiça da inevitável conexão, daí a precipitação do ministro da Justiça, Aloysio Nunes Ferreira, em identificar uma ação político-eleitoral por trás da invasão, daí a necessidade de o PT, de uma vez por todas, tomar posição firme o bastante para convencer as pessoas de uma realidade: o partido não tem a menor influência sobre as decisões do MST.

Há fatos provando isso: a aprovação, em 1999, da condenação de invasão de terras num encontro nacional do PT, o prejuízo inequívoco que as ações violentas rendem ao PT, as alianças que, nas eleições municipais de 2000, o MST fez no interior de São Paulo com diversos candidatos do PFL.

Nada disso, no entanto, é suficiente para introjetar em almas e cabeças a separação entre um e outro. Hoje certamente haverá quem interprete essa avaliação como mera intenção de, por algum motivo, providenciar uma defesa do PT. Não é, pois se trata de fruto de conversas de há muito mantidas com lideranças petistas, cuja opinião sobre o MST é a de que o movimento se perdeu na lógica do confronto pelo confronto e que o partido deveria manter-se longe disso.

O problema é que essas análises, quando feitas em público, são sempre amenas na forma e no conteúdo, por puro medo de se incompatibilizar com aquela parte do eleitorado que o PT acredita dê apoio incondicional ao MST e, principalmente, por receio de a leitura externa da crítica ser confundida com adesismo ao governo federal.

Está agora aí exposto o resultado maléfico dessa certa covardia intelectual e ideológica frente a uma patrulha de gente que não tem compromisso com nada a não ser com análises maniqueístas que não esclarecem coisa alguma e, em geral, confundem os fatos de tal forma que a resultante costuma favorecer quem tem culpa no cartório.

É o caso daquelas pessoas que focaram sua atenção nas denúncias de Roseana Sarney dizendo-se mártir do arbítrio, deixando de lado o que, realmente, pesava contra ela e o marido. E aí concluíram que são insidiosos governistas, vendidos mesmo, os que nada veem de anormal numa ação de busca sob ordem judicial, e não encaram com naturalidade a apreensão de um volume enorme de dinheiro sem origem clara.

Acham que isso é campanha contra a candidata pefelista. Pois por encarar essas coisas também de maneira tão chapada é que o PT se vê agora na contingência de pagar a conta do alheio e com dificuldade de conferir verossimilhança a uma realidade.

Ou seja, Lula não estava mentindo quando disse que condenava a invasão da fazenda do presidente da República, mas dada a tibieza das reações anteriores, fica parecendo que só agora, porque está em campanha, arrumou essa versão para tentar conquistar mais votos.

É um preço alto, por injusto. Mas é o custo que o PT paga pelas concessões que faz a atos equivocados e ilegais, convalidando-os apenas porque supostamente prejudicam ou criam embaraços a seus adversários políticos.

Superpoderes

Uma dessas, se não ambas, versões não demora será incorporada à tese da conspirata tucana: o aparato de arapongagem do Estado estava exclusivamente mobilizado para atingir a candidatura Roseana e a invasão da fazenda Córrego da Ponte foi obra do Planalto para ferir a candidatura de Lula. Donde poder-se-á finalmente concluir que Clark Kent é a identidade secreta de FHC.

12 | 5 | 2002

De parafusos todos soltos

A cena era uma tristeza: sentados à cabeceira de uma mesa, com os semblantes sorumbáticos, três integrantes do primeiro escalão da campanha presidencial tucana, sexta-feira à tarde, tentavam convencer uma dúzia de jornalistas de que tudo anda na mais santa paz na seara da candidatura José Serra, onde reina também o mais absoluto entusiasmo.

Um desavisado que entrasse ali sem saber que a reunião comandada por Pimenta da Veiga havia sido convocada para comunicar boas novas, seria assaltado de imediato pela impressão de que algo de muito grave estava se passando.

Ainda que não houvesse a distância entre as palavras de tranquilidade que buscavam abafar o disse me disse a respeito dos problemas internos e o desânimo evidente na aparência de cada um, ainda assim a mera decisão de comunicar oficialmente que tudo vai bem mostra que muita coisa vai mal. Tal e qual técnico de futebol no auge do prestígio.

Razões objetivas os tucanos não teriam para fornecer aos

adversários mais esse incentivo à agenda negativa que tomou conta da campanha. Afinal, dispõem de um candidato posto entre os considerados em condições de disputa.

Mas cometem erros táticos e estratégicos tão primários que, nessa batida, terminarão por fazer eles mesmos cumprir a profecia cuja execução em tese seria tarefa para os inimigos.

Como se José Serra já não dispusesse de adversários a mancheias – notadamente entre a direita mais conservadora e o *establishment* mais atrasado, que se supõe capaz de manipular Luiz Inácio Lula da Silva com mais facilidade –, o tucanato alia-se ao baixo astral, puxando a campanha para trás no lugar de fazê-la deslanchar.

Ficam ali com aquelas caras de paisagem, culpando o alheio por todos os males que os assolam, como se ignorassem o que lhes passa bem debaixo dos narizes. Voltemos ao exemplo da entrevista de sexta-feira: os solertes tucanos nada tinham a dizer, a não ser comunicar que o comando, antes nas mãos de Pimenta da Veiga, agora seria diluído em novos polos de poder, cujas funções não sabiam ainda direito quais seriam. O ex-senador José Richa foi anunciado como novo integrante, mas de missão ainda desconhecida.

Ora, nesse caso, qual a utilidade de se exporem na defensiva? E pior, sem ter do que se defender em alguns casos e, nos outros, sem dispor de um argumento consistente para dirimir dúvidas. Não nos parece uma ação exatamente afirmativa, um coordenador de campanha qualificar de "bobagens" denúncias que envolvem o candidato que teoricamente teria de defender. Se são "bobagens", que se explique o porquê e se enterre o cadáver de uma vez por todas.

Inadmissível também a ausência de resposta firme à indagação sobre as razões que levaram dois tucanos a sustentarem reportagem contra o referido candidato. "Isso já foi suficientemente explicado", disse Pimenta, sem ao menos se considerar na obrigação de repetir a suficiente explicação. O ar *blasé* denota arrogância e esconde insegurança.

Isso sem contar uma pérola da esquizofrenia eleitoral produzida ante uma indagação aparentemente acaciana sobre se José Serra seria ou não o candidato oficial. O coordenador disse que não. Na visão dele, o presidente da República teria "afinidades" com Serra, coincidentemente sua opção eleitoral. Bem, se o fato de o presidente conferir apoio a ele, ex-ministros comandarem a campanha e atuais titulares de ministérios declararem ao PSDB seus votos não faz de Serra o candidato oficial, o que é Serra, uma ong?

Mas, para que não nos prendamos a um episódio isolado, tomemos algumas atitudes do próprio candidato. De percepção tão acurada, ele ainda não foi capaz de perceber que alguém cuja marca é a do preparo intelectual e administrativo não pode usar expressões como "ti-ti-ti" e "tró-ló-ló" para responder a questões que lhe são postas.

Se é assim, o eleitor estará autorizado a concluir que falta ao candidato paciência para construir um pensamento mais elaborado – inadmissível, ainda que considere o assunto uma tolice. Ou, pior, que sua capacidade verbal nada fica a dever às generalidades que até Lula abandonou quando deixou de se apresentar como um santo guerreiro "contra tudo isso que está aí", com ênfase no combate às "maracutaias".

Há mais para apontar. Por exemplo, a história a respeito da troca do candidato. É certo que Aécio Neves e Tasso Jereissati sempre enfatizam apoio a Serra e zero intenção de lhe tomar o lugar. Mas, por que é mesmo que ninguém acredita a ponto de a movimentação que mantêm essas versões vivas partir de dentro do próprio PSDB?

Sempre se poderá dizer que o PFL é que alimenta os boatos. Mas que força têm os pefelistas, se eles próprios levaram um corretivo em regra de Marco Maciel, um correligionário que tentaram fazer de balão de ensaio?

Pode ser só impressão, mas, aliado à já explícita ofensiva da direita mais atrasada contra José Serra, algo de muito esquisito se passa nas entranhas do reino do tucanato. Se é incompetência, leniência ou inapetência, com perdão da rima paupérrima, alguém precisa tomar uma providência. Só não vale dizer depois que a cigana se enganou.

16 | 6 | 2002

Completamente dominados

O poder público tem o dever de empregar esforços e energia para combater a criminalidade. Só não tem é o direito de, principalmente nesse tema, tentar esvanecer a luz do sol pelos buracos da peneira. Nesta altura dos acontecimentos é absolutamente inadmissível que um governante negue as evidências, como fez Benedita da Silva ao contestar o presidente do Tribunal de Justiça do Rio, e negar a existência de um poder paralelo ao Estado.

A despeito de tudo o que diferencia a governadora do Rio de Janeiro da larga maioria dos políticos – o que por si só já criaria a expectativa de uma abordagem menos repetitiva do problema –, Benedita imita, assim, não só vários de seus antecessores como diversos colegas de posto, cuja autoridade formal se põe à frente do cenário real.

"Não há perda de autoridade pelo Estado legal", disse ela, fazendo coro a uma reação do então governador Marcello Alencar, que em 1997 – cinco anos atrás, portanto – quase obrigou o general Alberto Cardoso (chefe do Gabinete de Segurança Institucional da Presidência da República) a retirar a constatação de que havia "Estados paralelos" sob o comando do tráfico não apenas no Rio, mas em vários pontos do país.

Muito bem, na época o general, por deferência, recuou. Mas o tráfico, que não tem a mesma reverência, avançou. E muito.

Se é como a governadora diz e a autoridade pública não perdeu seu poder, urge então uma outra explicação para o fato de narcotraficantes terem o completo comando de áreas da cidade, quando não extrapolam esses limites para além daqueles tradicionais.

Uma pergunta simples à governadora Benedita: se sua administração porventura precisasse fechar o túnel Santa Bárbara por algumas horas, o faria assim sem mais nem menos? Lógico que não: deveria preceder essa operação de um plano alternativo de tráfego muito bem acompanhado de justificativas à população para o fato de a interrupção ser feita durante o dia, em plena efervescência do ir e vir de cidadãos.

Pois não faz muito, o tráfico fechou o túnel Santa Bárbara – localizado ao lado do Palácio Guanabara, sede do governo do Estado – sem pedir licença a ninguém. Assim como não pedem permissão as balas perdidas que matam gente dentro de casa, em salas de aula, nas situações mais corriqueiras.

Se não existe o Estado paralelo, por que o descontrole do Estado matriz sobre a segurança das pessoas? Por que chora de impotência um secretário de Segurança Pública diante das câmeras de televisão? Por que assim como o assassino de Tim Lopes, tantos outros facínoras de altíssima periculosidade são soltos pela Justiça por "bom comportamento carcerário"? Por que, então, esse Estado tão organizado e sob controle das autoridades constituídas ainda não prendeu Elias Maluco? E citamos apenas ele porque, como é autor de um assassinato de repercussão como o de Tim, tem toda a polícia atrás de si. Polícia, aliás, ela mesma uma fornecedora de contingentes como força auxiliar da criminalidade.

Os chefões da bandidagem que comandaram ou cometerem crimes tão bárbaros quanto, estão por aí exatamente impondo à sociedade suas leis próprias, que forçam a coletividade a se adaptar aos seus movimentos. Seja para escapar deles, seja para evitar que sofram obstáculos, como no caso da gente que vive nos morros e nas periferias, perto dos covis.

Covis onde há cemitérios, câmaras de tortura, locais de execução, fornos de incineração, tribunais da bandida inquisição.

Tudo isso bem debaixo do nariz do Estado que, segundo o secretário de Polícia Civil de Benedita, Zaqueu Teixeira, está com sua autoridade plenamente preservada. Qual a prova disso? Simples: "As pessoas continuam indo às ruas fazer suas compras", responde, cândido, o secretário.

Pois, então, perfeitamente, esperemos para espernear e dar ouvidos aos alertas mais conscientes quando não possamos mais pôr os pés fora de casa.

Aí, sim, poderemos constatar que o cerco se fecha à nossa volta sem ferir suscetibilidades governamentais.

Enquanto ainda conseguirmos ir ao supermercado fazer uma compra e voltar para casa vivos, no entender do senhor Zaqueu, o estado de direito está mantido juntamente com o direito de ir ali um minutinho e vir de lá muito rapidinho – antes que o bandido nos arrebente o peito com uma bala ou nos corte a cabeça com uma espada.

Vamos mesmo tratar de respeitar nossas autoridades e parar de inventar realidades inexistentes, até porque é como indicam as declarações da governadora e do secretário de Polícia Civil do Rio: está tudo sob controle.

Está sim. Para usar a linguagem do Estado que verdadeiramente comanda – se a governadora Benedita ainda não percebeu, manda até em suas ações, na medida em que uma tropa de policiais entra e sai de um morro sob uma trova de rojões de traficantes sem levar um só deles preso –, para falar como eles e não destoar do idioma das forças de ocupação gradativa dos espaços urbanos: está tudo dominado. Completamente dominado.

31 | 7 | 2002

Ao Congresso, as traças

Nada de anormal que dois meses antes da eleição muita gente esteja indecisa e o quadro ainda indefinido. Afinal, Copa do Mundo, que é Copa do Mundo, só mobiliza as massas mesmo dias antes de começar, quem dirá eleições, cujo apelo popular não se pode comparar ao do futebol.

Natural, portanto, que o número de indecisos seja até bem maior do que o expresso nas pesquisas de opinião. Normalíssimo também que se alterem os resultados ao sabor das ondas eleitorais; perfeitamente admissível que todos os que dispõem de eleitorado se encham, na mesma proporção, de esperanças.

Tudo muito bem, tudo perfeitamente aceitável. Menos a assustadora evidência de que, de presidente para baixo, ninguém está dando a menor importância para o resto da eleição.

Em 6 de outubro haverá escolha de governadores, senadores e deputados, mas, notadamente no que se refere ao Parlamento, essa realidade está praticamente ausente da vida política. Do cotidiano das pessoas então, nem se fala.

Pesquisa recente mostra que menos de 2% do eleitorado tem conhecimento de que haverá eleição para o Senado. E isso porque se trata de uma votação de mais destaque e caráter majoritário.

Ainda se faz algum debate sobre os candidatos a senador. Mas a respeito dos deputados, sabe-se coisa alguma. Pergunte-se ao vizinho de mesa no restaurante – seja um nobre salão ou popular bandejão – em quem vai votar para deputado e, se não for ele mesmo um candidato, a resposta quase certa será a expressão parva dos que desconhecem a natureza do assunto em discussão.

Poderíamos a partir deste ponto enveredar o raciocínio pelo sedutor terreno da atribuição de responsabilidades ao alheio. Além de delicioso do ponto de vista da faxina na consciência, é facílimo discorrer sobre a alienação do sujeito que não sabe em quem vota, muito menos porquê, e depois dá-se ao desfrute de passar quatro anos desancando todas as reputações que dão expediente no Congresso Nacional.

O problema é que as coisas não são tão simples assim. É verdade que a maioria é indiferente à conformação do Parlamento e não tem noção de que ali, passada a eleição, estará a representação da sociedade, em tese funcionando por delegação da mesma.

Não obstante seja essa a dura realidade, é fato também que os veículos de comunicação não levam em conta o pleito em toda a sua magnitude. Muito mais cômodo e barato publicar pesquisas, e daí em diante, comentar seus resultados ou as reações dos candidatos a elas, do que pôr o pé na estrada e a cabeça para funcionar.

Antes que o leitor aponte para cá seu dedo acusador, estamos todos incluídos nessa visão distorcida do que seja uma eleição geral. Inclusive o eleitor que, se não é despertado para a importância do exercício da representatividade, também não acha ruim que não seja demandado a tal.

Podemos nessa lista escrever também os nomes de certo tipo de candidato – a maior parte deles, é possível afirmar sem medo de incorrer numa injustiça – que prefere chegar ao Legislativo pela via de compromissos outros que não aqueles firmados com a representação popular.

Estabelece-se, então, um acordo tácito, e pérfido, pelo qual representantes e representados fazem de conta que têm uma relação mas, de verdade, não se sentem minimamente comprometidos uns com os outros.

Essa indiferença em relação à eleição do Congresso gera consequências bastante graves, sendo a mais evidente o fato de deixarmos passar a oportunidade de melhorar a composição do Poder Legislativo.

Considerando a fragilidade dos partidos, a fragmentação de forças políticas e a quantidade de iniciativas que dependem do Parlamento, ignorar a escolha de deputados e senadores equivale quase que a abrir mão de metade do direito do voto. É como se os brasileiros em outubro elegessem apenas meio presidente.

Comparação

Depois de amargar um duro início e uma relação dificílima com a população, a prefeita Marta Suplicy pode estar a caminho da reconciliação com sua popularidade.

Pelo menos é o que indicam os números de uma pesquisa Datafolha, comparando Marta com outros antecessores, todos igualmente com um ano e meio de mandato cumprido.

Marta tem, nessa amostra, 29% de ótimo e bom, 42% de

regular e 27% de ruim e péssimo. Jânio Quadros saiu-se o pior na comparação que o mostrava assim em 1987: 9% de ótimo e bom, 24% regular e 66% ruim e péssimo.

A então petista Luiza Erundina, quatro anos depois, tinha 21%, 36% e 42%, respectivamente. Paulo Maluf, do PPB, recebeu 25%, 38% e 36%.

Celso Pitta estava assim, em 1998: 11% de ótimo e bom, 26% de avaliação regular e 62% o consideravam ruim ou péssimo, com um ano e meio de administração.

7 | 9 | 2002

Aprendiz do Bem-amado

Ao candidato a presidente Ciro Gomes desconforta a existência dos "barões" de São Paulo, mas não incomoda a convivência com "coronéis" de toda a parte.

Se aos primeiros impõe a marca do pejorativo pela presunção do domínio financeiro, aos outros imprime-se a alcunha pelo atraso dos modos que lhes são corriqueiros.

O mais habitual deles é a dificuldade de estabelecer relações civilizadas com as contrariedades. E isso independe do lugar em que nasceram ou do ambiente social em que se criaram. O fundamental é que cedo ou tarde essas sementes do retrocesso acabam identificando-se, mesmo involuntariamente.

Traço revelador comum, em geral, é a forma como tratam as mulheres. Todas como propriedade. Exclusiva ou de domínio público. Quando, ainda que perante a desqualificação, são serenas e cordatas, merecem tratamento fidalgo.

Recolhem-se, e algumas até se orgulham. Afinal são bem-amadas.

Quando, no entanto, dão-se à ousadia do debate igualitário, do exercício de suas funções sem receio de ceder a gritos, arreganhos e pressões, são amargas e mal-amadas. Ou então, levianas, adjetivo leve que traduz intenção de qualificação bastante mais pesada, de caráter sexista.

O candidato a vice-presidente na chapa de Ciro Gomes, Paulo Pereira da Silva, resistiu o quanto pôde, mas ontem se revelou por inteiro integrante dessa espécie de subcategoria do sexo masculino. Para ele, a corregedora-geral da União, Anadyr de Mendonça Rodrigues, é uma mulher "mal-amada e amarga".

Ainda que alguém lhe tivesse perguntado a respeito da vida pessoal da ministra e ainda que ele tivesse dela conhecimento amplo e detalhado, mandaria a educação que o senhor Pereira da Silva se abstivesse de comentários.

Como parece que se lhe ausentam não apenas atributos relativos aos bons modos e à fala civilizada, mas também argumentos para a sustentação de uma interlocução no campo profissional, Pereira da Silva incorre no velho e conhecido cacoete da cafajestada.

Se está injuriado com a corregedora por causa do processo de investigação na Força Sindical por desvio de recursos do FAT, por que não trava a batalha nesse terreno? Anunciou a intenção de processar os que investigam a entidade que presidiu e, até aí, estava em seu pleníssimo direito.

Extrapola, entretanto, todos os limites e induz à suspeita de que se acredita numa briga perdida, quando sem mais nem menos recorre a bordões de beira de estrada quando a questão posta à mesa é a do uso irregular de dinheiro público.

A origem de todas as denúncias está num relatório do Tribunal de Contas da União, integrado por um colegiado de homens nem por isso tachados de "amargos" ou "mal-amados" por Pereira da Silva ou por quem quer que já tenha sido, ou esteja sendo, investigado ali.

O defeito da corregedora, no critério do candidato, pelo visto está no fato de ser mulher e não recuar, mesmo diante do socorro que o oponente tentou buscar no gabinete da Presidência da República. Quando mesmo? No último dia 2 de agosto, conforme registro de agenda passível de verificação.

Imagine o leitor se a corregedora resolvesse responder nos mesmos termos.

Como de doce não poderia chamar seu interlocutor, sob pena de agredir os fatos, no máximo poderia considerá-lo um aprendiz de bem-amado.

Aquele perfeito resumo que Dias Gomes fez do Brasil atrasado e do homem caricato, na figura de Odorico Paraguassu.

Perfil do indeciso

O contingente de indecisos, que aumenta à medida que se aproxima a eleição, apresenta maior concentração de eleitores de baixa renda e pouco ou nenhum grau de instrução.

Segundo pesquisa CNT|Sensus, 16,8% deles têm curso superior; 24,1%, colegial; 33,6%, ginasial; e 41,8% declaram-se sem instrução. No que diz respeito à renda, 21,7% dos indecisos ganham entre dez e vinte salários mínimos; 23% entre cinco e dez; 32% entre um e cinco; 42,8% ganham até um salário mínimo.

Jorge Viana

Convém lembrar que o fato de o Tribunal Superior Eleitoral anular a decisão do TRE do Acre de cassar a candidatura à reeleição do governador Jorge Viana não encerra o assunto. Ao contrário, agora mesmo é que lá no norte do país mora o perigo.

Já que não conseguiram por bem, os inimigos de Jorge Viana, conhecidos por suas ligações com o narcotráfico, não hesitarão em tentar tirá-lo do caminho por meios – a eles – mais familiares. Daí a necessidade de estreita vigilância.

Segundo a lei, até o dia 31 de dezembro, se qualquer coisa acontecer ao eleito, assume o segundo colocado.

29|9|2002

Informação, opinião e eleições

Assim como os campeonatos de futebol, eleições têm o poder de deixar sensibilíssimos até os espíritos mais tranquilos. Se campanhas eleitorais já não abrigam bem certas racionalidades, o concurso público para presidente da República provoca um choque permanente entre o objetivo e o subjetivo.

No que diz respeito ao exercício da comunicação, os períodos pré-eleitorais prestam-se a toda sorte de confusão entre as necessidades objetivas de quem produz as notícias, opiniões ou interpretações e os desejos subjetivos dos candidatos e suas respectivas torcidas, aí incluídos eleitores e correligionários.

Qualquer coisa que se diga – por mais lógica e atinente aos fatos que seja – é tida como um inequívoco "sinal" de engajamento. Isso na melhor das hipóteses, porque habitualmente se atira o autor da informação, interpretação ou opinião à vala comum dos "vendidos".

Não obstante o desconforto que provocam essas reações, é preciso compreendê-las como falta de treino democrático. A sociedade e os meios de comunicação no Brasil ainda não estão suficientemente familiarizados com o contraditório.

De um lado, o leitor, telespectador ou ouvinte cobra isenção, mas o faz sob a ótica de suas preferências individuais. Não raro esquecendo-se de que uma das formas mais cínicas de cristalizar desigualdades é conferir suposta igualdade ao que é diferente.

De outro, os veículos tentam escapar dessa cobrança servindo produtos pasteurizados e também muitas vezes em prejuízo da transparência de posições. Em democracias avançadas, as empresas jornalísticas costumam definir claramente, em editoriais, suas preferências por este ou aquele candidato.

Por aqui, a prática já foi mais comum.

Hoje, de tão satanizada, tornou-se exceção. É "feio" assumir posição.

"Bonito" é fingir-se de morto.

Ora, tanto os cidadãos comuns como os políticos devem se sentir muito mais tranquilos e bem servidos no quesito informação diante do jornal ou revista que manifesta com clareza sua opinião.

Isso obriga o veículo a ser bastante mais cuidadoso no trato das notícias, uma vez que o leitor poderá muito facilmente perceber se naquela determinada publicação ou emissora, cuja posição é conhecida, está havendo ou não equanimidade nos relatos meramente informativos.

Mas como tudo por aqui se faz na base das meias verdades, nossa tendência ainda é formar um acordo tácito segundo o qual as direções de empresas jornalísticas fingem que não têm suas preferências e o público dedica-se a um jogo superficial de suspeições, fazendo de conta que está entendendo tudo. Muito melhor seria se não tivesse pudor de exercer o próprio discernimento e capacidade de diferenciar o que seja comunicação, em suas várias formas, daquilo que é a manipulação da informação.

Não se aperfeiçoa a democracia criminalizando o exercício da opinião.

Inclusive porque apenas a exposição nítida de posições dá condições ao leitor, ouvinte ou telespectador de perceber onde, como e quando, se localizam as desonestidades.

Estas sim é que não devem nem podem ser aceitas em hipótese alguma.

As outras, as pertencentes ao campo da transparência, dispensam manifestações de autoritarismo travestidas de cobranças à isenção. Basta que o cidadão que discorde delas passe a não consumi-las ou então exponha sua discordância com maturidade e civilidade.

O ideal mesmo é que uma pessoa razoavelmente esclarecida forme com segurança e tranquilidade seus juízos políticos a partir do contato com diferentes correntes de opinião.

Nunca é demais repetir uma obviedade, dada a resistência à liberdade de pensamento que ainda existe entre nós: pela atual Constituição, comete crime não quem emite opinião, mas quem tenta cerceá-la.

Seja pelo motivo que for.

À flor da pele

Andaram mesmo esticados os nervos de Nizan Guanaes, responsável pelo marketing da campanha de José Serra. Mas o alvo da irritação do publicitário não foi o candidato, como se divulgou.

Foram os políticos e o presidente Fernando Henrique Cardoso. Os primeiros, porque atribuem agora o desempenho atual de Serra à estratégia de ataque ao candidato do PPS, Ciro Gomes. Dizem que Nizan errou, mas quando Ciro subiu nas pesquisas, os políticos defenderam o endurecimento do jogo.

Com Fernando Henrique, Nizan irritou-se por causa da declaração de que diploma não era importante. Com isso, teria ajudado a desviar o foco da discussão, que era a contradição entre a exigência de diploma para funcionários em prefeituras do PT enquanto o candidato a presidente não tem curso superior.

30 | 10 | 2002

Reencontro no Planalto

O que falaram, muito provavelmente Fernando Henrique Cardoso e Luiz Inácio Lula da Silva nem às paredes confessarão. Não por ter sido uma conversa inconfessável, mas porque com certeza foi um encontro menos formal e administrativamente substancioso do que seria habitual esperar de dois presidentes – um eleito e outro em final de mandato.

Quando, dois dias antes da eleição, Fernando Henrique disse que ganhasse quem ganhasse, o resultado seria a vitória, estava se referindo muito mais à conclusão de um processo iniciado na segunda metade dos anos 70 e menos à disputa eleitoral propriamente dita.

Antagônicos na democracia, Lula e FH surgiram na cena política nacional na luta pelo fim do regime autoritário e ontem completaram a trajetória das manifestações de rua, com o reencontro no Palácio do Planalto.

Teriam perdido tempo e oportunidade – e nenhum dos dois é disso – se, sentados no gabinete presidencial com vista para a Praça dos Três Poderes e a Esplanada dos Ministérios, tivessem se dedicado exclusivamente ao debate técnico. Sobre FMI, superávit primário e Banco Central não faltarão ocasiões para falar.

Mas ontem o momento era precioso demais para ser dedicado integralmente às tecnicalidades presidenciais. Quando imaginariam que, além de derrubar a ditadura, os "acadêmicos" e os "trabalhadores" assumiriam, primeiro um depois e outro, a presidência?

Era preciso, portanto, pôr em dia as reminiscências, abrir espaço aos comentários – por vezes algo picantes – a respeito de como as coisas funcionam no poder, as bajulações, os códigos, as dificuldades, as delícias, por que não?

Mas principalmente era necessário confirmar na intimidade o significado simbólico do avanço de uma transição, não de governo, que desta cuidam os técnicos, mas de um país em estado de depuração política.

Em 1994 conformou-se um sistema compartilhado com os conservadores que, distantes dos eixos centrais de poder – economia, planejamento, saúde, educação e comunicações – não tiveram como impedir a modernização das relações entre Estado e sociedade.

Agora, a despeito dos apoios que boa parte desses grupos deu à candidatura vitoriosa, muitos deles vendo nela a chance da ressurreição, completa-se um ciclo em que as forças dominantes a partir de 1964 vêm tendo cada vez menos influência.

A representação desse simbolismo estava toda ali ontem, naquele gabinete de onde Fernando Henrique despachou nos últimos oito anos e no qual Luiz Inácio Lula da Silva trabalhará pelos próximos quatro.

O que fará com eles, só ao presidente eleito diz respeito

decidir e, por isso, não cabia ao que sai falar, muito menos orientar, sobre o futuro.

Ainda mais quando havia tanto a rememorar e, longe de todos os olhares partidários, finalmente comemorar.

Afinal, não obstante a separação de trajetórias e a manutenção de divergências no que tange à forma de condução do país, os adversários do passado que por décadas protagonizavam a História, continuarão a desempenhar papéis meramente secundários.

Contrapartida

Inicialmente resistente à proposta do PT de integrar a base de sustentação parlamentar do novo governo, a direção do PMDB tem uma contraproposta que poderá viabilizar a conversa institucional, quando ela acontecer. É a extensão desse acordo aos governos estaduais. Significa dizer que os peemedebistas dariam apoio ao governo federal desde que, em contrapartida, tivessem o mesmo do PT em Estados governados pelo PMDB.

Ontem mesmo começou o processo de consultas aos governadores eleitos que, em princípio, consideram factível a proposta. Resta saber se o PT de locais como Rio Grande do Sul e Distrito Federal, onde a briga regional é mais que acirrada, vai aceitar abrir mão de fazer oposição aos adversários.

Vozes do dono

O presidente eleito disse ontem que os integrantes do governo terão seus nomes divulgados por ele no momento que considerar adequado.

A comunicação no Planalto, porém, já tem seus personagens principais definidos. O secretário de imprensa será Ricardo Kotscho e o porta-voz, André Singer.

Liturgia

O presidente Fernando Henrique ficou abismado com a informalidade dos fotógrafos que registraram seu encontro com o eleito, a quem chamavam de "Lula".

Fernando Henrique invocou a liturgia do cargo: "Presidente Lula, por favor".

20|11|2002

Posse cria atrito na transição

Há outros, mas a data da posse nos últimos dias vem se transformando no atrito mais vistoso entre o governo que sai e o que entra. Como bem deve ter notado o arguto leitor, o que era um assunto lateral, quase secundário, passou a ser questão de honra.

A ponto de a Advocacia Geral da União ter decidido recorrer ao Supremo Tribunal Federal, caso o Congresso mude a data de 1.º para 6 de janeiro. O PT, que até há pouco tratava o tema na base do tanto faz como tanto fez, agora diz que vai insistir na mudança.

Ou seja, de um lado e de outro, as coisas assumiram contornos de sangria desatada. E por que mesmo, alguém notou o que aconteceu?

Apenas para facilitar a identificação, rotulemos as pessoas de lulistas e fernandistas. Pois tanto estes como aqueles de repente começaram a alimentar a mútua suspeita de que o parceiro de transição pudesse ter a alma plena de segundas intenções.

Fernandistas acham que, ao se preocupar com a grandiosidade da festa e das presenças internacionais, os lulistas querem dar à sua chegada ao poder um caráter de reinvenção da história universal.

Não consideram justo para com o ocupante do Palácio do Planalto nos últimos oito anos. Que, afinal, se esmerou na fidalguia da transposição do poder para dividir a pompa, e não para ser vítima das circunstâncias.

Tucanos que preservam a majestade de sua passagem pelo comando do país não veem nenhuma graça nessa conversa de que o presidente do Senado, Ramez Tebet, poderia passar a faixa a Luiz Inácio Lula da Silva em solenidade meramente formal, cinco dias depois de Fernando Henrique Cardoso deixar o posto.

De resto, foi mais ou menos por ocasião dos primeiros comentários – há cerca de uns dez dias – a respeito dessa possibilidade que Fernando Henrique começou a endurecer o tom contra a mudança da data da posse.

Até então, dizia-se constrangido por ficar mais uns dias à frente do governo, mas não dava sinais de que considerava a questão gravíssima, como agora é tratada por tucanos de boa linhagem.

A exceção é o presidente da Câmara, Aécio Neves. Ele continua na tese da mudança, mas, de acordo com a nova palavra de ordem, está sendo tratado como um rebelde.

O que se diz, inclusive, é que lá atrás, quando levou a proposta pela primeira vez a FH, Aécio foi firmemente desencorajado. À época faltou então a divulgação dessa versão, porque a que circulou rezava ser o assunto de exclusiva competência do Legislativo e nada mais.

Mas, como andamos vendo e mestre Angenor de Oliveira há muito dizia, o mundo é um moinho.

Tanto é que o PT já nada em outras águas também no que tange à posse.

Lulistas que até outro dia se diziam dispostos a aceitar a data que fosse, agora fazem questão absoluta da mudança. Desconfiam fortemente que Fernando Henrique esteja interessado numa subida de rampa menos concorrida para Lula.

Perceberam que os dividendos da transição compartilhada não estavam previstos para contabilização exclusiva na conta do vencedor. E eis que, de repente, temos um problema de boa monta de onde menos se esperava que surgisse.

Depois de ultrapassados tantos percalços políticos e econômicos, a maturidade de suas excelências claudica e transforma a posse numa questão pessoal.

Como se vê, a natureza humana tarda, mas não falha.

Nova data

O ex-ministro e deputado Pimenta da Veiga tentará dirimir as querelas em torno da posse. Pimenta tem pronto o texto de uma emenda constitucional, propondo a mudança da data para dezembro. Dia 14, governadores, e 15, o presidente.

O deputado já falou com o relator da comissão especial que trata do assunto, pedindo para ser convocado a dar um depoimento quando, então, apresentará sua sugestão. Constituinte de 1988, Pimenta lembra da discussão e reconhece o erro.

"Queríamos garantir ao governante eleito a execução do Orçamento por inteiro, mas não pensamos na inconveniência da data sob o ponto de vista da comemoração." A correção, na opinião dele, não pode implicar prorrogação de mandato. "No dia 15 de dezembro fica perfeito, porque o antecessor não terá poderes sobre o novo Orçamento e o eleito ainda ganha duas semanas para se familiarizar com as contas antes de fazer as primeiras despesas." Como o pagamento do funcionalismo público, por exemplo.

Pimenta da Veiga considera mais adequado aprovar a nova data para o presidente a ser empossado em 2006, mas não rejeita a hipótese de abrir uma exceção desde já.

Como isso implicaria um acerto não apenas no Congresso, mas também com Fernando Henrique, o deputado ficou de tratar o assunto com ele hoje ou amanhã.

Sinceramente? Não vai dar certo.

1 | 12 | 2002

A tentação do aparelhismo

Carece de explicação mais clara a anunciada fórmula para o preenchimento dos cargos de segundo escalão no governo Luiz Inácio Lula da Silva.

Ou bem Lula está mesmo disposto a não estatizar o PT, ou fez agrado inócuo aos deputados e senadores do partido quando, na quinta-feira, disse a eles que serão consultados sobre a ocupação dos cerca de 20 mil postos.

As duas hipóteses são incompatíveis. No momento em que couber aos parlamentares petistas tomar decisões sobre a composição funcional da máquina administrativa, o PT terá tomado conta do aparelho de Estado.

E não é nesse diapasão que vêm sendo discutidas as futuras relações entre o partido e o governo. Busca-se, ao que se saiba, uma perfeita, eficaz e respeitosa separação, de modo a que nenhuma das instâncias se deixe contaminar pelos objetivos e prioridades da outra.

Quando exorta as bancadas da Câmara e do Senado a ajudá-lo a "mapear a atuação da máquina federal nos Estados", Lula, a pretexto de fugir da lógica do loteamento fisiológico, está enveredando exatamente por este caminho. Com uma agravante: a de abrir tanto o debate que o processo de decisão se transforme numa assembleia permanente. E, assembleísmo, sabemos todos, é o pai da indecisão.

A explicação dada para a adoção desse método de preenchimento de cargos foi a de que, com ele, rompem-se os feudos políticos nos ministérios onde habitualmente o titular da pasta tem autonomia para preencher os cargos disponíveis em toda a estrutura, do âmbito federal ao municipal.

A intenção é, sem dúvida, saudável. O que não garante que sua execução também o será. Como vai distribuir algumas pastas por partidos que o apoiaram na eleição presidencial, Lula não quer fazer delas nichos partidários de comando único.

Isso é uma coisa. A outra é incluir as forças não petistas na composição do primeiro escalão e, abaixo disso, deixar o poder de decisão nas mãos de um único partido. Se não foi isso que ele quis dizer quando convidou deputados e senadores do PT a tomar conta da triagem, foi assim que pareceu.

Caso prevaleça essa ideia, e considerando que aos petistas será natural o interesse pela escolha de gente que lhes inspirem confiança política, não haverá duas conclusões possíveis: o PT ficará de tal forma enfronhado no aparelho de Estado que estatizado em pouco tempo estará.

Como vem alertando Lula em todos os discursos: a partir de agora, todo cuidado é pouco com o que se diz. Porque discurso de oposição pode resultar, no máximo, em polêmica, mas palavra de governo gera consequências.

A mesma praça

Surgiu um problema de ordem prática a ser resolvido pela comissão que organiza a festa da posse de Lula.

Ao tomar conhecimento de que o PT pretende fazer uma festa popular de boa monta na Esplanada dos Ministérios, a Secretaria de Turismo do governo do Distrito Federal entrou em contato com a comissão organizadora a fim de lembrar que a festa de rua pela passagem do ano, em Brasília, é tradicionalmente comemorada no mesmo local.

Como as comemorações vão até de manhã, não haveria tempo suficiente para preparar o cenário da posse, às 15 horas. Nem passa pela cabeça dos petistas pedir ao governo do arqui-inimigo Joaquim Roriz para modificar os planos do *réveillon*, evidentemente.

Diante do impasse, a questão foi repassada a Duda Mendonça, produtor do espetáculo presidencial, para que encontre uma solução que atenda a todas as conveniências.

Noel escanhoado

O clima na capital entre petistas e correligionários de Joaquim Roriz é tão acirrado que até papai Noel entra na briga. No ano passado, o velhinho foi vestido de azul-Roriz em todas as propagandas e festejos oficiais.

Agora, corre nas repartições do DF a orientação não escrita para que se evitem enfeites vermelho-PT.

Um petista gaiato, partidário da tese de que se é para cair no ridículo, melhor fazer o serviço completo, está propondo que se retire também a barba de Noel, a fim de eliminar todas as conexões possíveis.

Tropa de choque

A disposição para a guerra de parlamentares tucanos não tem o PT como alvo exclusivo. José Sarney e Antonio Carlos Magalhães estão na mira do PSDB, que suspeita que ambos tentarão, no Senado, promover um ajuste de contas com Fernando Henrique.

Por via das dúvidas, já avisam aos navegantes: não lhes custa nada ressuscitar o episódio da violação do painel de votação, contra ACM, e o caso Lunus, tendo como protagonista a nova senadora Roseana Sarney.

2 | 1 | 2 0 0 3

Em linha direta com a rua

Discursos, solenidades e improvisos, tudo ontem transcorreu dentro do mais absoluto figurino popular.

No Congresso, o presidente da República ressaltou a disposição de governar entrosado com a sociedade; no trajeto pela Esplanada dos Ministérios não se intimidou diante de um abraço inesperado do homem da rua; no Palácio do Planalto, já vestido com a faixa presidencial, reafirmou profissão de fé no otimismo e na responsabilidade coletiva de levar adiante o país.

Plano que, deixou bem claro com o tempo dedicado às questões de política externa, não significa isolar o Brasil do mundo, mas antes consolidar a posição de liderança na América do Sul.

No quesito proximidade com as ruas, portanto, não houve quebra de expectativas. Ao contrário. Luiz Inácio Lula da Silva buscou marcar sua diferença do antecessor exatamente mostrando que, se mudanças de conteúdo requerem tempo e paciência, alterações na forma de se relacionar com o país poderão ser observadas de imediato.

Aos milhares que saudaram o presidente na Esplanada e na Praça dos Três Poderes, os sinais dados foram objetivos, quase óbvios. Às centenas que vivem as circunstâncias cotidianas da política, o recado foi mais sutil, mas, ainda assim, perfeitamente captado.

Não passou despercebido dos parlamentares o fato de, em seu discurso de quase uma hora no Congresso, o presidente ter feito apenas uma referência rápida ao papel do Parlamento. Disse que precisaria da ajuda de deputados e senadores, prometeu uma relação fraterna e respeitosa com os Poderes Legislativo e Judiciário, registrou seu orgulho de ter sido deputado e reverências maiores não fez.

Pode ser que a indiferença tenha sido proposital e restrita a uma ocasião em que ele precisava postar-se nitidamente como um contraponto de Fernando Henrique Cardoso, cujo mandato foi marcado por uma relação muito mais estreita com o Congresso do que com entidades de representação social.

Se, no entanto, a ausência de fidalguias especiais ao Legislativo foi involuntária, trata-se de uma postura a ser corrigida o mais rápido possível. Ainda mais que no mesmo discurso o presidente manifestou intenção de levar adiante reformas constitucionais para as quais precisará de uma maioria de que não dispõe.

Para pelo menos duas delas – a previdenciária e a trabalhista – necessitará dos votos dos adversários, visto que em sua própria base partidária há significativa rejeição a vários pontos que o presidente pretende alterar. A fim de obter êxito numa terceira reforma, a política, a construção do consenso terá de ser ampla e quase irrestrita.

Mas é possível que, para a mensagem a que se propôs

transmitir ontem, o presidente da República tenha analisado que valia o risco. Entre outros motivos porque do Congresso poderá cuidar mais à frente, quando os novos senadores e deputados tomarem posse.

Uma questão de prioridade: primeiro, atenção a quem elegeu e, depois, apreço às relações de quem dependerá para governar.

Sim, porque essa disposição do presidente de estabelecer uma linha direta com as ruas, com a cidadania, não pode se dar ao arrepio das instituições tradicionais. Inclusive porque elas servem como anteparo às ansiedades populares, sempre muito mais emocionais que racionais.

Mistério da rampa

Ninguém entendeu porque Fernando Henrique não desceu a rampa do Palácio do Planalto depois de passar a faixa presidencial ao sucessor, já que não havia uma razão objetiva para quebrar a tradição.

A versão oficial que corria no Planalto na véspera da posse era a de que a quantidade de gente perto da rampa impediria o acesso do carro que levaria FH à base aérea.

Na hora da cerimônia, porém, a via em frente ao Planalto estava totalmente livre. Três carros chegaram a ficar algum tempo estacionados ao pé da rampa, mas logo saíram.

Suspeitou-se que a verdadeira razão da saída de Fernando Henrique pelo elevador privativo foi excesso de zelo de sua assessoria.

Receio de que algum imprevisto – vaias, por exemplo – pudessem macular o ritual do adeus.

Menos um

A tendência da área política do governo é extinguir a função de líder do Planalto no Congresso. No lugar de três, seriam apenas dois os líderes governistas: o da Câmara e o do Senado.

Originalmente, o cargo de líder do governo no Congresso foi criado por Tancredo Neves especialmente para Fernando Henrique, que à época ficou fora do ministério.

Aloizio Mercadante deve acumular as funções de líder do PT e do governo no Senado.

10 | 1 | 2003

Toda cooptação tem seu preço

O PT decidiu diversificar, naturalmente depois de concluir que, se ficasse apenas na dependência do apoio do PMDB, não se livraria da lógica da negociação permanente.

Trata-se de um raciocínio lógico e o partido do governo tem todo o direito de adotar a estratégia parlamentar que considerar mais conveniente a seus propósitos. Portanto, em tese, tudo parece dentro dos conformes.

Na prática, porém, urge uma adequação das ações ao pensamento, sob pena de em muito pouco tempo o governo passar a ser entendido como um negociador não confiável. Em geral, é o que acontece com quem diz uma coisa e faz outra. Tomemos, por exemplo, a afirmação dos comandantes da política petista, de que todas as articulações seriam pautadas pela ótica institucional. Os diálogos seriam conduzidos no estrito espaço das representações formais.

Assim foi feito logo após a vitória de Luiz Inácio Lula da Silva, quando o ainda presidente do PT, José Dirceu, foi conversar com o presidente do PMDB, Michel Temer, a respeito de um acordo sobre as eleições das presidências da Câmara e do Senado.

Ciente da preferência do PT pelo nome de José Sarney para o comando do Senado, Temer perguntou se havia algum compromisso firmado com o senador que, como se sabe, não priva – nem deseja privar – da intimidade política da direção de seu partido.

José Dirceu respondeu que não, que o único acerto com José Sarney era o governo reativar o programa de distribuição de leite e preservar de ataques políticos a filha Roseana.

Faltando 21 dias para a renovação das mesas diretoras do Congresso, no entanto, aquela assertiva virou pó. O PT adotou uma postura dúbia: quer Sarney mas não assume, ora diz que levará em consideração o fato de o PMDB ser a maior bancada do Senado e aceitará o nome escolhido pelo partido, ora afirma que apoiará a indicação do partido que tiver o maior número de senadores no dia 1.º de fevereiro.

Ou seja, se eleitos por outras legendas mudarem suas filiações de forma a tornar um outro partido majoritário, está desfeito o acordo com o PMDB.

E, rompido o acerto no Senado, quebrado também estará o que foi combinado na Câmara. Isso significa que o PT refez suas contas e considera a hipótese de ganhar a presidência da Câmara sem o apoio integral dos peemedebistas.

Aqui também a tese faz sentido, dado que matematicamente é perfeitamente possível.

O problema é que a matemática não preside a dinâmica política. Ao abandonar a lógica da institucionalidade – sem fazê-lo com clareza e transparência, note-se –, o PT automaticamente opta por pautar-se pela tática da cooptação quase individual.

Para atingir o número de deputados necessários à eleição de João Paulo Cunha será preciso buscar votos em todos os partidos, até naqueles que se decidiram formalmente pela oposição, como PSDB e PFL.

Ainda que se prefira dar à cooptação o nome de negociação, no fundamental há um dado que permanece inalterado: a necessidade de operação. Que, por sua vez, se baseia no princípio da troca.

O governo quer votos e aos parlamentares será necessário dar o que deseja cada um. Os que se convencem pela política já estão ganhos. Os que precisam ser conquistados, ou almejam posições no Parlamento ou aspiram postos no Executivo, em quaisquer escalões.

Numa avaliação bastante otimista e absolutamente irrealista, digamos que os anseios por cargos sejam minoritários. Ainda assim, estará instalada a prática do fisiologismo, da qual tanto foge o PT.

Por mais que na palavra o governo negue cessão ao "toma lá, dá cá", no gesto o próprio Diário Oficial o obrigará a se explicar.

Mas essa é a apenas uma parte do problema. A outra guarda relação com o futuro imediato, mais exatamente aquele que se inicia no dia 2 de fevereiro.

Presidentes das duas Casas eleitos, o governo entrará numa rotina para a qual necessitará de relações minimamente confiáveis e civilizadas no Poder Legislativo.

Se queimar seu patrimônio de credibilidade na ambiguidade em que está, corre o risco de ganhar o comando formal do Congresso e perder o controle das mágoas acumuladas.

A história recente das disputas do gênero mostra que não vale a pena jogar tudo, a ferro e fogo, numa vitória e deixar os dias seguintes sob a administração das consequências nefastas.

Os partidos desbancados pelo PT do poder sabem melhor do que ninguém que a cooptação tem um preço. Pode ser maior ou menor, dependendo da habilidade do cooptador. E certo tipo de esperteza não é para quem quer, mas para quem sabe e não se importa de fazer.

5 | 2 | 2003

Crônica de um atrito anunciado

Não foi à toa nem por acaso que, antes de a árdua tarefa ir parar nas mãos de José Genoino, alguns dos cotados para substituir José Dirceu na presidência do PT tenham declinado do convite com contida, mas aflitiva, ênfase.

Um deles por experiência própria. Já havia comandado o partido em seu Estado e sabia o quanto (não) dói uma saudade.

Os conflitos com os chamados radicais não se configuram, portanto, novidade nem surpresa. A nós da plateia causa alguma espécie o embate assim tão explícito e antecipado, talvez porque não estejamos acostumados com partidos de verdade.

É a primeira vez que uma organização partidária com dinâmica interna forte, regras definidas e base social ampla assume o poder central.

Que a relação seria problemática, sabia-se. Tanto que a escolha para a presidência recaiu propositadamente sobre uma figura de credibilidade externa e convicções partidárias já comprovadas pela própria experiência de contestador interno, mas cumpridor das regras gerais.

Isso do ponto de vista da direção, majoritariamente moderada, profunda conhecedora de suas ovelhas mais rebeldes. Portanto, aqui o que surpreende é a inexistência de um plano prévio de convivência com a estridência do contraditório.

Em relação aos que reclamam, sentem-se traídos pela cúpula que assumiu o poder, cumpre indagar onde é mesmo que estavam durante a campanha eleitoral, quando o PT se flexionou claramente ao centro?

A despeito do sentido lógico de vários dos argumentos apresentados pelos queixosos – particularmente aqueles que cobram a explicitação de uma autocrítica a fim de sustentar certas alterações mais agudas de ações e pensamentos –, perdem muito de sua força pela extemporaneidade da manifestação.

Se calaram durante a campanha para não atrapalhar a eleição de Luiz Inácio Lula da Silva, calados deveriam permanecer a fim de não lhe impor obstáculos no exercício do poder.

Ou, então, é como diz o ministro Antônio Palocci: simplesmente detestaram ganhar a eleição. Ou pior: apostavam na traição ao discurso de campanha.

E aí fazem mau juízo de seu líder, pois consideravam que voltaria ao "normal" assim que se visse livre da direção de Duda Mendonça.

Revelam-se também criaturas capazes de calar diante da discordância, no pressuposto de que uma temporária propaganda enganosa lhes devolva logo à frente as condições de restabelecer a concordância.

Quando alegam que as proposituras escritas do PT estão mais próximas de suas posições que das ações do governo não faltam com a verdade. Mas a questão é que se discrepância havia, ela já existia durante a campanha e, lá, à exceção da voz da senadora Heloísa Helena, contrária à aliança com o PL, não se ouviu o som da contestação.

Ao contrário, na convenção do PT em São Paulo que oficializou a candidatura de Lula e a coligação com o PL, o que se viu foram aplausos ao presidente do partido, o ínclito deputado Valdemar da Costa Neto. Com direito a chuva de estrelinhas prateadas e juras de amor eterno.

É possível que os ditos radicais tenham acreditado que os pedidos de paciência e contenção de ânimos feitos a eles nos meses que antecederam a eleição significassem um mero apelo à trégua.

Se foi isso, aprenderam mais uma a respeito da distância entre o sonho e a realidade. Com a disposição manifestada pela direção do PT e pela cúpula do governo de enquadrar os rebeldes à linha justa, sob pena de tornar-lhes a porta de saída uma serventia da casa, é possível que aprendam outra.

Qual seja, a de que, dentro do PT, seus reclamos reverberam. Fora dele, ficarão reduzidos à insignificância das legendas de cujas siglas nem se lembram as letras.

Via transversa

Caso o senador Eduardo Suplicy venha mesmo a perder a presidência da Comissão de Assuntos Econômicos, como parece, que não se atribua o fato nem ao PMDB nem ao PFL. Embora ambos disponham da prerrogativa, pela ordem de citação, de ocupar o cargo, quem decide é quem tem, no Congresso, a força de fato e não o poder de direito.

Por via transversa, é o PT quem opera a rasteira no senador. Além da decisão de que Suplicy, por suas constantes contestações – desde a prévia que disputou com Lula –, ainda precisa salgar sob o sol e a chuva por um bom tempo, conta também a certeza de que ele, no posto, seria uma fonte inesgotável de problemas para o governo.

26|2|2003

A excelência da inconveniência

Não foram necessários mais de dois meses para que o PMDB passasse da inconveniência à excelência, na opinião do Palácio do Planalto. Até onde a vista alcança, nada de extraordinário aconteceu de dezembro para cá.

Na ocasião, o presidente da República interrompeu abruptamente as negociações com o partido, alegando que a parceria traria mais perdas que ganhos em termos de desgaste junto à opinião pública.

Pois bastaram as primeiras evidências de que a vida republicana depende mais de suas instituições – no caso, o Congresso e a indispensável maioria – do que de instâncias paralelas boas de simbolismo, mas claudicantes no quesito objetividade, para que os reparos à conduta fisiológica do partido fossem esquecidos.

Agora, até a criação de ministérios exclusivos para o PMDB já se discute.

Ontem o presidente Luiz Inácio Lula da Silva negou que

esteja pensando em criar uma pasta só para os peemedebistas. Se não for apenas uma sutileza de retórica – na qual, retirando-se o "apenas", mantém-se a decisão sob outro argumento –, antes assim. Basta o inchaço administrativo, pleno de sobreposições de funções, produzido para recolher os amigos que, como alega com orgulho o presidente, não costuma deixar pelo caminho. Agora, aumentar a máquina para acolher o adversário de anteontem já denota certa ausência de rumo.

Ou bem desalojam-se atuais ministros porque se chegou à conclusão de que os novos aliados terão iguais ou melhores condições de tocar as políticas implementadas pelas áreas que vierem a ser postas em questão, ou trata-se de um mero acochambro fisiológico.

A expressão não é exatamente bem-educada, mas lamentavelmente é a única.

Aplicável, note-se, não apenas às razões que mobilizam o Planalto à sedução daqueles que até outro dia eram tratados como portadores de doença contagiosa.

Aplica-se antes de mais nada aos mesmos peemedebistas que foram tratados como mercadoria defeituosa e agora não se acanham em voltar à mesa de negociações com explícita avidez. Dizem que só aceitam aderir se a proposta for substanciosa.

E não falamos aqui de peemedebistas que desde sempre deixaram clara a disposição de aderir mediante boa compensação. Tratamos de personagens, como o presidente do partido e o líder no Senado, que cobravam ao PMDB um tratamento digno, dispondo-se mesmo a apoiar as reformas sem necessariamente ocupar cargos.

Conversa. Os integrantes da ala contrária à direção do partido pelo menos têm a favor deles o fato de terem apoiado a candidatura de Lula desde o início. Os outros, que se diziam oposição porque as urnas assim o tinham determinado, só confirmam que o fisiologismo, além de contagioso, é incurável.

As tratativas tanto passam ao largo de critérios de respeito mútuo que nenhuma das partes se sente na obrigação de dirigir um pedido de desculpas a quem quer que seja.

O Planalto não vê nada de mais em dividir a condução do governo com gente que deixou publicamente claro que não considerava boa companhia.

Os peemedebistas não se consideraram insultados, o que torna lícita a suposição de que concordam com aquela avaliação.

É a tal história: o que vem de cima nunca atinge a quem faz qualquer negócio pelo poder.

Perdidos no espaço

Fica difícil saber o que é pior: as autoridades fluminenses falando ou o governo federal calando. O secretário de Segurança Pública, Josias Quintal, acordou no mundo da lua, regozijando-se pela "madrugada tranquila", sem saber que três ônibus, um supermercado e um *shopping center* haviam sido atacados enquanto ele dormia.

Não satisfeito, continuou: "É claro que a situação ainda não está calma, mas está se abrandando. Ontem foram 25 ônibus queimados, se hoje foram 3 é sinal de que o ritmo da baderna está diminuindo. Grave seria se continuasse no mesmo ritmo". Grave, mas grave mesmo é este tipo de tolerância dominar a mentalidade das pessoas encarregadas de zelar pela vida alheia.

Ou seja, se hoje um ônibus apenas for atacado e nele morrerem todos os passageiros, pelo raciocínio do secretário, nem por isso a situação terá se agravado. Ao contrário.

Força sem tarefa

Alguém dos representantes municipais, estaduais e federais integrantes do grupo poderia informar que ação consistente produziu a força-tarefa criada no ano passado para combater o narcotráfico?

2 | 5 | 2003

Ação entre amigos (da onça)

Na quarta-feira, enquanto recebia o presidente da República, ressaltando o gesto de entrega em mãos das propostas de reformas constitucionais como um sinal de "prestígio" ao Congresso, o presidente do Senado, José Sarney, sabia que dali a pouco seria concretizado um ato de desmoralização do Parlamento.

Na calada da quase noite, aproveitando que as atenções do dia estavam voltadas para a cerimônia solene das reformas, a Mesa do Senado improvisou uma censura por escrito ao senador Antonio Carlos Magalhães e remeteu a apuração do caso das escutas telefônicas ilegais na Bahia ao Supremo Tribunal Federal.

Seria uma ação entre amigos – dada a presença majoritária deles no colegiado diretivo e a entrega da relatoria a um senador do PFL –, não tivesse sido uma atitude altamente desabonadora para o conjunto da Casa.

A Mesa do Senado conseguiu, a um só tempo, extinguir

a razão de ser do Conselho de Ética e mostrar como pode ser célere a Casa quando em jogo está a defesa de interesses particulares.

Alguém que buscasse deliberadamente desidratar o conceito da instituição para disso tirar proveito não teria feito melhor.

Menos de 24 horas depois de o Conselho ter pedido abertura de processo para investigar o envolvimento de Antonio Carlos Magalhães com a operação das escutas, a Mesa resolveu que ele merecia uma censura por escrito por ter feito uso de documentos de "origem duvidosa" nas dependências do Senado.

Considerando que até os pefelistas defensores de ACM – por um misto de razões regionais, partidárias e caritativas –, já reconheceram publicamente que o senador baiano fez uso dos produtos das escutas, se dúvidas há, é exatamente sobre a decisão da direção do Senado.

Primeiro, não caberia a indicação da penalidade – no caso, a mais branda entre as brandas – pelo simples fato de que não havia processo. O relatório do senador Geraldo Mesquita pedindo a abertura de um processo por quebra de decoro foi resultado de uma investigação preliminar. Mesquita posicionou-se em favor da cassação, o que não significa que o resultado não pudesse ser até a absolvição.

Cabia à Mesa, isto sim, arquivar ou autorizar o prosseguimento do trâmite. À falta de coragem para arquivar e atender com transparência à conveniência de Antonio Carlos, fabricou-se artificialmente uma penalidade e uma indicação de competência investigatória ao STF.

Não há leviandade nessa conclusão, pois uma decisão abalizada deveria requerer, no mínimo, exame mais detido do produto das investigações do Conselho de Ética.

Ora, quando o Conselho terminou seus trabalhos na quarta-feira já passava das 22 horas. Na quinta, o dia foi gasto nos preparativos e na solenidade de entrega dos anteprojetos de reformas. Que tempo teve a Mesa para examinar o que quer que fosse?

Nem os que votaram a favor nem os que se postaram contrários ao atendimento dos interesses do senador Antonio Carlos Magalhães tiveram um período minimamente razoável para embasar suas escolhas.

Mas, vamos que no decorrer dos trabalhos do Conselho tenham firmado suas convicções e decidido dispensar o cotejo das informações ali produzidas.

Mesmo assim, seria de se esperar que a resolução pela censura escrita e remissão ao Judiciário se fizesse acompanhar de um arrazoado, pelo menos para sustentar a tese sobre a inconsistência do produto das investigações.

Não foi o que se viu. Nenhuma palavra foi dita a respeito da inocência – ainda que presumida – do senador baiano, nenhum raciocínio foi exposto para demonstrar a invalidade das conclusões do relator do Conselho.

Ao contrário da decisão da Mesa, o documento produzido pelo senador Geraldo Mesquita faz uma fornida sustentação prática e teórica, antes de concluir:

"Quem, em sã consciência, pode negar que o senador Antonio Carlos Magalhães se utilizou de informações que foram colhidas de forma criminosa para divulgá-las com propósitos escusos?". Pois os senadores com assento à Mesa não consideraram necessário prestar quaisquer homenagens às próprias consciências antes de decidir expor seus pares a uma cruel abstenção da prerrogativa constitucional de fazer valer a ética e a observância do decoro dentro de uma instituição de representação popular.

Uma exposição desnecessária inclusive, já que o PT prepara um recurso ao plenário do Senado, para que ali seja julgado o pedido do Conselho de Ética.

Ainda que o conjunto dos senadores decida pelo arquivamento – e aí, goste-se ou não, estaremos diante de uma decisão dentro da regra do jogo –, mesmo assim, nada apagará o fato de que no mesmo dia em que por uma porta o Congresso abriu alas para a institucionalidade, por outra deixou-se render a artimanhas regimentais postas a serviço de um compadrio tão obsoleto quanto incompatível com o Brasil que se busca construir.

3 | 7 | 2 0 0 3

O alto preço de um boné

É possível que o governo federal tenha um plano. Aliás, queira Deus que tenha mesmo um projeto de ações muito bem delineadas para recuperar o prejuízo provocado ontem pelo encontro do presidente da República com líderes do MST.

Resta agora aguardar que o resultado da estratégia presumida permita ao país respirar aliviado ante a evidência de que Luiz Inácio Lula da Silva não avaliza a barbárie. Não sanciona a agressão à legalidade, não é parceiro de projetos que objetivam a ruptura institucional nem deixa que a autoridade conferida a ele nas urnas, pela maioria dos brasileiros, seja erodida pela ação de uma minoria descomprometida com a democracia.

Se não for assim, se nada houver por trás da reverência com que o Movimento dos Sem-Terra foi recebido em palácio, enquanto militantes do movimento bloqueavam uma estrada em Minas Gerais e invadiam uma repartição pública em Alagoas, só nos resta dar razão a João Pedro Stédile.

Triunfante após o encontro em que não ouviu reparos à conduta dos sem-terra, Stédile comemorou: "A reunião foi ótima, vai dar 5 a 0 contra o latifúndio no segundo semestre". De fato, a vitória será de goleada. Mas os perdedores não serão latifundiários, porque não é contra grandes extensões de terras improdutivas que se dá o embate.

Os derrotados serão todos aqueles que assistem à consecução de saques, bloqueios, ocupação de prédios, interrupção de pedágios, tomadas de reféns e afrontas de toda sorte à ordem, sob o beneplácito das autoridades constituídas.

Derrotados serão todos os setores da sociedade, organizados ou não, cujas necessidades prementes precisam se adequar aos ditames da lei e da civilidade, a fim de que não se instale no país a lei do vale-tudo.

Derrotados serão os correligionários petistas dos quais se cobra, ora disciplina de voz e voto, ora contenção no contraditório para que não sejam dadas armas de luta à "direita" contra um governo de esquerda.

Derrotado será o cidadão comum, que não dispõe da força da organização de um conflito para ver suas demandas cotidianas atendidas.

Derrotados seremos todos os que apostamos num Brasil organizado, onde o debate se faça dentro da observância das normas de convivência e onde não se premie o recurso à violência e não se utilize a miséria como instrumento de negação da paz.

Quando o presidente da República se dispôs a intermediar os conflitos no campo, começando por aceitar receber o MST, a ideia era organizar as coisas de tal forma que a pauta do encontro fosse dada pelo governo e que o pressuposto do fim da violência estivesse plenamente estabelecido.

Exatamente para que a figura do presidente não fosse utilizada como avalista da ilegalidade e sua autoridade não fosse atingida.

Pois o presidente não apenas recebeu os sem-terra no dia seguinte a mais um episódio de saques e invasões, como o fez em ambiente de confraternização explícita. Vestiu o boné do MST como quem veste a camisa de uma causa que já há algum tempo perdeu o sentido de justiça.

Do governo, que pretendia ser dono da pauta, não se ouviu uma palavra de censura aos métodos nem de imposição de precondições para o atendimento de reivindicações.

A versão de deputados que assistiram ao encontro e do próprio ministro da Reforma Agrária revelou a disposição do Planalto de atender a vários dos pedidos feitos ali, como se nessa altura a questão central fosse esta e não o desrespeito ao estado de direito.

A concordância silente deu a impressão de que o governo se sentia realmente em débito com o MST, quando a situação é inversa.

Enquanto se anunciava, de um lado, a disposição de reaparelhar o Incra, examinar a disponibilidade de terras para assentamentos e a liberação de verbas públicas para melhorar a infraestrutura dos já existentes, de outro declarava-se a continuidade das invasões.

Ou seja, do MST nada foi exigido e o movimento, por sua vez, não se sentiu minimamente obrigado a retribuir o gesto de boa vontade que acabara de receber.

Não há outra conclusão possível fora da evidência de que o presidente da República foi usado – e se deixou usar – como instrumento de um grupo cujos meios e modos não são legitimados pela sociedade, de quem se exige paciência e tolerância.

Não é dessa forma, abrigando e convalidando movimentos

que apostam na confrontação das regras que todos os cidadãos são obrigados a obedecer, que o presidente fará a reforma agrária pacífica e negociada que diz pretender.

Como vimos ontem, vemos hoje e continuaremos a ver daqui em diante, ao MST não interessa a paz nem a negociação. Só importa a luta até a ruptura final.

15 | 8 | 2003

Em prejuízo da maioria

A greve dos funcionários públicos federais está prestes a completar 40 dias e até agora não se viu nenhum grevista reclamar negociação do pagamento dos dias parados. Não se ouviu de lideranças nenhuma queixa a respeito de corte dos salários no mês passado.

Donde se conclui que há um número expressivo de cidadãos brasileiros sendo pagos com o dinheiro do contribuinte para gozar de férias remuneradas por tempo indeterminado.

E o poder público, que calado está, calado não deveria ficar.

Mas o que se vê é uma ou outra tímida, esparsa e contraditória declaração a respeito do assunto. O primeiro a se manifestar, antes mesmo do início da greve, foi o presidente do PT, José Genoino, defendendo o corte do ponto como pressuposto óbvio. Talvez não por acaso, Genoino seja entre os petistas quem com mais vigor publicamente sempre condenou o recurso a expedientes ilegais por parte de movimentos de reivindicação.

Num segundo momento, a paralisação dos servidores já em curso, o ministro do Planejamento, Guido Mantega, deu-se a conhecer dizendo-se contrário à suspensão do pagamento.

Dias atrás, o ministro da Fazenda, Antônio Palocci, firmou posição em favor da suspensão dos salários. Depois disso, não se tocou mais no assunto que, pela evidência, provoca divisões dentro do governo.

Enquanto isso, segue parcela do funcionalismo numa paralisação sem objetivo nem benefício, mas com muitos prejuízos à maioria.

Os pobres, como sempre, são os mais prejudicados. Quem precisa dos benefícios do INSS – em geral com necessidade de anteontem – é orientado a aguardar o fim da greve, bem como os usuários de todos os serviços que só fazem falta a quem não tem recursos.

As exportações já estão sendo sensivelmente prejudicadas pela paralisação – agora transformada em operação padrão – dos fiscais de alfândega no porto de Santos. Isso sem contar a maioria dos servidores que, trabalhando, recebem o mesmo tratamento dos colegas participantes do protesto folgazão.

Considerando o fato de, além de remuneração garantida, os grevistas terem estabilidade no emprego, realmente configura-se um quadro de estupendo privilégio em relação ao restante da população. Em particular àquela parcela de trabalhadores sob ameaça de desemprego iminente.

Decretada contra a reforma da Previdência, em favor da desistência do governo em apresentar o projeto, a paralisação não tem porquê nem para quê.

A reforma está aprovada em primeiro turno, os dias parados não precisam ser reclamados, pois estão sendo dados como trabalhados, e não se tem notícia do endereço de funcionamento da mesa de negociações que trate das condições de volta ao trabalho ou de qualquer outra questão.

Caso as tratativas não estejam ocorrendo em alguma caverna secreta, não resta outra conclusão: trata-se de puro e simples abandono de emprego sob os auspícios do Orçamento e o beneplácito das autoridades.

Por muito menos – pois comparecem ao trabalho três dias por semana – parlamentares são taxados de gazeteiros, quando não comparados àquele instrumento de ferro utilizado para escavações, também sinônimo de gente dada ao uso de expedientes escusos para obtenção de vantagens.

Com toda clareza, essa greve de servidores carece de providências. É injusta e, por isso, indefensável.

Negócio fechado

O acerto entre a direção do PMDB e o secretário de Segurança Pública do Rio de Janeiro, Anthony Garotinho, está sendo considerado um negócio da China para ambas as partes.

Os peemedebistas contrários ao governo Lula – os patrocinadores da filiação de Garotinho –, de acordo com as tratativas, ganharão 11 deputados federais, 1 governadora, 1 porta-voz para dar divulgação ao discurso oposicionista e um reforço nada desprezível na correlação interna de forças.

O ex-governador do Rio e seu grupo ganham a liberdade de atuação que não teriam no PDT, sob o comando de Leonel Brizola. Além, evidentemente, do acesso a uma máquina partidária que, mesmo dividida, é maior do que a disponível em qualquer outra legenda cuja porta de entrada esteja aberta.

A contabilidade da última votação da reforma da Previdência mostra uma divisão do PMDB já não tão favorável assim ao Planalto: 32 votos a favor e 28 contra o governo.

Integrante do grupo dos "contra", o primeiro-secretário da Câmara, deputado Geddel Vieira Lima, festeja a chegada do novo companheiro e lança o lema:

"Sou Anthony desde garotinho."

24 | 8 | 2003

Fisiologismo ideológico

Nem vamos falar de ética. Basta o conceito básico de administração pública, segundo o qual o Estado não existe para dar empregos, mas para prestar bons serviços.

Partido com forte base no setor público, o PT deve conhecer bem o tema. Ou pelo menos deveria. Não apenas conhecer, mas, principalmente, adotar e preservar normas imprescindíveis.

A demissão do marido de uma deputada federal da direção da Fundação Nacional de Saúde no Distrito Federal, por causa de um voto da parlamentar que desagradou ao Palácio do Planalto, é o episódio que faltava para comprovar a aplicação de critérios exclusivamente político-partidários onde a boa conduta pública recomendaria a observância de princípios profissionais.

Há muito, e por toda parte, fala-se que o PT no governo tem exibido uma sede de poder e um apreço pelo loteamento de cargos muito mais exuberante que os partidos pelos petistas sempre tratados como fisiológicos.

Em algumas repartições, o aparelhamento é evidente, como no Incra. Em outras, como a Petrobras e o Banco Nacional de Desenvolvimento Econômico e Social (BNDES), a substituição de competências pelas conveniências já é objeto de constatação, espanto e reclamação até mesmo entre os aliados.

O que não se tinha visto até agora era o próprio governo chancelar, justificar e comemorar a prática.

Sob o argumento de que a deputada Maninha (PT-DF) se comportou mal do ponto de vista ideológico, ao não seguir a orientação do partido e optar pela abstenção na votação da reforma da Previdência na Câmara, a Casa Civil pediu, e o Ministério da Saúde providenciou – com nota oficial e tudo – a demissão de Antônio Carlos Andrade da direção da Funasa.

Soou tão impróprio e primitivo o gesto que, num primeiro momento, parecia que talvez o diretor tivesse sido demitido por outros motivos e, para escondê-los, sua mulher estivesse injustamente ligando a exoneração à atuação parlamentar dela.

Mas o ministro da Saúde, Humberto Costa, confirmou. O vice-líder do governo na Câmara, deputado Professor Luizinho, festejou – "a atitude do ministro deve ser seguida pelos outros" – e o presidente do PT, José Genoino, avalizou: "Quem está no governo deve ter o ônus e o bônus". Eis então que temos com todos os pontos e vírgulas defendida a tese de que o Estado é propriedade privada de quem está no governo. Em português claro: na concepção dos atuais ocupantes do poder, o setor público presta-se ao aparelhamento e à manipulação.

Ocupam-se os cargos por razões partidárias e desalojam-se deles pessoas pelos mesmos motivos.

Distribuem-se os "bônus" e com eles instrumentaliza-se o juízo alheio à submissão aos "ônus". Ainda que o julgamento implique a quebra de compromissos da representação legislativa firmados entre o eleito e o eleitor que, no máximo, deveriam dizer respeito aos partidos. Nunca a governos.

A partir do caso da demissão do marido da deputada petista – nomeado, pelo visto, por opção ao nepotismo –, ficamos sabendo como funcionam as coisas na Fundação Nacional de Saúde.

Todas as 27 diretorias da Funasa pelo país afora foram ocupadas a poder de indicações políticas. Estão lá o PT, o PTB e o PMDB.

A apropriação partidária da Fundação foi precedida pela revogação de uma norma editada em 2000, estabelecendo a obrigatoriedade de os cargos serem preenchidos por funcionários de carreira há mais de cinco anos no exercício da função de diretoria.

O argumento é uma obra de arte do retrocesso: a regra anterior "engessava" as nomeações. Ou seja, impedia que uma instituição pública – pertencente a todos, petistas, governistas, oposicionistas, apolíticos inclusive – fosse utilizada para intermediações de natureza estranha às suas atribuições.

Só não se pode dizer que se trata de fisiologismo tal como é exercido há anos entre nós porque agora vem edulcorado por uma aura ideológica.

Se é praticada pelo PT e, portanto, de esquerda, a fisiologia é diferente, permitida, pois.

Não será difícil surgirem as versões de que o governo precisa se proteger, juntar-se aos seus, expurgar os quadros nomeados pelo adversário e, com os aliados, tocar as chamadas políticas públicas de acordo com os novos critérios administrativos.

Ainda que fosse aceitável essa argumentação – e não é, pois embute uma concepção retrógrada e perniciosa da administração pública –, ainda assim ela não anula aquele conceito básico segundo o qual o Estado não existe para dar empregos, mas para prestar bons serviços.

31|10|2003

Sem direito a surpresa

Surpreendente na reportagem da revista *Veja* a respeito dos instrumentos de ataque e defesa utilizados pelo PT na campanha eleitoral não são as informações em si, mas a reação provocada por elas.

Não a estudada indignação do presidente da Força Sindical, Paulo Pereira da Silva, candidato à prefeitura de São Paulo em busca de um pretexto para atacar o adversário. Ele também aproveita a oportunidade para ver se sai de vítima de uma história – a do mau uso de recursos do Fundo de Amparo ao Trabalhador (FAT) – mal contadíssima.

Surpreendente mesmo é o alarme provocado no meio político, onde escaramuças de campanha são absolutamente corriqueiras e recebem – em todos os partidos e candidaturas – atenção especial nos comitês eleitorais.

As guerras de dossiês em campanhas eleitorais sempre foram utilizadas por todos os partidos, notadamente pelo

PT, o primeiro a se especializar na arte de fazer política pela via da denúncia.

Logo, a existência de um grupo voltado para a produção de informações e contrainformações no terreno do obscuro e do malfeito não deveria causar espécie.

Ocorre, porém, que na campanha do ano passado o eleitor se predispôs voluntariamente a acreditar na santidade do candidato à presidência.

Dispôs-se também com muito entusiasmo a condenar por crime de lesa-pátria – no caso, denominado de "terrorismo" – qualquer um que ousasse sequer aventar a possibilidade de Luiz Inácio da Silva ser instado a explicar melhor seus planos ao eleitorado.

Quando um candidato à presidência da República se autoproclama o arauto da paz e do amor e as pessoas se dão por satisfeitas, achando mesmo que o chá e a simpatia farão surgir empregos a mancheias e o Orçamento brotará no dia seguinte quadruplicado, francamente, o problema não é de quem fala, mas de quem ouve.

Na campanha, o PT nunca disse que era santo. Mas, como o eleitorado estava querendo mesmo alguém para encarnar esse papel, a partir de certo momento – quando se viu subtraído pela decepção com Roseana Sarney e Ciro Gomes –, vestiu em Lula esse figurino e foi em frente.

Portanto, a cigana não enganou ninguém. Se quiseram todos embarcar no conto do bom-mocismo bem estruturado por Duda Mendonça, a culpa não é do PT.

Se Ciro Gomes, Anthony Garotinho e Roseana resolveram colar em José Serra a imagem de destruidor de candidaturas e deixaram correr livre o adversário realmente poderoso, a culpa também não é do PT.

Se o eleitorado preferiu a crença difusa na esperança ao

questionamento detalhado da realidade, melhor para o PT.

Mas não apenas por isso – pela ingenuidade de supor o PT um santuário – soa algo fora do eixo o debate sobre a existência de um grupo de rapazes prestadores de qualquer serviço na campanha petista.

As respostas fornecidas pelos que agora estão no governo são falaciosamente formais. O presidente do PT, José Genoino, diz que nunca viu o que a revista *Veja* e alguns dos autores citados mostraram que aconteceu.

O ministro da Justiça, Márcio Thomaz Bastos, escalado para porta-voz oficial do caso, afirma que se ações daquele tipo tivessem ocorrido ele teria sabido. Como atesta que não soube, nada ocorreu.

Ora, se fosse para ministros e presidentes de partido confirmarem o que se passa nos subterrâneos de uma campanha eleitoral, a guerra das denúncias e dossiês – cuja sobrevivência depende da penumbra – não existiria e não faria tanto sucesso entre os políticos e, de certo modo, entre o eleitorado também.

Café com Lula

Está em fase final de produção, e deve estrear na semana que vem, o programa de rádio do presidente Luiz Inácio da Silva.

Chama-se Café com o presidente e preferencialmente vai ao ar de manhã, embora a Radiobrás não tenha como determinar o horário, porque não se trata de rede obrigatória.

A conversa do presidente com o ouvinte terá pouco mais de seis minutos de duração e será quinzenal. Luiz Fara, um dos apresentadores da Voz do Brasil, cujo apelido é Lula, será o interlocutor do presidente.

Lula falará com Lula sobre diversos assuntos e a ideia é fazer a coisa fluir o mais coloquialmente possível, sem ares de pronunciamento à nação.

A equipe, chefiada por Eugênio Bucci e coordenada por Luiz Henrique Romagnoli, é a mesma que mudou a Voz do Brasil e tirou dos 25 minutos destinados a informações do Poder Executivo o caráter de instrumento de tortura chinesa.

Ainda não se pode dizer que seja ótimo começar a noite na companhia do noticiário oficial. Mas já dá para deixar ligado o rádio quando se ouve a introdução de *O Guarani* – agora na cadência dos tambores do Olodum.

8 | 11 | 2003

África é pobre, mas é limpinha

A intenção foi das melhores, mas a impressão que deve ter deixado a declaração do presidente brasileiro aos africanos certamente foi das piores.

Não há política de boa vizinhança que resista a uma tentativa de elogio cujo resultado é uma ofensa.

"Estou surpreso porque quem chega a Windhoek não parece estar num país africano. Poucas cidades do mundo são limpas e bonitas. A visão que se tem do Brasil e da América do Sul é de que somos todos índios e pobres. A visão que se tem da África é de que são todos pobres." E sujos, faltou acrescentar para consumar o desastre em sua totalidade.

Imagine o leitor se um presidente estrangeiro chegasse por aqui surpreendendo-se com a modernidade das cidades brasileiras onde, pensava ele, havia onças, cobras e macacos pelas ruas. Além de desaforado, seria chamado de ignorante.

Por mais que a memória impressionista – do tipo que faz da Austrália o reino dos cangurus e do Canadá um país de esquimós – tenha lhe fixado uma imagem caricaturesca do continente, o presidente não poderia ter dispensado a leitura do material que com toda certeza o Itamaraty lhe forneceu a respeito dos países que estava visitando.

Não se informou, preferiu mais uma vez confiar na própria intuição e, de novo, cometeu uma daquelas monumentais impropriedades que já estão – infelizmente para aqueles aos quais representa – se tornando sua marca registrada.

Resta saber quanto tempo e quantos episódios dessa mesma natureza o presidente precisará protagonizar antes de dar ouvidos à sua assessoria a respeito da impossibilidade de continuar recorrendo aos improvisos.

A vida ensinou a Lula que ele sabia se comunicar, era dono de uma intuição fantástica e que sua trajetória servia de comprovação da tese de que é possível chegar no topo sem um preparo específico.

Ele, no entanto, tem se recusado a aprender que depois de chegar onde chegou é indispensável a observância de certos aspectos formais, a fim de se manter íntegro no alto.

O presidente da República não pode, por exemplo, dar-se à soberba de dispensar aconselhamentos de gente que sabe das coisas no quesito meandros do exercício do poder.

Há muito foi aconselhado a abandonar os improvisos, a não correr alguns riscos que, um dia, podem provocar um incidente verdadeiramente sério.

Lula não apenas ignora os alertas, como de vez em quando faz piadas em público sobre eles. Como se desqualificasse, por tolos, os que pretendem limitá-lo a um figurino tradicional.

Como chegou ao poder de um modo diferente – via sindicalismo, esquerda e oposição –, acaba achando também que pode exercê-lo de maneira inovadora em relação aos antecessores.

Mas há coisas imutáveis neste mundo. Acuidade verbal, notadamente no exercício de função pública, é uma delas.

Nova direção

Presidente do PSDB a ser eleito daqui a 13 dias, José Serra ainda não parou para ordenar as linhas de sua administração. A questão básica é como fazer oposição com eficácia e firmeza, mas sem cair na histeria e muito menos na falta de educação.

Um dos pontos sobre o qual Serra se deterá nos próximos dias diz respeito à influência dos governadores na conduta do partido. O ex-senador acha que, por causa de conveniências administrativas, eles acabam impedindo que o PSDB assuma uma linha de oposição mais assertiva. Serra pondera que as coisas não precisam ser assim e lembra o relacionamento dos governadores do PT com o governo Fernando Henrique Cardoso.

Jorge Viana, do Acre, e Zeca do PT, de Mato Grosso do Sul, sempre entraram e saíram com desenvoltura não só do Palácio do Planalto como também do Alvorada e, nem por isso, pretenderam influenciar na atuação política do partido.

José Serra já chegou à conclusão de que esse é um ponto importante a ser mudado. Mas sabe também que se trata de uma alteração de rumo a ser executada com vagar e habilidade. À moda tucana.

Maus modos

O presidente da Câmara, João Paulo Cunha, deixou ontem o presidente do PPS, Roberto Freire, o líder do PSDB, Jutahy Júnior, e o deputado Raul Jungmann esperando em vão para um encontro marcado para 14h30.

Os três iriam entregar a João Paulo um projeto de emenda constitucional alterando as normas para o preenchimento de cargos de confiança, de modo a acabar com o loteamento político da máquina estatal.

Como o presidente da Câmara sequer deu satisfação, Jungmann pretende na próxima terça-feira ocupar a tribuna do plenário a fim de tornar pública a descortesia.

28|2|2004

Seria Waldomiro uma ilha?

Tão verossímil quanto o empenho do governo em acabar de vez com os bingos – e abrir mão de uma receita de bilhões – só mesmo a convicção com que o Planalto apresentou apoio à reforma política aos primeiros acordes do escândalo Waldomiro Diniz.

Sobre o jogo, cinco dias antes de editar medida provisória determinando a proibição, o presidente da República havia incluído defesa veemente da regulamentação na mensagem de abertura dos trabalhos do Congresso. A respeito da reforma política, não faz 100 dias os parlamentares governistas ignoraram proposital e solenemente a votação do projeto de lei em comissão especial da Câmara.

O governo agiu, portanto, tangido pelas circunstâncias, o que imprime inverossimilhança a ambos os gestos.

Considerando o conjunto da obra, nada surpreende, a não ser a infantil suposição de que ninguém, a não ser o PT, seja capaz de reconhecer a olho nu uma legítima manobra diversionista. Obviamente todo mundo reconheceu e a reforma voltou em instantes à sua real dimensão de lenitivo de ocasião. Não poderia ser de outra forma, dada a impropriedade ímpar do momento para pôr na mesa um assunto dessa natureza. Políticos e governos passam por um período de especial carência de credibilidade para falar em regras tais como a proposta de reservar uma parte do Orçamento da União para financiar campanhas eleitorais.

Com a cena de Waldomiro Diniz pedindo um troco a Carlos Cachoeira ainda fresca na memória, fica difícil a opinião pública absorver a ideia de que tal evento jamais se repetirá apenas porque no Tesouro haverá reservas financeiras para os partidos nas eleições.

Muito mais evidente à percepção geral é a escancarada tentativa do governo e do PT de desviar para outras áreas o foco central dessa história: o principal interlocutor da Casa Civil da Presidência com deputados e senadores, descobriu-se, era corrupto e estendia suas atividades para áreas não afins, como o fornecimento de serviços de informática ao Estado. Fazia isso por delegação ou iniciativa própria?

Na primeira hipótese, cumpre dar atenção à sua rede de atuação ou, no mínimo, a suas relações profissionais cotidianas, seus contatos, os caminhos por onde transitava. Na segunda, cabe responsabilizar quem foi por ele enganado – dada a indisposição entre o exercício do poder e a ingenuidade – ou quem a ele deu a prerrogativa de atuar com tanta desenvoltura. Waldomiro, como toda figura sombria e carente de credenciais próprias, precisava se apresentar a seus interlocutores em nome de alguém. Quando estava a serviço do governo do Rio, sua plataforma de atuação era a presidência da Loterj, cargo que lhe dava óbvias credenciais para lidar com bicheiros e multinacionais de informática.

Já como assessor parlamentar do Planalto, a obviedade não era a mesma. A rigor, sua área de influência deveria ser restringir ao Congresso e adjacências.

Mas, se uma empresa do porte da Gtech negociou com o bicheiro Carlos Cachoeira a entrega de negócios em troca do apoio de Waldomiro na negociação de seu contrato com a Caixa Econômica Federal, é de se supor que o tenha feito baseada em alguma informação a respeito do poder do intermediário.

Pois é nessa informação que deveria residir o ponto de partida de qualquer investigação que buscasse apurar realmente os fatos e não apenas engrossar o prontuário de Waldomiro Diniz, cujas ações não se sustentariam por mais de 15 minutos se não tivessem respaldo suficiente para inibir a imposição de qualquer reparo.

Tanto que as poucas tentativas de alerta a respeito dos procedimentos dele – feitas principalmente pelo deputado e ex-procurador Antônio Carlos Biscaia – foram desprezadas como se a Waldomiro tivesse sido concedido salvo-conduto de cidadão acima de qualquer suspeita, com certidão passada em cartório do céu.

Caso típico

Em uma das várias entrevistas que deu antes do carnaval, o bicheiro Carlos Cachoeira definiu suas conversas com Waldomiro Diniz como "encontros normais entre um empresário e um homem público".

Donde um ministro de destacada atuação no caso não resistiu: "É a Parceria Público-Privada em execução", ironizou, numa afiada referência ao PPP do Planalto em tramitação no Congresso.

Cigana

Logo nos primeiro dias do escândalo, quando o líder do PT no Senado, Aloizio Mercadante (PT-SP), apenas inaugurava sua personalíssima performance na gestão da crise, dizendo-se contra a CPI porque não fazia sentido "investigar o passado", o presidente do PSDB, José Serra, calado estava, e calado deixou de ficar por instantes, apenas para fazer um comentário: "É extraordinária essa proposta de Mercadante de, a partir de agora, só se investigar o futuro".

9 | 3 | 2 0 0 4

Por que tanta pose, doutor?

Nas diversas interpretações que se faz sobre os efeitos da crise em curso, a sensível redução do grau de prepotência e autossuficiência do governo é apontada como uma lição aprendida.

Não é o que se vê na entrevista do ministro José Dirceu à revista *Veja*. A título de exibir firmeza, ele se mostra dono absoluto da verdade universal, convicto de que quaisquer contestações à sua majestade resultam de ignorância ou má-fé. E, se os fatos indicam razões para dúvidas, às favas os fatos.

Senão, vejamos os principais pontos da entrevista, por ordem de entrada em cena.

Os jornalistas Lauro Jardim e André Petry começam pelo que realmente interessa e perguntam por que, afinal de contas, o ministro não afastou Waldomiro Diniz quando surgiram as primeiras denúncias de que o assessor não era bicho para ser criado em casa.

"Porque o próprio Waldomiro Diniz solicitou uma investigação formalmente à Polícia Federal, ao Ministério Público e à Controladoria Geral da União", respondeu o ministro, considerando perfeitamente normal ter entregue ao suspeito a prerrogativa de comandar o processo de acusação e dar o caso por encerrado aí.

Não procurou saber o andamento das investigações nem aventou a hipótese de acionar o Gabinete de Segurança Institucional, que controla a Agência Nacional de Informações, e, ainda assim, acha "uma vilania" a existência de dúvidas a respeito de sua conduta.

Aí o ministro deixa claro que, se foi vítima, teve a própria arrogância como agente da traição. Admitindo-se que, como diz, tenha cometido "um erro e não um ilícito", esse equívoco resultou de se supor imune a ocorrências de falhas à sua volta e, portanto, prescindir do auxílio dos mecanismos institucionais de controle.

Convenhamos, o erro é grave o suficiente para suscitar, ao menos, dúvidas passíveis de serem esclarecidas. Se não sobre sua honra, pelo menos sobre sua capacidade de gerir a estrutura mais importante da administração federal. Não há vilania na intenção de tirar a limpo os atos de uma autoridade pública. Trata-se de um direito da sociedade.

Sobre esse direito, expresso no apoio de 67% dos pesquisados pelo Datafolha ao seu afastamento do cargo, se sobrepõe a visão do ministro:

"Eu não vou sair do governo", diz o ministro Dirceu, apoiado na própria "certeza" de que a sociedade também chegará à mesma conclusão depois de terminadas as investigações.

Nem um gesto simbólico de consonância com o pensamento da sociedade é admitido. A opinião pública que trate de esperar pela verdade final e, até lá, contente-se passivamente com a convicção do ministro, sob pena de ser considerada mera massa de manobra nas mãos dos "interessados em desestabilizar o governo".

A atitude de José Dirceu nessa questão mostra que ele nunca realmente cogitou a hipótese de deixar o governo, sendo puro jogo de cena o divulgado desejo de se afastar do cargo.

Se quisesse mesmo, primeiro não expressaria a decisão de ficar sem qualquer referência à possibilidade de o presidente da República vir a pensar diferente se os acontecimentos vierem a justificar uma mudança.

E, depois, não teria continuado a operar nos bastidores uma guerrilha de informações contra aqueles que identificou como favoráveis à sua saída.

Também não teria levado o PT – do qual se revelou presidente de fato – a cometer uma série de sandices para defendê-lo, entre as quais a tentativa de mudar o foco da crise para a área econômica.

Não fosse a presunção expressa nas constantes referências à excelência da própria biografia e aos 40 anos de vida pública – nos quais inclui os 10 que passou como dono de loja no interior do Paraná –, Dirceu se exibe convicto de sua superioridade, no fim da entrevista.

Convocado a comentar a constante presença do tesoureiro do PT, Delúbio Soares, em ambientes oficiais – como a comitiva presidencial ao exterior e reuniões no Palácio do Planalto –, José Dirceu justifica essa frequência como se o PT, por unção divina, fosse dispensado de manter compostura republicana.

"Não vejo problema de o tesoureiro do PT participar de uma viagem do presidente da República. O Delúbio foi dirigente sindical, dirigente da CUT, militante do PT, é uma pessoa pública. Não está impedido por ser tesoureiro", diz ele, indiferente à óbvia inadequação da presença do diretor financeiro do PT junto à estrutura de governo.

E continua: "A presença dele no Palácio do Planalto, na Casa Civil, é muito rara. Ele não vem aqui tratar comigo questões de tesouraria. Vem discutir política. São questões que até poderiam ser tratadas na sede do PT. Mas aqui se ganha em agilidade". E se perde em credibilidade. As questões políticas deveriam obrigatoriamente ser tratadas fora do Palácio do Planalto, e não "até poderiam" como supõe José Dirceu, baseado em critérios peculiares sobre a liturgia necessária ao trato da coisa pública.

7 | 4 | 2004

Anormal, ilegal e fatal

Soa algo amena demais a avaliação do ministro do Desenvolvimento Agrário, Miguel Rossetto, segundo a qual invasões de terra não são "normais".

A realidade mostra que mais que anormais, são francamente ilegais e, a suportá-las como vem fazendo, o governo – Rossetto junto – será vítima delas em breve.

E não tanto pela perda de autoridade, pois parte dela foi cedida espontaneamente ao MST, mas muito em função do uso do aparato de força do Estado ao qual o presidente Lula terá de recorrer mais cedo ou mais tarde, e já não tão espontaneamente assim.

Ao desconsiderar o caráter ilegal das invasões que alcançam terras produtivas, fontes de emprego para milhares, e limitar sua participação nos conflitos a discursos de meras intenções legalistas, o governo abre mão do papel de mediador e deixa o embate nas mãos das partes.

Uma vez privatizado o confronto e instaurada a lei do mais

forte, é evidente que o Estado ver-se-á premido a intervir pela força.

E, quando chegar esse tempo, certamente buscará culpados em toda parte, menos na razão mais óbvia: a incapacidade de adotar a linguagem certa, com os interlocutores apropriados, no momento adequado.

Embora o ministro Miguel Rossetto exiba como sinal de vitória a média de 55 conflitos no campo neste primeiro semestre, contra a média de 75 nos 9 anos anteriores, o ambiente é dos piores.

O setor mais atrasado do patronato rural, abrigado sob a bandeira da UDR, voltou a falar alto, de um lado, e, de outro, os sem-terra perderam qualquer freio legal. Agora invadem propriedades produtivas, determinam o que será ali cultivado e ainda alegam que o fazem pacificamente.

O poder público também recorre ao argumento da mansidão – como se isso alterasse o ato da invasão – para ir deixando tudo como está.

Tal atitude não expressa, como talvez seja o pretendido, apreço pela liberdade de organização social.

Antes denota indiferença à garantia dos direitos individuais e coletivos – ao trabalho e à propriedade, para citar dois – e discrimina todos os outros setores da sociedade aos quais não é assegurada licença para fazer frente às suas necessidades da maneira que bem lhes parecer conveniente.

À medida que o governo gasta seu patrimônio de credibilidade com esta e todas as outras insatisfações correntes, se reduz também o crédito do presidente da República perante a opinião pública.

E, quanto menos sente retribuição ao gesto eleitoral de conceder o poder a alguém, menos tolerante ela se mostra, principalmente frente a tratamentos privilegiados conferidos a alguns.

O ministro Rossetto mesmo reconhece que, embora um pedido de suplementação de verba já estivesse previsto desde dezembro, o que marcou no recente anúncio de liberação de R$ 1,7 bilhão foi a conexão entre o gesto e o aviso – cumprido – do MST sobre a nova ofensiva de invasões em abril.

Se conectarmos a isso a rudeza com que vem sendo tratado pelo Planalto o Ministério Público por sua atuação nos casos Waldomiro Diniz e Celso Daniel, podemos com facilidade perceber como o governo defende seus interesses políticos com afinco, mas não reserva o mesmo empenho para defender os interesses do Estado, aí compreendido como a coletividade.

Os procuradores, sejam eles os paulistas ou os brasilienses, fazem o trabalho deles que é investigar e, se for o caso, denunciar.

Para eles, apela-se a restrições funcionais. Já ao MST, que transgride, é dada permissão especial, por meio da vista grossa, para fazer o que é vedado ao restante dos cidadãos.

Trata-se, como várias outras, de uma situação anômala da qual as pessoas vão se dando conta enquanto resgatam devagar, mas de forma sistemática, o crédito eleitoral que deram ao governo para agir em nome de todos e não em defesa de uns poucos.

Atração fatal

A cada vez que o ex-presidente Fernando Henrique Cardoso se manifesta, governistas – aí incluindo o presidente da República – passam dias a fio respondendo, exatamente como convém ao adversário, que se pretende referência maior da oposição.

FHC mobiliza Luiz Inácio da Silva tanto quanto mobilizava Itamar Franco, cuja obsessão durante muito tempo foi – e é possível que ainda seja – seu ex-ministro da Fazenda a quem acusava de ingratidão.

Lula, bem como os políticos mais importantes do PT, parecem padecer do mesmo mal.

Como se estivessem arrependidos por ter aceito uma transição civilizada, parecem se sentir traídos, vítimas da ingratidão de Fernando Henrique, que, assim como não deu a Itamar o espaço por ele esperado, não conferiu também ao PT a prerrogativa de ser governo sem oposição.

O inusitado da situação agora é que Lula faz oposição a FHC a partir do Palácio do Planalto, para onde o antecessor diz – mas ninguém acredita – que não quer voltar.

18 | 4 | 2004

Nos jardins da Babilônia

Se por falta de senso ou se por excesso de cálculo, a razão não importa, a ausência de zelo republicano é a mesma e nela reside a essência da questão.

A estrela do PT plantada nos jardins do Alvorada não é o primeiro, não é o mais grave nem é o único sinal de que há uma acentuada mistura entre o público e o privado no governo do Brasil.

Não raro, as razões do partido confundem-se ou mesmo se sobrepõem aos assuntos de Estado e isso já se viu em diversas ocasiões em que o governo age como se a vitória eleitoral tivesse dado aos eleitos um certificado de propriedade política, partidária, social, cultural e intelectual do país.

Variando em grau de importância, são diversos os exemplos: do translado de um animal de estimação em veículo oficial, ao trânsito livre em palácio e comitiva oficial conferido ao tesoureiro do partido, passando pela ocupação da máquina administrativa e a concessão de salvo-conduto ao filho do chefe da Casa Civil para negociar liberação de verbas do Orçamento.

Não falemos em escorregões administrativos relativos a viagens e a ressarcimentos de diárias para ministros, pois são equívocos passíveis de correção e não necessariamente denotam desapreço aos ritos da representação oficial.

Fiquemos em demonstrações mais eloquentes, como a demora do presidente da República em trocar o símbolo do PT pelo da bandeira do Brasil na lapela do terno.

Luiz Inácio da Silva só o fez depois da posse e, em seu primeiro encontro com George Bush, já eleito, lá estava ele com a estrela do partido no peito.

A inadequação foi notada e provocou as primeiras críticas ao presidente.

Uma outra evidente impropriedade da mesma natureza – alvo de reparos discretíssimos – é a existência de um gabinete reservado a dona Marisa Letícia dentro do Palácio do Planalto, sem que ela disponha de função que justifique a estrutura.

Certa vez consultado sobre o assunto, o publicitário Duda Mendonça explicou que era importante para a imagem do presidente ela ficar sempre "perto do marido".

Esse tipo de recurso de identificação com o público pode ser eficiente do ponto de vista da propaganda, mas introduz no governo um fator de informalidade que, cedo ou tarde, acaba carecendo de alguma explicação.

Aparentemente pueril, a história da estrela nos jardins exibe falta de noção de que habitantes do Palácio da Alvorada não estão ali a passeio, muito menos para desfrutar de uma temporada de reverências. Há normas a obedecer.

Presidentes da República são hóspedes da residência oficial por um período determinado e, nessa condição, devem preservar e não adaptar um patrimônio público às suas conveniências, como se nele fossem viver o resto da vida.

O senador Tião Viana, a título de defesa da jardinagem amoldada à simbologia do PT, produziu um raciocínio segundo o qual "dona Marisa deve ter o direito de plantar o que quiser e como quiser".

Peculiar a concepção de coisa pública do senador. À dona Marisa e a qualquer outro cidadão brasileiro só é dado o direito de fazer o que quiser da forma como melhor convier, até o limite da individualidade de cada um. O resguardo aos valores do outro, aprende-se em casa, é cláusula pétrea das relações civilizadas.

O exercício da representação impõe limitações óbvias, que o governo do PT insiste em transgredir como se a causa partidária lhe desse o direito de fazer como sugere o senador Viana.

A ideia de que a política sempre justifica os meios esteve presente nas razões apresentadas pelo tesoureiro do PT, Delúbio Soares, para explicar seu trânsito no poder, e nas explanações do ministro José Dirceu a respeito das liberações de verbas por interferência de seu filho funcionário do governo do Paraná e candidato a prefeito no interior do Estado.

"Ele faz política há muito tempo", disse Dirceu, como se a militância suprimisse o caráter nefasto do tráfico de influência. Também Delúbio imprimiu naturalidade às suas andanças pelo Palácio do Planalto sob a justificativa de que, quando frequenta gabinetes oficiais, está "fazendo política".

O episódio do jardim seria apenas uma ocorrência isolada, até mesmo algo pitoresca – como pareceu lá no início o caso do translado da cachorra Michele entre o Planalto e o Alvorada em carro oficial – não fosse o conjunto de atos de indiferença às indispensáveis formalidades republicanas.

Diga-se, entretanto, em favor do PT, que nesse aspecto manteve-se coerente.

Na oposição, também comportou-se como se o país começasse e terminasse nas fronteiras dos interesses do partido.

Daí o verbo fácil, o gesto solto, as imprudências e ligeirezas no trato das questões de Estado, a leviandade no manejo da reputação alheia, a precipitação nas proposituras inexequíveis e a irresponsabilidade na condenação de atos que depois, no governo, o partido se viu obrigado a repetir e, não raro, aprofundar.

13|5|2004

O ovo da serpente

A expulsão do jornalista Larry Rohter não foi o primeiro – e se não houver firme reação não será o último – gesto de apreço do governo Luiz Inácio da Silva pelo autoritarismo como atributo primordial do exercício do poder.

No início, o gosto por atos discricionários manifestou-se contra os dissidentes do PT; muita gente achou justo e natural.

Depois, veio a tentativa de enquadrar os produtores culturais nos padrões impostos pela nomenclatura; fez-se de conta que aquilo se circunscrevia a um grupo ávido por verbas públicas.

Em seguida, a mão de ferro, envolta na maciez melíflua da desmoralização, abateu-se sobre o Ministério Público; quase ninguém reclamou e a maioria aceitou a transformação do investigador em conspirador.

Agora, a afronta dirige-se à imprensa e alguns ensaiam supor que a reação a ela seja uma mera manifestação corporativista.

Há que se atinar para a questão do princípio em jogo: a

moderação, a tolerância e a capacidade de conviver com o contraditório não são conceitos subordinados a circunstâncias ou pessoas.

Quando não são observados indistinta e plenamente, representam uma ameaça ao conjunto dos cidadãos. Todos eles.

Heloísa Helena foi punida exemplarmente para balizar a conduta interna no PT. Roberto Santoro foi desqualificado para anunciar ao Ministério Público o limite da investigação. Larry Rohter teve seu visto cassado para apontar aos jornalistas a linha da fronteira da informação consentida.

Ficamos em suspenso sem saber quem, amanhã, será o alvo da paranoia que enxerga maquinações conspiratórias em toda parte e, assim, esconde o real motivo da inquietação: o crescimento da crítica interna ao desempenho do governo e a ausência de proposições alternativas capazes de renovar o compromisso de apoio popular a Lula.

Ignomínia e agressão à honra nacional, enganam-se o presidente e seus áulicos, não é o que se escreve a respeito de quem quer que seja, mas a exposição do Brasil ao mundo como um país que lida com o contraditório na base da retaliação.

Não há diferença, na essência, da reunião de terça-feira à noite no Palácio do Planalto onde foi decidida a cassação do visto de Rohter, daquela que, em 1968, decidiu pela edição do Ato Institucional número 5 e cassou, entre outros direitos, o da liberdade de expressão.

Lá como cá, um grupo restrito julgou-se no direito de impor à sociedade seus próprios critérios do certo e do errado. Lula decidiu que o povo brasileiro estava ofendido da mesma forma como a junta de 1968 decidiu interditar o debate político pelo bem do país.

Talvez por desconhecer a história do Brasil antes do ressurgimento do movimento sindical em São Bernardo do Campo, no fim dos anos 70, o presidente não disponha das referências indispensáveis ao balizamento entre aquilo que pode e o que deve fazer um governante

Não tem compreensão suficiente para discernir entre posse e prática de poder. No caso em curso, ao se sentir pessoalmente atingido, Lula fez-se confundir com a nação e não hesitou em se utilizar das prerrogativas do cargo para ir a uma forra pessoal.

Não havia, até terça-feira, ataque à dignidade nacional. Havia apenas o registro de um péssimo momento da carreira profissional do correspondente do *New York Times* no Brasil.

A partir de então, porém, a honra da nação foi atingida ao ser nivelada publicamente a ditaduras onde a vontade do chefe ocupa o lugar das instituições.

É de boquiabrir o espetáculo da destruição de biografias pela defesa da tese da legítima defesa da soberania e da dignidade pátrias.

Isso gente que se firmou no cenário político e conquistou o poder utilizando-se, entre outros instrumentos, da garantia da liberdade de expressar as mais pesadas – não raro puramente difamatórias – críticas ao adversário.

Sem imprensa livre, Luiz Inácio da Silva não seria hoje presidente da República. Sem liberdade incondicional ao trabalho dos correspondentes estrangeiros, não haveria a denúncia internacional das atrocidades da ditadura contra seus dissidentes. Sem isso, a transposição do cerco interno à informação não teria sido possível.

A se admitir como justo o precedente aberto pelo governo Lula, teríamos de admitir também a proibição de entrada nos Estados Unidos dos autores de críticas àquele país e a seus governantes.

A se aceitar como critério de conduta a subordinação aos ditames do Palácio do Planalto, teremos, daqui para frente, de consentir com retaliações por crime de opinião, informação ou interpretação.

Resta-nos agora, além do protesto, a esperança de que o Superior Tribunal de Justiça conceda o *habeas corpus* contra a decisão presidencial e ajude a reconduzir o Brasil ao mundo livre. Além de salvaguardar a honra nacional.

23 | 6 | 2004

Afeto cívico no adeus a Brizola

Em sua despedida no Palácio Guanabara, Leonel Brizola esteve assim na terra como em direção ao céu: cercado pelo afeto cívico dos seguidores – a grande maioria pobre, feia, desgrenhada, desdentada e, ontem, também desconsolada.

De cada dez que se apinhavam no salão, ou se alinhavam na imensa fila que ganhava quarteirões para além dos portões do Palácio Guanabara, pelo menos dois traziam ao pescoço o lenço vermelho, marca inequívoca do brizolismo.

Não é para qualquer um, hoje talvez para nenhum político, ostentar o "ismo" atrás do nome e, quando fora do poder, juntar tanta nem tão chorosa gente para lhe dizer adeus. Dos que tiveram causa, e mantiveram-se fiéis a ela, Brizola foi o último.

Suas ideias podiam não ser ajuizadas nem lá muito modernas, mas eram firmes e quanto a isso não há quem ouse levantar a menor dúvida.

Brizola deixa para a História um registro de 60 anos de

vida pública, mas foi sem nos deixar dela um registro com sua versão da História da qual foi testemunha.

Digamos que não por falta de tentativa. Foram três ao todo. Ele resistia a biografias que lhe pudessem dar a impressão de aposentadoria. Da primeira vez, usou este argumento – "Não quero dar a entender que cheguei ao fim" –; na segunda, pediu tempo até depois da campanha presidencial de 2002.

Na terceira, entretanto, passada a eleição, sentado numa cadeira em frente ao sofá na sala do apartamento da avenida Atlântica, mar de Copacabana estendido à frente, seus olhos brilharam em sinal de concordância.

Era a senha que a ambiciosa sentada à sua frente, ansiosa por captar-lhe o testemunho, pensou ter recebido.

Pudera, ato contínuo Brizola descansou o copo de vinho tinto na bandeja da mesa ao lado, interrompeu a peroração já oposicionista, mal havia começado o governo de Lula, e saiu apartamento adentro como guia de excursão pelos arquivos em livros, documentos e toda sorte de papelada já em vias de organização por uma pequena equipe, sem objetivo específico.

Pronto, o material para iniciar o trabalho estava ali, pensa logo a candidata a autora, já sentindo-se parte de uma dupla de trabalho e com a sonhada biografia em marcha.

A ideia, detalhadamente explicada a ele, era fazer de Brizola o narrador das últimas seis décadas da política brasileira, sob o ponto de vista de quem atravessou o período vendo o mundo virar de cabeça para baixo à sua volta sem sentir-se minimamente obrigado a virar junto seus conceitos e, ainda assim, inteiramente à vontade para se manter na luta.

Não havia dois como Leonel Brizola e o argumento lhe pareceu justo.

"Acho que podemos fazer", disse ele.

De volta à sala, de novo sentados perto da bandeja com vinho, queijo e salame, Leonel Brizola apresenta-se pronto à execução do projeto: determina que serão dois livros, o primeiro volume dedicado à vida e o segundo à obra.

Diz no que consistirá o conteúdo e como será a forma de ambos, fala, fala, até a interrupção cautelosa: "Mas, governador, o livro quem escreverá sou eu, o senhor é o personagem, não o autor". Com jeito de quem sabia o tempo todo o fim da história, Brizola dá um sorriso de ironia plena, vira as palmas das duas mãos para cima como quem diz "paciência" e encerra o assunto: "Está vendo? Não vai dar para fazer o livro, você é muito autoritária...". E assim deve ter sido com outros proponentes, não obstante uma espirituosa autodefinição de Leonel Brizola, dizendo-se um servo dos horóscopos: "Sou de aquário, cordato e, até certo ponto, submisso". Até o fim Brizola saiu de cena fazendo política até o último minuto. Domingo à noite, doente, tomando soro, insistiu em receber em casa o casal Garotinho para discutir o projeto de unir o PDT ao PMDB.

A governadora e o secretário de Segurança Pública do Rio de Janeiro quiseram desistir quando souberam que o médico proibira reuniões políticas.

Mas Brizola insistiu, estava animado com a possibilidade de vir a ser o candidato a prefeito do Rio numa coligação entre os dois partidos.

Mesmo de pijama, não mostrava nenhum traço de indisposição que pudesse antecipar o que aconteceria pouco mais de 24 horas depois.

Falou, gesticulou, brincou, avaliou, analisou o cenário político para concluir que lhe cabia ainda a tarefa de construir ao eleitorado brasileiro uma alternativa ao PSOL pela esquerda, ao PFL e ao PSDB pela direita e ao PT pelo centro, campo onde, na avaliação de Brizola, Lula vai estacionar.

Ontem de manhã, ele teria um encontro com o presidente do PMDB, Michel Temer, para fechar um grande acordo nacional e combinar lutas futuras, porque para Brizola ainda era cedo demais.

29|7|2004

No paraíso da tocaia

Espiona-se hoje no Brasil como quem faz um negócio qualquer. Sem contestação legal, política ou social, a espionagem passou a fazer parte dos negócios – sejam públicos ou privados –, com ótima aceitação no mercado.

Sob o eufemismo da "investigação" vale tudo em matéria de violação de direitos e garantias individuais.

Inexistem regras, as precárias leis são ignoradas e também não há resistência ou rejeição do conjunto da sociedade a esse tipo de prática que permite, entre outras coisas, que uma empresa estrangeira de vigilância, a serviço da investigação privada, transite com desenvoltura pelo país a esquadrinhar autoridades e instituições oficiais.

Os episódios se sucedem e a reação a eles depende do alvo atingido, do resultado da bisbilhotice e da capacidade de seus autores de convencer o respeitável público de que os fins justificam os meios.

No caso dos documentos da empresa Kroll – tão bem-sucedida em seus negócios no país que abriu filial e passou a ser sinônimo de excelência, e referência, na área –, contratada pela Brasil Telecom para vigiar a Telecom Itália, viu-se que a tocaia incluiu integrantes do primeiro escalão do Executivo federal e do Judiciário do Rio de Janeiro.

Por mais que se busque enxergar objetivos altos no intuito da "investigação" privada sobre juízes e servidores públicos, não há como vislumbrar intenções decentes nesses atos.

Se a finalidade não é descobrir, processar e punir ilegalidades – pois isso é tarefa, prerrogativa e interesse do Estado –, o objetivo só pode ser o de descobrir ilícitos, torná-los armas de chantagem, pressão e constrangimento, para a partir daí obter vantagens ou impor desvantagem a alguém.

Trata-se, evidente, de uma suposição. Lógica, quase óbvia, mas suposição.

Perfeitamente passível, porém, de se tornar comprovação se houvesse a imposição de limites a essas condutas que fazem do Brasil uma terra de ninguém no mercado da espionagem marginal.

Não se sabe, e não se cria uma demanda por saber, o que pode e o que não pode nesse campo.

A Constituição não é levada a sério no tocante à insegurança da privacidade, não existem normas formais específicas para tratar do assunto nem há o pressuposto básico para a condenação de quaisquer condutas: consenso de opinião pública.

Estando o tema à deriva, não há punição e, consequentemente, o que sobra é espaço livre para a prosperidade do mercado do tráfico da informação ilegal.

Mas veja o leitor como a vida é cheia de contradições: enquanto prosperam com desenvoltura e liberalidade total os negócios na área da espionagem privada, questiona-se juridicamente a prerrogativa do Ministério Público de conduzir investigações para sustentar suas denúncias no exercício da defesa da sociedade.

Este debate sim está adiantado e a questão próxima de ser resolvida pelo Supremo Tribunal Federal agora em agosto. O presidente do STF, ministro Nelson Jobim, acha que os procuradores não devem investigar e, nisso, tem o apoio do ministro da Justiça, Márcio Thomaz Bastos, que agora propõe, a título de normatização da bisbilhotagem, a punição severa de quem divulgar informações obtidas de forma ilegal.

Aceita-se, faz parte do debate livre, que o presidente do Supremo e o ministro da Justiça considerem premente uma ação do Estado para proteger os cidadãos de notícias da imprensa e atos do Ministério Público.

Inconcebível, porém, é que não haja entre as autoridades e a sociedade a mesma compreensão rigorosa em relação aos autores daquelas ilicitudes há anos produzidas à sombra e consumidas à luz num gentil e dissimulado patrocínio da tibieza nacional.

Mil coisas

Não andam em consonância PT e governo no tocante a avaliações éticas. O presidente do Banco do Brasil, Cássio Casseb, disse ontem que foi inadequada a compra de ingressos do show de churrascaria feito em Brasília para recolher fundos para a construção da nova sede do PT. Segundo ele, o banco deveria ter desfeito a compra assim que soube o objetivo do show.

Isso uma semana depois de os dirigentes petistas José Genoino e Delúbio Soares terem ido às raias da indignação com quem se atreveu a apontar conflito de interesses na participação de uma instituição pública em ação beneficente de caráter partidário. E para o partido sob cuja administração trabalha o BB.

A despeito da posição mais sensata exibida pelo presidente Cássio Casseb, digamos que o banco não se tenha demorado apenas na desistência da compra dos ingressos, mas também na manifestação do reconhecimento do erro.

Só falta explicar porque só o Departamento de Marketing do Banco do Brasil não sabia que o show era para o PT.

11|8|2004

Onda de obscurantismo

Se há alguma onda a ameaçar a sociedade brasileira não é a do "denuncismo", inventada nos laboratórios de propaganda palaciana a fim de inibir denúncias e alimentar sentimentos de proteção a um governo supostamente ameaçado pelo inimigo que mora em torno.

Se há alguma onda a ameaçar a sociedade brasileira é a do obscurantismo que, pela primeira vez desde a reconquista da democracia, recupera da ditadura o conceito do inimigo interno e põe em discussão o valor da liberdade.

De expressão, na pauta em curso, mas, uma vez posto o tema sob questão, amanhã poderá ser discutível a liberdade de ir e vir, de reunir, de reclamar, de pensar diferente, enfim.

É inadmissível que a esta altura do processo de consolidação democrática, o Brasil reabra uma discussão resolvida há séculos em nações onde os fundamentos da liberdade são tão firmes quanto os direitos dos seus cidadãos. Aqui foi preciso o país experimentar a alternância do poder para ver partir do Estado um chamado ao retrocesso.

O ministro da Secretaria de Comunicação e Gestão Estratégica, Luiz Gushiken, já dera o sinal, ao externar seu entendimento de que informação e opinião boas, são informação e opinião a favor.

Agora ele volta à carga mais explícito: liberdade é valor definitivo, mas tem limite, define numa flagrante contradição que só evidencia o propósito de disfarçar sua verdadeira intenção, qual seja a de controlar o trânsito da informação

Não admira, pois, a posição de Gushiken, bem como não surpreende a satisfação do ministro José Dirceu no manejo do assunto, dado seu apreço pelas liberdades expresso na identificação com o regime de Cuba e manifestações autoritárias de poder.

Tampouco causa espécie o ministro Ricardo Berzoini, cujo vezo autoritário foi participado à sociedade quando, na pasta da Previdência, considerou-se desobrigado de desculpar-se com os aposentados de mais de 90 anos de idade dos quais subtraiu numa canetada os proventos e aos quais impôs o martírio das longas filas para recadastramento.

O presidente Luiz Inácio da Silva vai na valsa das suposições equivocadas e, da mesma forma como se deixa levar por uma proposta engendrada no seio do peleguismo que assola a Federação Nacional dos Jornalistas, interessada sobretudo em reforçar seu caixa com a criação do tal Conselho, ao qual teríamos de pagar um dízimo para exercer a profissão, aceita liderar o batalhão do mau combate pela instituição do Estado-vigia.

Já fez isso outras vezes, não espanta que faça de novo.

O que assombra é um homem com a história do ministro da Justiça, Márcio Thomaz Bastos, cuja militância na luta pela recuperação das liberdades não o autoriza ao papel de porta-voz da defesa da restrição a essas mesmas liberdades.

Ou doutor Márcio não sabia do que falava na época, ou falava de uma democracia para uso privativo do poder ao sabor de seus interesses e conveniências.

A única hipótese inexistente é a de que alguém com o discernimento, o conhecimento e a amplitude de visão do ministro da Justiça acredite verdadeiramente que estejamos vivendo ondas de denuncismo à deriva.

O que existe são denúncias – e as em curso limitam-se a dúvidas sobre as declarações de renda do presidente do Banco Central, as operações financeiras do presidente do Banco do Brasil e a intersecção entre os cofres públicos e o caixa do PT, administrado por Delúbio Soares.

Todas perfeitamente passíveis de esclarecimento e muitas – como as relativas a Henrique Meirelles – alvo de críticas expressas em editoriais e entrevistas publicadas na imprensa.

Onde o denuncismo? Talvez na cabeça do PT, que ajudou a consolidar um padrão de jornalismo nefasto e preguiçoso que durante anos abrigou, com sucesso de público e crítica, toda sorte de acusações, abrindo mão da prerrogativa do pré-exame a respeito do que poderia ir às páginas ou deveria destinar-se ao lixo.

Esse padrão, felizmente, vem sendo desmoralizado pelo próprio mercado da informação, pela opinião pública, sem nenhuma ajuda por parte daqueles que agora posam de arautos da educação cívica. Ao contrário, a qualquer tentativa de alerta nesse sentido, o PT era o primeiro a reagir, apontando neles intenções de compadrio com a corrupção.

Quem deseducou, agora não reivindique o posto de educador; o pleito carece de credibilidade e o pleiteador não tem currículo adequado para o exercício da função pleiteada.

Como da tarefa de depuração do ambiente noticioso a sociedade dá conta por si, conviria ao governo dedicar-se a ofícios mais nobres, como o da garantia do bem-estar e da qualidade de vida do cidadão contribuinte, ao invés de gastar tempo e energia tentando subtrair da nação brasileira um direito universal.

14 | 8 | 2004

Cadáveres insepultos

Em boníssima, perfeita e providencial hora surge a história publicada pela *IstoÉ*, segundo a qual a mistura de ambição, ignorância, má-fé, açodamento e leviandade levou jornalistas e políticos de destaque nacional a um conluio que resultou na publicação de uma informação falsa que, 11 anos atrás, contribuiu decisivamente para a cassação do mandato do deputado Ibsen Pinheiro.

Além do prejuízo à reputação, à carreira e ao futuro do parlamentar, o embuste feriu o essencial compromisso com os fatos, implícito na relação entre imprensa e sociedade, cujo sustentáculo é a liberdade de expressão, ora em estado de questionamento explícito.

Em resumo, a ópera é a seguinte: o jornalista Luís Costa Pinto resolveu confessar que à época da CPI do Orçamento recebeu uma informação a respeito da movimentação financeira de Ibsen, publicou sem conferir e, depois de avisado do equívoco, cedeu à orientação de sua chefia para "arrumar alguém" da CPI que confirmasse o falso como verdadeiro. Encontrou um parlamentar disposto ao papel de ventríloquo de aspas e ficou assim tudo resolvido para desinformação do leitor e infortúnio do injustiçado.

Dias depois, a CPI corrigiu burocraticamente os valores – de US$ 1 milhão para US$ 1 mil –, não deu destaque ao fato, Ibsen Pinheiro foi de público execrado e lá se vão 11 anos do mais absoluto silêncio de todas as partes a respeito do episódio.

Surge agora a versão real e num momento especialmente feliz: quando o governo, de um lado, defende o controle da atividade jornalística e, de outro, acusa a imprensa e a oposição de promoverem uma "onda de denuncismo" contra esse mesmo governo.

Como pano de fundo, ainda temos a CPI do Banestado, que reuniu um monumental banco de dados a respeito de centenas de pessoas, a partir da quebra indiscriminada de sigilos fiscais e bancários pedida pelo relator, José Mentor, um petista de relações estreitas com o ministro da Casa Civil, José Dirceu.

O mesmo Dirceu que à época da CPI do Orçamento era deputado e, com o também então deputado e hoje senador Aloizio Mercadante, valia-se dos serviços do funcionário da Caixa Econômica Federal Waldomiro Diniz. O mesmo Waldomiro Diniz que, segundo o jornalista Costa Pinto, o procurou em 1993 para oferecer boletos bancários pertencentes a Ibsen Pinheiro como suposta comprovação de que o deputado teria movimentado US$ 1 milhão em suas contas.

"Pegamos o Ibsen", disse ele, de acordo com Costa Pinto, ao apresentar os documentos – adulterados, viu-se depois – que tinha como tarefa fornecer à CPI, para uso externo dos parlamentares amigos.

Temos, pois, nessa confissão do jornalista, todos os elementos dos debates ora em cartaz.

Começando pela manipulação e uso ilegal de documentos de CPIs: se, como acusa o governo, hoje são instrumentos utilizados pela oposição, o foram em larga e péssima medida usados pelo PT na leviana aliança que de quando em vez une políticos interessados em fazer da impressa canal de transmissão de seus interesses e jornalistas em busca de um sucesso tão rápido quanto inconsistente e socialmente nefasto.

Justiça se faça, tal prática não é nem foi prerrogativa exclusiva do PT. A indústria dos grampos, dos dossiês, da agressão aos direitos e garantias individuais tem criação e sustentação coletiva e suprapartidária.

O PT entra com destaque aqui porque age agora como se jamais tivesse tido participação nessa escola da ética do escândalo e do jornalismo de delegacia de polícia, que abre mão do dever de distinguir dados falsos de informações verdadeiras, e se deixa usar pelo primeiro construtor de dossiês que lhe aparece à frente.

Propõe controle de informação, bem como ataca o Ministério Público, com conhecimento de causa, porque teme ser vítima do uso das mesmas armas de que se valeu contra os adversários.

Parte do pressuposto da má-fé, tenta imprimir a quaisquer acusações o vezo da engendração ardilosa e desmoralizá-las pela inoculação, no imaginário popular, do conceito geral de "denuncismo".

Denúncias há responsáveis e irresponsáveis, assim como existem as respondíveis e as irrespondíveis. Da mesma forma, entre procuradores, jornalistas e políticos transitam desviantes.

Nem de longe, por isso, corrigem-se situações pela via da

restrição à liberdade, à investigação, à fiscalização, ao cotejo de dados, à exposição de contradições, à cobrança de explicações.

O episódio relatado pela *IstoÉ* mostra que a verdade tem várias formas de aparecer, ainda que demore e cause irrecuperáveis prejuízos. A única maneira de mantê-la eternamente desconhecida, porém, é a obstrução dos canais de informação à sociedade.

Nenhum conselho controlador teria o poder de evitar casos como esse. Mas a imprensa livre tem pelo menos como, pelo constrangimento da exposição pública, contribuir para que se mantenham no terreno das exceções.

7 | 10 | 2004

No palácio, assim como no comitê

A reunião de terça-feira no Palácio do Planalto entre o presidente da República, ministros, dirigentes partidários e prefeitos para traçar a estratégia eleitoral do PT no segundo turno na prática anulou aquele pedido de desculpas que Lula apresentou à nação por ter pedido votos em ato oficial para Marta Suplicy.

Confirmou a impressão de que as escusas eram formais, instrumento preventivo à ação da Justiça Eleitoral. Mais que isso, explicitou a intenção do PT de usar todo o instrumental de poder – em tese propriedade coletiva e não de um só partido – ao seu dispor para vencer uma eleição municipal à qual o partido resolveu imprimir caráter de guerra de fim do mundo.

Se houve divergências quanto ao uso da máquina estatal para fins eleitorais na inauguração da obra na avenida Radial Leste em São Paulo, o ocorrido no Palácio do Planalto não deixa nada a ser esclarecido.

Está tudo ali: desde a foto com a imagem do *bunker* petista em plena atividade eleitoral até o registro das orientações de campanha feitas pessoalmente pelo presidente, no figurino do chefe de um comitê eleitoral.

Lula distribuiu tarefas – "Déda (Marcelo, prefeito de Aracaju) e João Paulo (prefeito do Recife), que são nordestinos, vão na zona leste de São Paulo, organizar um périplo por lá". Norteou contratações para showmícios – "sugiro que levem banda de forró, no lugar de Zezé de Camargo e Luciano". E fez avaliações de desempenho – "Dedinha estourou a boca do balão" – e despachou metade da equipe ministerial para São Paulo.

Diante disso, onde o constrangimento pelas críticas recebidas logo após o "pecado venial" (na expressão do advogado Márcio Thomaz Bastos) do pedido de votos em inauguração de obra pública?

Onde a promessa de comedimento dali em diante? Onde a alegação de que o "erro" havia sido fruto de um improviso impensado?

Onde a veracidade da determinação para que nenhum ministro usasse de suas atribuições para fazer campanha eleitoral?

Onde a verossimilhança do respeito à ética pública e à legislação vigente, teoricamente contidos na ordem de suspensão das férias ministeriais?

De repente, numa atitude carente de urgente revisão, tudo isso e mais um pouco caiu no esquecimento, como se fossem coisas ditas por um ser outro, não o mesmo autor de seus desmentidos.

Tudo se passa como se o país tivesse a obrigação de fazer suas as razões do PT. Sob a seguinte premissa: se é importante para o partido superar a própria performance do primeiro turno – bela, com a conquista de seis prefeituras de capitais –, isso necessariamente deve ser importantíssimo para o Brasil.

Desse modo, só os injustos, implicantes, inimigos ou alienados não compreendem a justeza da causa e enxergam no esforço do presidente, ministros, governantes e dirigentes um duro golpe no respeito à pluralidade social e política vigente no país.

Vamos aos fatos e a seus limites: transparência não é fazer o malfeito à frente de todos e na base do despudor absoluto. Quando as coisas assumem essa feição, o nome do jogo é descompostura.

Além da inadequação republicana propriamente dita, soma-se a ela um enorme potencial de risco político.

Em caso de fracasso – em São Paulo, que é só o que interessa ao Planalto –, sairão derrotados todos os envolvidos. Da candidata ao presidente, passando pelos ministros. Mais grave: serão atingidos até os vitoriosos Marcelo Déda, Fernando Pimentel e João Paulo, para citar apenas os mais vistosos e donos de desempenho eleitoral acima de dúvidas ou críticas.

Quando o presidente pede que, nem bem saídos do sucesso, ponham-se de novo em jogo por uma prova que não lhes diz respeito, trata-os como meros tarefeiros de aparelho, desqualifica suas conquistas e os expõe a acabar carimbados como perdedores.

Mas, vamos que a ofensiva, ou só a vontade do eleitorado mesmo, faça de Marta Suplicy a vencedora. Terá valido a pena esse monumental empenho de patrimônio pessoal, político, ético, por parte de todas as biografias envolvidas?

Se reeleger Marta, que tipo de uso o governo federal e o PT pretendem dar à vitória? Em nome mesmo de quê essa decisão de mandar às favas a noção de limite e da dimensão de uma eleição municipal?

A crise preconizada por Marta Suplicy a certa altura da campanha foi condenada por seus pares de partido. Disseram que também não seria para tanto.

Mas nenhum deles explicou – e começa a se criar um imperativo nesse sentido – qual o cenário idealizado para a hipótese de a reeleição vir a se concretizar.

Até agora parecia apenas que o PT queria ganhar no maior colégio eleitoral do país, tirar a diferença da única derrota de Lula em 2002 e a partir daí construir o caminho para a reeleição.

Mas diante da sede na corrida ao pote, parece que no processo algo nos escapou para formar com mais clareza o quadro de intenções subjacentes.

23 | 10 | 2004

A cultura da infração

Pelo visto e ouvido desde a noite de quinta-feira, quando se soube da prisão de Duda Mendonça durante um campeonato de briga de galos, o problema do publicitário foi ter sido pego, já que sobre seu passatempo criminoso, do presidente da República ao leitor habitual de revistas e jornais, passando pelo superintendente da Polícia Federal, todos tinham pleno conhecimento.

Ao que se tem notícia, ele nunca deixou de ser contratado, de ser festejado e, sejamos logo chulos, de ser paparicado por ter entre suas distrações uma atividade ilegal. Nunca a polícia ou a Justiça impuseram reparos às inúmeras vezes em que Duda Mendonça se jactou do esquisitíssimo hobby.

Tanto se orgulha dele que o incluiu em sua autobiografia – onde, convenhamos, não iria listar fatos a seu juízo desabonadores. Por ocasião da vitória de Celso Pitta para a prefeitura de São Paulo, adulado por ter ajudado a eleger "um poste", Duda Mendonça disse que seu grande orgulho mesmo era ter sido campeão brasileiro de briga de galos naquele ano de 1996.

Sua prisão era apenas uma questão de tempo e oportunidade, um dia iria acontecer. Só não precisavam demonstrar tanta surpresa os seus empregadores nem manifestar tanto horror, porque do crime todo mundo estava cansado de saber.

Do leitor ao presidente, do ministro ao jornalista, ninguém viu gravidade suficiente nas estripulias do publicitário nas rinhas para dizer um alto lá e registrar em bom som ou clara escrita, o ato de enaltecimento ao crime.

Mas, uma hora, era evidente, o errado iria acabar dando erradíssimo. E só nesses momentos as pessoas parecem acordar. Não ficam, porém, despertas o bastante para se dar conta de que estiveram o tempo todo a fazer o papel de cúmplices de uma ilegalidade e, no caso dos galos, de uma inominável crueldade.

Duda exibiu seu entretenimento malfeitor como um troféu, do mesmo modo como os banqueiros do bicho no Rio de Janeiro transitaram à vontade pela Marquês de Sapucaí, pelas colunas sociais e até por gabinetes de prefeitos e vereadores, até o dia em que uma juíza mandou prender todo mundo.

Antes de a juíza Denise Frossard cruzar seus caminhos, os bicheiros faziam como Duda Mendonça. Tratavam com naturalidade a infração. Eram tão naturalmente bem recebidos que nem eles mesmos se consideravam infratores.

Delinquiam sem que ninguém lhes condenasse a delinquência. Dessa maneira agiu o publicitário e, nesse diapasão, reagiu ao ser preso. Manifestou indignação pela atitude da polícia e declarou-se no pleno direito do exercício de um *hobby* sobre qual "o Brasil inteiro" tem conhecimento e a respeito do qual, segundo Duda, ninguém tem nada com isso.

E sabe o leitor por quê? Porque ele assegura que não fez "nada de errado".

Reconheceu para a polícia que a atividade é ilegal mas, ainda assim, se exibiu de consciência limpíssima naquela rinha no Recreio dos Bandeirantes.

Telefonou na mesma hora ao ministro da Justiça, esperando que Márcio Thomaz Bastos fizesse sabe-se lá o quê. Fez a única coisa possível: aconselhou Duda Mendonça a chamar um advogado.

Mas o gesto da ligação traduz uma óbvia expectativa de proteção. Naquele momento, provavelmente uma ordem de soltura dada diretamente ao delegado.

Não faltarão agora os denunciadores do farisaísmo a dizer que enquanto prendem Duda por causa de um entretenimento, deixam soltos traficantes e assassinos; não faltarão os apologistas das conspirações a enxergar astutas armações político-eleitorais por trás da operação da PF na rinha dos galos.

Aos primeiros, cumpriria apontar que o impedimento legal é um princípio onde não cabe variação de modelo ou tamanho; aos outros, apenas lembrar que Duda preso não altera a situação eleitoral de Marta Suplicy.

Cria, isso sim, mais desconfortos ao governo num momento em que o presidente da República tem confirmada uma multa por infração eleitoral, um aliado político (Paulo Maluf) vira réu em ação bilionária de desvio de verbas e o homem da imagem governamental é preso, faz diante das câmeras de televisão a defesa explícita de seu crime e tenta dar uma carteirada na Polícia Federal.

Um episódio com a cara da cultura da infração que assola o Brasil.

Pela lógica

Se, como diz esperar o ministro Ciro Gomes, suas conversações com o PTB tiverem mesmo um "final feliz" e ele for candidato do partido ao governo do Rio de Janeiro em 2006, isso quer dizer que o Planalto vai desestimular o lançamento de candidaturas no PT.

Equivale a dizer também que, para a Presidência da República, concorrerá com um vice petebista na chapa encabeçada provavelmente por Luiz Inácio da Silva. A transferência de Ciro do PPS para o PTB tem o patrocínio do Planalto que, por isso, não vai querer ver o PT tirando votos dele. Ora, se já articula aliança com os petebistas no Rio é porque, no plano nacional, também pensa em se acertar com o mesmo partido.

Segundo a regra aprovada pelo Tribunal Superior Eleitoral em 2002, as coligações partidárias precisam necessariamente ser as mesmas nos âmbitos nacional e regional. É a chamada "verticalização".

7 | 12 | 2004

O mito do articulador

Especulação da vez na capital, o destino do ministro José Dirceu tem sido discutido em muitas versões, nenhuma delas baseada em fatos. A sustentação factual do debate evitaria, por exemplo, que se fizessem afirmações segundo as quais o chefe da Casa Civil é um coordenador político de mão-cheia.

As evidências mostram o contrário: a urdiduras – todas elas – de Dirceu deram errado ou tiveram efeito efêmero.

No momento, a abordagem do tema cai bem por dois motivos. Primeiro, pela divulgação de notícias a respeito dos sentimentos (ora depressivos, ora eufóricos) do ministro sobre sua permanência ou não na Casa Civil; segundo, pela ebulição corrente no PMDB, cujo molde da relação com o governo foi construído pelas artes e manhas do político José Dirceu.

Essa aliança é hoje uma questão em aberto e pertence à categoria das ineficácias. Não deu maioria segura ao governo no Parlamento, levou o Executivo ao campo da fisiologia escancarada e foi sempre inconsistente.

Como, de resto, estava claro desde o início. O PMDB que apoiara Lula já na campanha e a ala escolhida pelo governo para conduzir o partido aos cargos supostamente garantidores dos votos no Legislativo não tinha a maioria, o poder de influência nem a institucionalidade necessárias a um acerto com chance de sucesso.

Foi de Dirceu a ideia de tratar o PMDB com a soberba e o menosprezo também reservados aos outros partidos convidados à dança, mas que, ao longo do tempo, foram percebendo que o convite não dava direito à mesa de pista.

O resultado apareceu logo adiante na forma de rebeliões, resistências, cobranças e, no caso de partidos com alguma ilusão ideológica – como o PPS e o PDT –, no afastamento político e alinhamento à oposição.

Foi de Dirceu a ideia de eleger a hostilidade como maneira de cortar o mal da discordância interna pela raiz. Os rebeldes do PT, depois expulsos, ainda davam seus primeiros gritos e o ministro da Casa Civil já estava na televisão oferecendo à senadora Heloísa Helena a porta da rua como serventia da casa.

Resultado: ali o governo começou a fazer de fama de autoritário e ficou quase um ano no noticiário sangrando a imagem de intransigente, enquanto a senadora era entronizada no altar dos heróis da resistência.

Vem a virada do primeiro ano – durante o qual aprovaram-se reformas não por causa da habilidade da gestão política, mas porque a oposição garantiu os votos – e estoura o caso Waldomiro Diniz, no qual se viu que o articulador havia nomeado um subornador para articular as relações do governo com o Congresso.

Ele alegou desconhecimento dos fatos, a despeito da convivência estreita com o assessor, denotando falha de discernimento na análise e avaliação de condutas – atributos indispensáveis ao exercício da política e ao manuseio das sutilezas.

Talento este ao qual, justiça se faça, Dirceu jamais pretendeu reverenciar.

Tanto que o primeiro plano que lhe ocorreu para desviar de si o foco das atenções do escândalo Waldomiro foi incentivar o debate interno do PT contra a política econômica.

Em março, por inspiração dele, a Executiva Nacional do partido aprovou um documento simplesmente falando em "ruptura" com o modelo "que está aí".

Generalíssimo do aparelho petista, Dirceu não deixaria passar nada semelhante, caso não fosse de seu estrito interesse pôr Antonio Palocci na berlinda em seu lugar.

Os interesses do chefe da Casa Civil nem sempre foram coincidentes com os do governo. Às vezes até excludentes, pois a lógica de sua ação política é a do atrito.

Foi Dirceu o primeiro a dar o tom a ser adotado na campanha eleitoral meses depois quando, ainda envolto na lama do caso Waldomiro, passou a hostilizar abertamente o PSDB. Conseguiu algo que muito tucano tentava fazer sem sucesso: levar o senador Tasso Jereissati para a oposição.

Como se viu, a agressividade e a hostilidade não foram boas conselheiras para os candidatos petistas, principalmente para Marta Suplicy, em São Paulo. A lista dos feitos políticos do articulador de fama nacional segue com a tentativa de pressionar o PMDB fingindo uma aliança preferencial com o PTB em 2006.

Resultado: reforçou a posição dos oposicionistas do partido e, na semana seguinte à declaração do presidente Lula de que daria sem problemas "um cheque em branco" para o petebista Roberto Jefferson, o presidente do PMDB, Michel

Temer – até então intimidado pela suposta supremacia dos governistas – já estava de encontro marcado com o governador de Minas Gerais, o tucano Aécio Neves, para falar sobre opções preferenciais de 2006.

Mas, no tocante ao PMDB, o ponto alto mesmo na trajetória de José Dirceu nas artes e habilidades da política foi recente. Desejo de rompimento explicitado pela ala de oposição, Dirceu avisa aos navegantes que ao governo não causava uma ruga de preocupação o movimento porque, segundo ele, o partido não iria a lugar algum. "Basta o governo não fazer nada que o PMDB também não faz nada." De lá para cá, o governo não faz outra coisa a não ser tentar evitar que os peemedebistas façam mesmo a convenção marcada para domingo próximo. Como não têm votos para ganhar, os governistas pretendem pelo menos que a minoria não fique assim demonstrada em números.

E para fechar a lista de realizações políticas sob a administração José Dirceu – que, dizem, deseja voltar às funções de forma oficial –, temos o projeto de reeleição para os presidentes da Câmara e do Senado.

Ele não apenas avalizou o projeto, cuja consequência prática foi paralisar a Câmara dos Deputados e desorganizar o equilíbrio ecológico da chamada base governista, como até outro dia ainda alimentava as esperanças do atual presidente da Câmara. E fazia isso no momento preciso em que o governo precisava tirar a emenda da reeleição do caminho e desobstruir a pauta de votações no Legislativo.

Se isso é habilidade e capacidade de articulação política, que o Planalto ore pela proteção divina, se porventura vierem os tempos de desarticulação.

16|12|2004

Mais ao espírito, menos ao fígado

Informação é direito sagrado e universal, produto de consumo amplo, não raro em tempo integral. Ainda assim, à opinião pública não é franqueada a familiaridade com os "comos" e os "por quês" da comunicação, essenciais para entender pelo menos a razão de determinados assuntos e orientações jornalísticas tomarem conta da agenda nacional.

Tal desconhecimento deve-se primordialmente ao fato de os meios de comunicação quase nada comunicarem a respeito.

As razões são diversas, recorrentes e nem sempre edificantes: incluem desde a saudável precaução contra o cabotinismo e os excessos da autorreferência até o exercício do corporativismo em suas variadas gradações (de brandas a francamente cínicas), passando pelo velho dogma de que jornalista não é notícia. A rigor, não é, mas em nome disso se cometem crimes de lesa-informação, cuja peculiaridade é serem perfeitos, dada a ausência de denunciantes e de testemunhas de acusação.

É claro, podemos começar agora mesmo esse debate, inclusive porque para surpresa, e talvez horror, de nós jornalistas, há altíssimo grau de atração pelo tema. Raras vezes (razões expostas acima) ocorreu neste espaço, mas, quando aconteceu de a imprensa ser posta em foco, os leitores se manifestaram com vigor em quantidades oceânicas de mensagens.

Ou seja, atento aos meandros da comunicação que consome, o distinto público está, e muito.

Mas não é esta questão mais geral o que nos traz hoje ao assunto. É, antes, o caso específico do elenco de coqueluches jornalísticas que, como entram, saem de cartaz em bando uniforme, enquanto a sociedade posa de mera espectadora sem fazer a mais pálida ideia de como é a arquitetura de determinadas modas.

Nesta semana deu-se a 49.ª edição do Prêmio Esso, o mais cobiçado troféu do jornalismo brasileiro, em meio a questionamentos – justos e injustos – a respeito do critério de escolha dos vencedores. E aqui reside a chance de uma discussão de interesse geral.

A parte que interessa ao todo não são tanto as dúvidas levantadas a respeito dos procedimentos internos, embora sejam o ponto de origem do debate. Ao leitor é importante informar que a premiação – seja do Esso ou de outros mais recentes de importância e ocupação de espaços crescentes – apaixona e conflagra porque rende prestígio "para dentro", mas aos "de fora" também alcança, porque influencia na montagem daquela agenda de assuntos e abordagens preponderantes no trânsito social da informação.

O elenco de "melhores" de um ano acaba estabelecendo um padrão de produção jornalística que passa a ser seguido como norma presumida de segurança para a obtenção do prêmio no ano seguinte. No mais das vezes, o pressuposto se confirma porque as escolhas dos jurados também tendem a ser pautadas pelos modelos de sucesso já comprovado. E assim o processo vai se realimentando até a criação de uma nova "onda".

Vivemos ainda os efeitos do molde criado no início dos anos 90 pelo jornalismo-denúncia. Note-se, não necessariamente investigativo, que já teve também sua época, assim como a era das "grandes reportagens".

A opção preferencial pelas denúncias produziu trabalhos de inquestionável valor jornalístico, institucional, político e social e induziu importantes mudanças de usos e costumes no Brasil da redemocratização. Isso de um lado.

De outro, a mitificação do escândalo traduzido como sinônimo de bom jornalismo fez prosperar uma distorção (ou perversão, para tomar emprestada definição de Marcos Sá Corrêa) segundo a qual denúncias estão dispensadas de obedecer a critérios; bastam-se, não interessa a qualidade.

Sendo escandalosas nem precisam fazer sentido. Aliás, quanto mais incompreensíveis menos contestações suscitam, mais suspeições disseminam e, portanto, maior grau de admiração despertam. Se produto de dossiês de origem duvidosa ou de gravações entregues diretamente ao portador, não importa.

Não há dúvida de que desse modo meio torto também se levam ao público informações relevantes, fundamentais e de grande impacto. Há exemplos recentes.

Mas, convenhamos, para fins de uma premiação é necessário que se leve em conta o investimento jornalístico envolvido na construção do fato e não apenas na transposição de palavras ou imagens de um lugar para o outro: das fitas às páginas ou ao vídeo.

O argumento, é bom repetir, não é usado no intuito de subtrair o valor informativo desse tipo de material, quando de veracidade comprovada, bem entendido.

Voltando ao Prêmio Esso e a razão pela qual ele nos serve como tema de análise: na rodada final para a escolha dos vencedores deste ano deu-se esse debate na comissão julgadora.

A denúncia é muitas vezes adotada como recurso fácil de indução à premiação e, se não houver acuidade no cotejo do conteúdo a fim de não confundir produção jornalística com montagem de mosaico de informações de pronta entrega, acabaremos eternizando a reprodução de um modelo eleito como único digno de crédito e louvor.

Isso em detrimento de outro tipo de material também muito valoroso e há algum tempo relegado ao plano das ligeirezas: aquele fruto de uma descoberta inusitada, do encontro de um personagem inesperado, da narrativa de um drama capturado em meio a tantos outros em momento de especial sensibilidade de um repórter bem treinado.

Não com a pretensão de mudar critérios pelo puro prazer de alterá-los, mas pela intuição de que nossa agenda pode ser ampla, abrigar emoções que nos falem – mesmo de forma terrível – ao espírito e não apenas ao fígado, saiu para um pequeníssimo jornal de Porto Alegre (*Já*) o prêmio de reportagem.

O jornalista, Renan Antunes de Oliveira, buscou seu troféu a vida toda em nem sempre ajuizadas peripécias pelo mundo, em Pequim, Nova York e Bagdá.

Acabou encontrando ali mesmo na vizinhança da terra gaúcha, no relato sem artifícios da dilacerante história do suicídio de Felipe Klein, o jovem que queria virar lagarto.

A quase lógica do senso comum

Assim sem compromisso com a produção de uma tese acadêmica profunda e definitiva, a cientista política e pesquisadora do Instituto Universitário de Pesquisas do Rio de Janeiro Luciana Fernandes Veiga envia por e-mail duas páginas de um texto esclarecedor e instigante sobre os improvisos do presidente Luiz Inácio da Silva.

Luciana não critica nem justifica, apenas explica como se estrutura o raciocínio de Lula naqueles discursos – aqui o juízo de valor não é dela – cheios de obviedades, imagens pobres, metáforas gastas, megalômanos ou simplesmente tolos, plenos de argumentos desprovidos de nexo causal.

Para o senso comum, porém, frases como "a natureza é inofensiva e boa, mas quando é desrespeitada reage à altura" fazem sentido como explicação ao maremoto – transformado em "vendaval" num dos improvisos de ontem – que atingiu a Ásia no fim do ano.

Isso porque, de acordo com a acadêmica, o presidente usa

argumentos que parecem lógicos segundo as noções genéricas do cotidiano, embora não o sejam se cotejados com a precisão da realidade.

No caso do maremoto, diz Luciana: "O raciocínio foi tomado como verossímil por parecer lógico. Afinal, faz parte do cotidiano histórico comum das pessoas que 'a natureza quando desrespeitada reage' e do discurso cotidiano moderno que 'as pessoas estão desrespeitando o meio ambiente'". A esse processo de argumentação, "recorrente nas falas de Lula", a pesquisadora do Iuperj dá o nome de "quase-lógica".

A ideia de escrever a respeito surgiu quando dias atrás o ex-presidente Fernando Henrique cobrou do sucessor um pouco mais de atenção aos dados e precisão nos discursos.

"Pedir a Lula que seja mais preciso em seus improvisos é pedir que mude todo o seu procedimento de argumentação e persuasão, todo ele construído no campo da linguagem cotidiana." Luciana Veiga cita um filósofo inglês (Stephen Toulmin) estudioso da retórica do dia a dia, para quem a linguagem comum não obedece aos ditames da lógica formal. Esta se baseia em definições exatas de premissas que levam a conclusões esperadas.

A "quase-lógica" do cotidiano da grande maioria é sustentada em inferências e deduções similares a operações lógicas, mas sem valor formal, porque sua lógica não parte de premissas estabelecidas, "mas de raciocínios particulares elevados à condição de premissas".

Daí a boa aceitação de um discurso simplista como aquele em que o presidente criticou "os de cima" por acharem que "pobre tem de ser pobre a vida toda".

O argumento acaba parecendo lógico e a afirmação de Lula verossímil porque, explica a professora, "faz parte do imaginário dos cidadãos a ideia de que a sociedade é dividida entre ricos e pobres e todo rico trabalha exclusivamente para manter o *status quo*".

Não estivesse esse pressuposto presente na mentalidade do chamado cidadão comum, a fala do presidente pareceria desprovida de sentido. A premissa decorrente de deduções simplificadas dá credibilidade ao discurso.

"Lula consegue estabelecer acordos tácitos com o público sobre as premissas e pressupostos do discurso porque comunga com as crenças e valores de seus interlocutores", aponta a professora.

Na avaliação dela, "quando improvisa, Lula não tem a pretensão de ser preciso, busca apenas chegar à consonância com o público, assim como se comporta o seu João na conversa corriqueira no balcão do bar ou a dona Maria no portão com a vizinha".

Luciana Veiga afirma que não é apenas esse tipo de simbolismo nem só os erros gramaticais o que cria aproximação e identificação com as pessoas.

"Sem muitos recursos cognitivos e com um custo de informação alto, os homens comuns tocam a vida assim, se comunicam com os instrumentos que têm à mão: ditados populares, juízos de valor... Foi assim que o presidente Lula aprendeu na vida, é assim que elabora os seus discursos." Ou seja – a conclusão não é da professora – não tem jeito.

Três em um

"Os jovens", improvisou mais uma vez o presidente, "precisam de uma só palavra: amor, carinho e compreensão".

Severino chic-chic

Candidato do pessoal da geral, também nominado baixo clero, à presidência da Câmara, o deputado Severino Cavalcanti joga sua rede e quem cai nela muito rápido vira peixe.

Outro dia, telefonou ao ex-presidente Fernando Henrique, cuja vocação para a meiguice retórica dispensa apresentações, e saiu espalhando que é o preferido de FH.

Ligou também para o prefeito de São Paulo, cujo histórico no quesito amabilidade abundante é notório, mas não foi atendido. José Serra, aliás, quer distância do assunto eleição da Câmara. O mesmo diz o governador de Minas, Aécio Neves, que prefere assistir ao recital "de camarote".

De cadeira

"Sempre se acha um promotor para fazer um trabalho sujo", disse aquele deputado de apelido Professor Luizinho, dando relevante informação sobre seus métodos de atuação como líder do governo na Câmara.

18|3|2005

Câmara topa tudo por dinheiro

O presidente da Câmara conseguiu. Aumentou em 25% as verbas dos gabinetes dos deputados, já anunciou sofrer pressões para aumentar mais – de R$ 44 mil para R$ 66 mil, em isonomia aos senadores – e ainda demonstrou ter razão quando, duas semanas atrás, chamou os colegas de demagogos por renegarem o reajuste de 67% para fazer pose de bons-moços, enquanto na realidade estavam "loucos por aumento de salário".

Severino Cavalcanti conhece seu gado, perdão, seus pares, e por isso foi em frente liderando decisão da Mesa que contrariava o espírito do arquivamento, há 15 dias, do reajuste direto dos salários.

A reunião em que a direção da Câmara resolveu aumentar a verba dos gabinetes foi, portanto, praticamente uma cerimônia de corpo presente. E, tudo indica, será seguida de uma solenidade de ressurreição, onde se trará de volta à vida o aparentemente natimorto aumento de 67%.

É só fazer as contas. Foram 25% agora, serão em breve 15% de aumento nos salários dos servidores (aliás, privilégio incompreensível em relação ao funcionalismo do Poder Executivo, que receberá reajuste de 0,1%). Sobre esses 40% devem ser acrescidos outros 25% a fim de que as verbas se igualem às do Senado. Ao fim teremos, então, 65% de elevação no custo do deputado; 2% a menos que os polêmicos e renegados 67%.

Com a vantagem – para Severino, claro – de que não só quase inexistem reações contrárias como até as há de apoio a mancheias. Na maioria insolentes, argumentando que tais aumentos "nada têm a ver" com reajustes de salários. Fingem as sarcásticas excelências ignorar que a questão em pauta é a elevação geral de despesas.

E, se fosse o debate exclusivamente sobre salários, ainda assim os mecanismos de desvio dessas verbas para os bolsos dos deputados existem e têm sido constantemente denunciados como prática comum.

Para falar português bem claro, todo mundo está entendendo perfeitamente bem que aquele acesso de pudor coletivo de duas semanas atrás foi devidamente revogado pela decisão de anteontem, tomada ao molde do subterfúgio anteriormente sugerido pelo presidente do Supremo Tribunal Federal (STF), ministro Nelson Jobim: ao arrepio dos votos, por resolução administrativa da Mesa.

A Câmara deu vários passos para trás.

Não adianta os deputados se esconderem atrás de Severino Cavalcanti, deixando só para ele a responsabilidade da incúria. Sozinho o presidente da Câmara não pode coisa alguma. Se os gastos se elevam no Legislativo, isso ocorre com a conivência do colegiado.

Que Severino Cavalcanti é retrógrado, não há dúvida. Mas

vai ficando esclarecido que, se bem disfarçadas, suas posições são também bem aceitas.

Não demora a Câmara acabará reconhecendo-o como presidente ideal: a depender das conveniências da corporação, faz o papel de saco de pancadas junto à opinião pública ou serve como testa de ferro das forças da regressão.

Majoritárias, quando o assunto é privilégio.

Currículo

Convém esperar o anúncio oficial dos nomes dos novos ministros antes de julgar e acreditar que o presidente Luiz Inácio da Silva seria capaz de nomear ministro um deputado cujos únicos atributos conhecidos são o hábito de praticar o nepotismo e o fato de ser uma espécie de filho postiço do presidente da Câmara.

O deputado Ciro Nogueira integra a lista de cotados para assumir um posto na equipe que alegadamente assegurará a reeleição de Lula. Desse patamar já mira voos mais longos e pretende-se pré-candidato ao governo do Piauí.

Mas, convém esperar, não menosprezar, o senso de limite das pessoas (no caso, o presidente da República) antes de julgar e acreditar no inacreditável.

Nova história

Os partidos, notadamente o PMDB, aceitaram sem contestações o fato de as comemorações pela passagem dos 20 anos de redemocratização terem sido conduzidas justamente por personagens que deram sustentação política ao regime militar.

A exceção foi o PPS, cujo presidente, deputado Roberto

Freire, divulgou nota manifestando estranheza. Na concepção do partido, as solenidades da Câmara e do Senado procuraram "reescrever a história, dando exagerada importância a forças e personalidades que coonestavam com a ditadura".

Na visão de Freire, aquelas lideranças (José Sarney, Antonio Carlos Magalhães, Jorge Bornhausen, Marco Maciel e outros) tiveram relevância que deve ser reconhecida. Mas isso não justifica a irrelevância reservada ao papel das manifestações populares – como a votação em massa nos candidatos da oposição em 1974 e a campanha das Diretas-Já – e a pouquíssima participação das forças que realmente compuseram a resistência ao regime.

"Lamentamos a pequena participação do governo e do PT nas comemorações da vitória de Tancredo, que tem em Ulysses Guimarães um referencial inexpugnável. Esse fato só se explica pela pouca compreensão dos petistas em relação ao processo de conquista democrática, posto que condenaram o Colégio Eleitoral como meio para derrotar a ditadura, validado posteriormente pela história", diz o PPS.

17 | 2 | 2005

Bem pior que a encomenda

Se a primeira impressão é a que fica, a apresentação oficial das credenciais do novo presidente da Câmara, Severino Cavalcanti, ao grande público não recomenda expectativas favoráveis no que tange à recuperação da imagem do Legislativo.

O deputado deu ontem sua primeira entrevista como presidente e nela não foi capaz de produzir um raciocínio lógico, de juntar duas ideias razoáveis, de defender uma proposta com começo, meio e fim.

Em resumo, Severino Cavalcanti reforçou o carimbo de figura folclórica e, ao pregar dedo em riste contra o preconceito e "as deformações" dos quais se diz vítima, acabou tornando fato o que até então ainda podia ser entendido como mero fruto de maldosa lenda.

Os otimistas dirão que Severino Cavalcanti foi objetivo na defesa da prorrogação do mandato do presidente Luiz Inácio da Silva por dois anos e no ataque à autonomia do Banco

Central. Os realistas, porém, lembrarão que só externou essas opiniões com alguma clareza levado pela insistência dos jornalistas autores das perguntas em se fazer entender.

Quanto aos outros temas abordados, Severino variou da tergiversação ao devaneio, passando pela generalidade de conceitos num entra e sai de frases quase sempre sem nexo entre si.

Convicção mesmo, de sua exclusiva autoria, ele exibiu a respeito da necessidade de aumento de salários para os deputados, da manutenção do recesso parlamentar em 90 dias, da rejeição ao casamento de "homem com homem e mulher com mulher" e, justiça seja feita, foi firme também no anúncio de uma cruzada de combate ao preconceito contra o chamado "baixo clero".

"Vou acabar com esse negócio!". Na seara das extinções ficamos sabendo também que têm vida curta as "igrejinhas", grupos de compadrio e troca de favores.

Severino Cavalcanti simplesmente não aguenta mais "essa história de uns deputados fazerem dez viagens para o exterior e outros não fazerem nenhuma, restringindo o acesso dos parlamentares ao conhecimento".

Quanto à sua agenda de prioridades, Severino pede tempo para decidir com o restante do colegiado – "afinal, o presidente da Câmara não é um ditador" –, mas, diante da insistência, concorda em esclarecer: "Estarão na pauta quase todos esses projetos que estão aí". Quais sejam não se sabe, porque, como já foi informado pouco antes, "quem decide tudo é o plenário".

Então, tentemos por partes. "Qual a sua posição sobre os transgênicos?", pergunta o jornalista.

"Vou ter de pensar para decidir, não vou te enganar." "E como ficam os compromissos assumidos com bancadas de pensamentos opostos sobre a Lei de Biossegurança, como a dos ruralistas e a dos evangélicos?" "Saberemos encontrar um *modus vivendi*, o Brasil precisa de harmonia, precisa crescer", diz ele, entrelaçando os dedos de uma mão na outra, simulando integração, talvez.

E quanto à governabilidade, pensa o quê o presidente da Câmara?

"Sou um brasileiro cumpridor das minhas obrigações, a governabilidade é imperiosa, a independência dos deputados deve ser preservada", bem como a "altivez dos líderes", porque "o parlamentar não pode ser atropelado pelas medidas provisórias, isso sim é que não pode continuar". Tudo assim exposto nesta ordem. Constrangedor.

As expressões jocosas na plateia compreende-se até que não tenham sido fruto de desrespeito, mas reação inevitável ao inusitado da cena: um presidente da Câmara desprovido – pelo menos naquele momento – de organização mental e articulação oral para estabelecer um diálogo razoavelmente sensato a respeito dos assuntos propostos.

Se estava ainda atordoado com o resultado, melhor teria sido preservar-se alguns dias.

De forma alguma alegra ou desperta graça ver o presidente da Câmara em três frases seguidas e desconexas chamar o presidente Lula de "presidente Dutra", informar que não é "algum tresloucado" para fazer oposição leviana ou sistemática a ele e daí passar para a "reforma ministerial, necessária porque o governo está cansado".

Os eternos fiscais de preconceitos, exímios maquiadores da realidade, certamente estarão a partir de agora de plantão para tentar proteger Severino Cavalcanti das próprias deficiências, fingir que elas não existem.

Mas serão – e já estão sendo – os primeiros a tentar se aproveitar delas, formar juntas e triunviratos no intento de instrumentalizar e usurpar o poder do presidente da Câmara.

No paralelo

Para que a suspeita de que manipuladores rondam o novo presidente da Câmara não seja confundida com a visão de fantasmas ao meio-dia, vamos a um fato.

Entre o primeiro e o segundo turno da votação na madrugada de segunda para terça-feira, governistas já abandonavam explicitamente a candidatura de Luiz Eduardo Greenhalgh e se chegavam a Severino.

O trio de líderes do PMDB, José Borba, do PP, José Janene, e do PL, Sandro Mabel, chamou Severino na sala da liderança peemedebista e comunicou a ele o apoio de suas bancadas.

Na manhã daquele dia, os três comemoravam em café da manhã o resultado, enquanto o governo procurava entender as razões da derrota e atribuía à oposição o sumiço dos votos prometidos ao candidato oficial.

13 | 4 | 2005

Tristes trópicos

O país avança, a sociedade evolui, tudo se moderniza, mas a política no Brasil continua a ser feita como no início do século passado: sob a ótica de que o Estado é patrimônio de uns poucos, instrumento de uso privativo dos ocupantes do poder.

E nesse atraso não há distinção entre direita e esquerda. A concepção torta do que seja a máquina pública e os princípios norteadores de seu funcionamento – temos provas agora que um partido dito de esquerda ascendeu à presidência da República – não é ideológica, é fisiológica.

Nessa visão insere-se o mais uma vez em voga assunto do acesso ao serviço público pela via dos laços de sangue, o chamado nepotismo, objeto de proposta de emenda constitucional a ser examinada hoje pela Comissão de Constituição e Justiça da Câmara dos Deputados.

A maior prova do atraso da política em relação a outros aspectos da vida brasileira são os termos em que se dá o debate sobre a contratação de parentes por parte dos ocupantes de cargos ou detentores de mandatos públicos.

Convenhamos, a própria existência da discussão já é um vexame.

Como nos falta compostura e arejo de mentalidade para incorporar naturalmente a regra da impessoalidade no serviço público, precisamos que a Constituição nos ameace com penas a fim de que não agridamos conceitos como igualdade de oportunidades, concurso de mérito, separação entre o público e o privado.

Pior que a temática em cartaz, porém, é a maneira como se lida com ela.

A falta de noção e ausência de senso até do ridículo é total e, como aprendemos diariamente de dois meses para cá, o presidente da Câmara neste aspecto é um legítimo manual do tipo faça você mesmo.

Severino Cavalcanti consegue cometer, em público e de forma bem completa, todas as barbaridades que em geral se cometem aos poucos e sem grande estardalhaço.

Há quem veja nisso nobreza, pois Severino estaria expondo com sinceridade mazelas mantidas ocultas pela hipocrisia nacional.

Essa inteligente tese tem adeptos na oposição, que identificam em Severino um instrumento de luta contra o governo. Em nome disso falam bobagens e ainda se sentem espertos por se aproveitarem do tosco Severino. Este rirá por último quando seus neossúditos perceberem que apenas ele tinha coisa alguma a perder, pois já entrou nessa história contabilizando lucro.

Não há mérito, honradez nem didatismo, só mau exemplo, falta de educação e amoralidade nas atitudes, gestos e palavras do presidente da Câmara.

As mazelas que ele supostamente exporia não estão ocultas; se estivessem, os políticos seriam mais bem conceituados junto ao público pagante (de impostos).

Ademais, não há mazela maior que um homem com delegação para representar um certo número de brasileiros no Parlamento cassar cidadãos em seu direito de concorrer, por merecimento, a uma vaga no setor público.

Por exemplo, aquela ocupada por seu filho. Quer o presidente da Câmara goste ou não, com todas as suas qualificações profissionais José Maurício Valadão Cavalcanti só está na superintendência regional do Ministério da Agricultura em Pernambuco porque o pai o pôs lá.

Todo mundo sabe disso e com essa realidade o rapaz terá de conviver cotidianamente: ninguém o olhará como meritório administrador, mas como filho de Severino. Se a ambos, pai e filho, tal situação rende felicidade – e pelo visto rende –, à cultura político-social brasileira só acrescenta prejuízo.

A votação da emenda restritiva à contratação de parentes na CCJ da Câmara não quer dizer grande coisa. A proposta pode até ser aprovada, mas da comissão até os plenários das duas Casas do Legislativo terá um longo e acidentado caminho a percorrer.

No trajeto tudo pode acontecer: desde o assunto cair no esquecimento, como já ocorreu antes, até a aprovação de restrições devidamente estilizadas, cheias de convenientes brechas.

Fora de cogitação mesmo só está a hipótese de o Congresso proibir cabalmente o acesso ao setor público pela via do parentesco. A menos que se invoque Cabral e comecemos tudo de novo.

Recordar é viver

Pela quantidade de políticos, de governo e oposição, que defende o fim da reeleição e mandato de seis anos para o presidente da República, é de se perguntar onde estavam todos no início do governo José Sarney quando – por herança do regime militar – o sistema era exatamente este agora saudado como ideal: seis anos de mandato sem direito à reeleição.

Sarney teve cinco anos porque a Assembleia Constituinte resolveu lhe tirar um ano em relação ao antecessor e acrescentar um aos quatro que comporiam dali em diante o mandato presidencial.

Se pudesse ter contado com tantos defensores dos seis anos, Sarney não teria tido tanto, digamos, trabalho para assegurar cinco anos no lugar dos quatro que Tancredo Neves prometera ainda antes da eleição.

O Brasil teria também adiado o início da disseminação daquilo que à época o então deputado (já falecido) Roberto Cardoso Alves denominou com graça e leveza de "é dando que se recebe".

17 | 5 | 2005

Deu um cheque e dormiu tranquilo

Relegar o esquema de corrupção montado na Empresa Brasileira de Correios e Telégrafos – segundo seu executor, por inspiração e para benefício do PTB – a um problema da alçada exclusiva do partido, nesta altura é a última prerrogativa que se poderia conceder ao presidente da República.

Mais não fosse porque Luiz Inácio da Silva em outubro último deu aval a toda e qualquer ação do presidente do PTB, Roberto Jefferson. Este, à saída de um encontro com o presidente para tratar justamente de acusações – à época, de um acordo pelo qual o PT teria "comprado" o apoio eleitoral do PTB em cinco cidades por R$ 10 milhões –, relatou ter ouvido do presidente o seguinte:

"Você atravessou o oceano sozinho. Eu te daria um cheque em branco e dormiria tranquilo." Não se fez jamais no governo nenhum reparo à manifestação de confiança e tampouco se deu confiança às denúncias logo atribuídas ao ânimo caluniador de um ou outro deputado petebista eleitoralmente insatisfeito.

Perdeu-se, ali, uma excelente oportunidade de esclarecer suspeições, em vez de desqualificá-las passando a mão na cabeça dos suspeitos. No caso, o PT também estava envolvido e, pelo jeito, é por aí que o governo se enrola.

Perde suas prerrogativas morais de cobrar moralidade em casos assim como esse, de evidência acachapante, quando por repetidas vezes evita enfrentar com austeridade, rigor e coragem denúncias contra integrantes do governo em escalões mais altos que os agora demitidos Maurício Marinho, chefe do Departamento de Contratação e Administração de Material dos Correios e seu superior imediato, o diretor de Administração, Antônio Osório Batista.

É verdade que tão eloquente como este agora, nunca havia vindo a público um caso.

Mesmo o de Waldomiro Diniz ainda prestava-se ao exercício da desfaçatez porque, na fita onde aparece pedindo propina, fica claro que é corrupto, mas a comprovação da existência de um esquema de corrupção em funcionamento careceria de investigações.

Na reportagem de domingo, a revista *Veja* mostra um sólido sistema em ação.

Seguramente por sentir as costas quentes, o chefe de seção filmado por lobistas dizendo-se interessados em fazer negócios com o governo deu nome, sobrenome, endereço e atividades do empreendimento por ele executado nas dependências de uma das empresas estatais que, até muito recentemente, aparecia nas pesquisas como uma das mais acreditadas junto à população.

"Nós somos três e trabalhamos fechados. Os três são designados pelo PTB, pelo Roberto Jefferson. É uma composição com o governo. Nomeamos o diretor, um assessor e um departamento-chave", diz Maurício Marinho na gravação, autodesignando-se a função de "departamento-chave".

A reação dos petebistas e governistas ante tantas e tão inquestionáveis evidências foi de susto, expresso na disparidade de versões oferecidas a título de explicação.

Uns falaram de "fato isolado", outros em fantasias produzidas pela mente doentia de um funcionário com mania de grandeza – segundo o líder do PT no Senado, Delcídio Amaral, ele tentava "vender o Pão de Açúcar" aos lobistas –, havendo mesmo quem atribuísse a fala de Marinho na fita ao diabetes e à hepatite que acometem o funcionário. Criativo, é de reconhecer, mas estapafúrdio.

Ventilou-se ontem também a hipótese de o indefeso e cândido líder Roberto Jefferson estar sendo vítima de uma chantagem posta em prática pelo funcionário que, tendo montado a filmagem para incriminá-lo, ofereceu a ele antes a fita.

Em troca do quê, não se diz, bem como não fica claro qual o interesse do chefe de seção de divulgar cenas onde é o personagem principal e, óbvio, candidato primeiro à punição.

O que torna definitivamente crível o conteúdo da gravação é que *Veja* apresenta, com fatos, a comprovação do teor da conversa de Maurício Marinho com os lobistas. Ele se refere a nomeações e licitações que realmente vieram a existir.

Muito bem, e agora, o que quer o PTB do governo? Isonomia de tratamento.

Para o petebista de São Paulo Campos Machado, o governo Lula tem o "dever" de defender Roberto Jefferson porque defendeu o ministro da Casa Civil, José Dirceu, "numa situação muito mais grave". A saber, o caso Waldomiro Diniz.

Defendeu não só ele, mas muitos outros – todos, traduz melhor a situação – que vieram a ser alvo de suspeitas. Proteção dada pelo presidente a pretexto de preservar sua autoridade e não ser pautado por "manchete de jornal".

É um perfeito e bem acabado direito do presidente da República escolher seu método de trabalho. E o escolhido por Lula leva em conta o critério do contrário: sempre que a maré aponta para um lado, ele ruma para o lado oposto.

Se o clamor é por demissão deste ou daquele, o presidente Luiz Inácio da Silva firma-se na manutenção deste ou daquele. Se o consenso indica pela prudência do afastamento, ainda que temporário, de altos funcionários investigados, Lula faz da solidariedade profissão de fé.

O problema da lógica da blindagem como reação automática, é que ela não apenas faz do presidente um refém da própria teimosia, como também o torna prisioneiro da presunção de todas as inocências. Por menos, como diz o ministro do Supremo Tribunal Federal Marco Aurélio Mello, "escancaradas" que tais inocências sejam.

8 | 7 | 2 0 0 5

O guardião do rei

A mansidão das maneiras, o comedimento dos gestos e o semblante imperturbável de sempre não revelam indícios da preocupação presente no quê de tensão que o ministro Márcio Thomaz Bastos não consegue disfarçar no tom da voz, mais baixo, e no ritmo da conversa, menos fluente que o habitual.

Personagem central do governo nos bastidores da crise, o ministro da Justiça atua em frentes estratégicas e transita em terreno acidentado. Daí a pesagem e a medição minuciosa de cada palavra antes de ser dita.

É ele, por exemplo, o encarregado de auscultar a oposição a respeito de um assunto delicado: sem pronunciar a palavra impedimento nem explicitar sem nuances o assunto, Thomaz Bastos sente o pulso de gente como Fernando Henrique Cardoso, José Serra e Antonio Carlos Magalhães a respeito.

"Ninguém quer", interpreta ele, para concluir, então, que

não havendo ambiente para desestabilizações institucionais voluntárias, a saída da crise é uma questão de tempo, competência e, sobretudo, providências.

Na sua visão, é fundamental que o governo consiga inovar em matéria de produção de resultados na apuração das denúncias. Tomar a dianteira e, valendo-se da Polícia Federal, conseguir provas suficientes para que a Justiça possa condenar, ou absolver, os acusados sem deixar que os efeitos do escândalo se esgotem na cassação de alguns mandatos parlamentares.

"A sociedade não ficará satisfeita e o país não superará etapas no tocante às condutas públicas se houver um acordo para escolha de alguns sacrifícios políticos e tudo se encerrar por aí." Ele lembra que no caso de Fernando Collor só Paulo César Farias foi punido pela Justiça e, no episódio da CPI do Orçamento, nenhum dos cassados sofreu processo judicial.

Mas o corte, no caso atual, atingirá só a carne alheia?

"Não é isso, a disposição é de fechar os olhos e ir em frente", assegura o ministro da Justiça, que não revela detalhes das investigações da PF, mas indica dois focos já identificáveis de infrações passíveis de comprovação: superfaturamento de contratos de prestação de serviços a órgãos públicos e licitações fraudulentas.

No que tange ao envolvimento do governo e do PT, Márcio Thomaz Bastos acha que o pior já apareceu: o aval do publicitário Marcos Valério Fernandes a um empréstimo tomado pelo PT ao BMG. Um baque e tanto, admite.

Na opinião – com jeito de torcida – dele, nada de mais grave pode ocorrer com potencial de atingir o governo de forma fatal. Do ponto de vista da administração da crise, considera providenciais os afastamentos de José Dirceu da Casa Civil e dos dirigentes da cúpula do PT e, em relação à figura do presidente, expressa convicção no distanciamento de Lula de qualquer tipo de irregularidade.

Incluindo aí a família do presidente?

"Tenho certeza absoluta, não há nada." Donde, então, pode-se concluir que o projeto de reeleição não sofreu abalos, continua no horizonte presidencial?

"Continua." São reais as conversas que circulam entre os personagens já visitados por ele a respeito da possibilidade de aliados do governo apresentarem proposta de extinção da reeleição a fim de abrir caminho à desistência de Lula sem que isso pareça capitulação antecipada à possibilidade de derrota?

"Comigo ninguém falou a respeito, nem no governo nem na oposição." Não há plano B para uma eventualidade?

"Como tese, alternativa sempre há." E mais o ministro da Justiça não se permite falar, nem mesmo como hipótese com o mero intuito de raciocinar.

Diário de bordo

Márcio Thomaz Bastos começa a pensar seriamente em publicar, ao fim de sua participação nos trabalhos governamentais, os registros que faz há dois anos e meio de fatos vividos e reflexões produzidas no cotidiano do poder.

Redige a mão, porque só tem tempo de fazer isso depois do expediente, no hotel onde mora em Brasília, e não há computador no quarto.

O ministro já preencheu 12 cadernos dos grandes. Dois ficam com ele e os outros dez escondeu muito bem escondidos em São Paulo. Thomaz Bastos começou a registrar tudo desde a posse e não falha um dia. Quando não há nada de significativo, escreve lá: "Nada", mas escreve.

Aval da Receita

Relatório da Receita a ser divulgado hoje, mostrando que o presidente do Banco Central, Henrique Meirelles, não sonegou impostos e teve evolução patrimonial compatível com seus ganhos, pode servir de sustentação à sua permanência no cargo.

Tida como certa até quarta-feira, a saída de Meirelles do BC ontem já não era dada como questão resolvida. Internamente, sua situação é considerada muito diferente da condição do ministro Romero Jucá, da Previdência.

Titãs

Há gente informada apostando qualquer dinheiro que o embate entre PT e PSDB pelo governo de São Paulo porá em cena, frente a frente, o líder do governo no Senado, Aloizio Mercadante, e o tucano ex-ministro da Educação Paulo Renato de Souza.

Ressalta-se, entretanto, a volatilidade dos cenários nesses tempos de baixa resistência aos efeitos do tempo.

21|7|2005

O silêncio dos indecentes

Assistindo ao depoimento de Marcos Valério de Souza na CPI dos Correios, duas semanas atrás, o ministro da Justiça, Márcio Thomaz Bastos, começou achando que o lobista ia bem. Da metade para o fim, porém, avaliou que Valério "virou o fio": exagerou nas negativas e acabou evidenciando a própria culpa.

Consultor jurídico informal da dupla PT-Planalto na crise, Thomaz Bastos ou não alertou os depoentes seguintes sobre a questão dos limites ou foi por eles ignorado.

Em seus depoimentos nesta semana, Silvio Pereira e Delúbio Soares viraram "o fio": foram explícitos demais na sonegação de informações e acabaram convalidando o valor das provas em poder da CPI e dos indícios à disposição de quem tem olhos para enxergar, ouvidos para escutar e cérebro para raciocinar.

Em suas cínicas insolências, Silvio e Delúbio podem ter sido involuntariamente responsáveis pela "virada de fio" na boa vontade nacional para com o governo em geral e o presidente Luiz Inácio da Silva em particular.

A paciência da nação vai aos poucos de esvaindo e, a continuarem as coisas sendo tratadas nesse ambiente de desfaçatez, as pessoas perderão o constrangimento de concluir pela expressa condenação da legitimidade do governo comandado pelo presidente Lula e ocupado – em sua acachapante maioria administrativa – pelo PT.

Tal estratégia só tem agradado ao advogado dos acusados, Arnaldo Malheiros.

Ele ri, faz muxoxos, expressa seu pouco caso em relação ao preparo jurídico dos integrantes da comissão de inquérito e, ao fim da performance dos clientes, cumprimenta-os com o sentido do dever cumprido.

Aos petistas até outro dia aguerridos defensores da tese do "não rouba e não deixa roubar", a operação da farsa tem constrangido, envergonhado e enervado. O mesmo se pode dizer de deputados e senadores de outros partidos afinados com o Palácio do Planalto. No depoimento de Silvio Pereira e com mais contundência no de Delúbio Soares, interrogaram duramente os acusados, no evidente propósito de marcar distância da versão inventada pela banca de defesa da trupe.

O presidente Lula também começou a ser objeto desse distanciamento desde que, no domingo, avalizou à Nação a tese do abastecimento do caixa 2 eleitoral para explicar o espetáculo da dinheirama à deriva que aproxima seu governo da mal afamada administração Fernando Collor.

Nem todos, mas alguns dos condôminos do Planalto e da Esplanada dos Ministérios já começam a perceber que estão, na percepção da opinião pública, vestindo o figurino do bandido e deixando a Roberto Jefferson o papel do mocinho.

A tática do silêncio indecente configura-se, pois, política, cívica, moral, social e eleitoralmente suicida. Revela total descompromisso com a institucionalidade, pois busca transmitir ao país que o que o PT fez no governo é o que se faz "sistematicamente" no Brasil.

Diz que a nação é de embusteiros, que todos os políticos fazem esquemas de arrecadação de dinheiro por intermédio da máquina do Estado para financiar o projeto de poder de um partido, que todos os partidos que já estiveram no poder tentaram intimidar a imprensa, desmoralizar o Judiciário, desqualificar o Ministério Público, enquadrar a produção cultural aos ditames da concepção partidária, aparelhar o Estado, substituir políticas públicas por campanhas publicitárias para promover projetos de marcas de fantasia.

Isso, como se viu nos últimos dois dias na CPI, posto nas mãos de dois dirigentes que mal falam o português e não conseguem juntar duas ideias sem o auxílio do sussurro do advogado, traduz o completo descaso dos atuais ocupantes do poder por qualquer outra coisa que não seja a preservação da maquiagem de seus símbolos a poder de ilusionismos.

Como de resto o PT fez a vida toda no tocante à ética de vitrine, em relação ao preparo adquirido por Luiz Inácio da Silva e ao modo petista de governar.

Conivente leniência

O dia em que a CPI mandar prender o primeiro que extrapolar os limites da proteção judicial dada por *habeas corpus* obtidos no Supremo Tribunal Federal, talvez os depoentes comecem a respeitar suas excelências.

A salvaguarda é para assegurar ao investigado o direito de não produzir provas que o incriminem. Os três últimos a comparecer à CPI com licença para calar abusaram da garantia e distorceram o sentido da decisão da Justiça.

Por exemplo, quando se recusa a dizer o valor do próprio salário ou a responder mais de uma vez à mesma pergunta, Delúbio Soares extrapola.

A comissão de inquérito tem grande responsabilidade nisso. Os deputados e senadores aceitam as recusas dos depoentes, provavelmente com medo do ridículo que representou a voz de prisão dada anos atrás ao ex-presidente do Banco Central Chico Lopes.

Mas tudo é questão de conveniência e adequação.

Neste aspecto do *habeas corpus*, o presidente da CPI, Delcídio Amaral, macula sua atuação. Teria poder de recorrer contra sua concessão e não o fez.

Deveria, na condução dos trabalhos, zelar pelos limites das salvaguardas e não o faz. Nem ele nem seu substituto, Maguito Vilela.

14 | 8 | 2005

Atração fatal

A relativa facilidade com que o país enfrentou, e superou, o processo do *impeachment* de Fernando Collor de Mello parece ter criado certa atração por soluções fatais para resolver questões de natureza política envolvendo o presidente da República.

Trata-se do assunto com uma ligeireza atroz, nem sendo necessário chegar à situação de crise. Aconteceu no início do segundo mandato de Fernando Henrique Cardoso, quando parte do PT, com apoio de outros partidos de esquerda, ensaiou o "Fora FHC" sob a sustentação intelectual de expoentes da estatura do habitualmente lúcido Tarso Genro, atual presidente interino do PT.

Ali havia o desconforto do partido com a derrota pela segunda vez em primeiro turno e subjacente estava uma ausência completa de rumo a respeito de como fazer oposição eficiente a FH. Na falta de bandeiras, adotou-se o discurso extremo.

Guardadas as devidas proporções, até porque temos a crise instalada, agora repete-se a sem-cerimônia institucional. Há dois meses discute-se o impedimento constitucional do presidente Luiz Inácio da Silva com um nível de ansiedade quase obsessivo, como se o tema fosse ao mesmo tempo causa e consequência únicas das vicissitudes em curso.

No lugar de se examinar ponto a ponto, com profundidade e discernimento, as graves ocorrências diárias, todas as energias concentram-se numa só indagação: "Quando isso tudo chegará ao presidente?". Ora, "isso tudo que está aí" já "chegou" a Lula há muito tempo, mais não fosse porque o escândalo surgiu de dentro do governo e pegou em cheio o partido do presidente.

Impedido, do ponto de vista político-eleitoral, Lula está desde a comprovação das primeiras evidências de que só tinha projeto de poder e nenhum plano de governo eficaz. Só com isso, não teria mais argumentos para se apresentar de novo à nação pedindo a renovação da esperança coletiva na abstração mudancista que resultou na sua eleição.

Veio a crise, Lula perdeu a sustentação política do PT e de toda a aliança partidária envolvida no esquema de compra e venda para formação de maioria parlamentar; viu sumir o lastro de seus principais auxiliares, feridos de morte pelo escândalo, e vai perdendo também a popularidade, a confiabilidade e a credibilidade junto à população.

Portanto, a crise vitimou o presidente de forma incontestável, situação agravada por sua incapacidade, ou impossibilidade, de fornecer as respostas que lhe dariam condições de carregar sozinho nos ombros, escorado no simbolismo de sua figura, o restante da jornada.

Isso não significa que a solução automática deva ser a interrupção do mandato, seja pela via da renúncia ou do *im-*

peachment. Entre a situação trágica em que Lula se encontra e a saída antecipada da presidência há uma distância grande a ser preenchida por investigações pertinentes e debates consistentes.

As primeiras servem para descobrir fatos, indicar responsabilidades e estabelecer punições. Se em algum momento ficar evidenciado o crime de responsabilidade e houver sustentação legal para a abertura de um processo contra o presidente, o instrumento está na Constituição para ser usado.

A ansiedade presente nas atitudes de governo e oposição – e aí a imprensa e setores da sociedade entram na mesma dinâmica – leva à inversão das coisas.

Falar no *impeachment* do presidente passa a ser o objetivo, prende todas as atenções e tudo o mais em volta é percebido como ilícito de segunda linha.

A obsessão pelo impedimento é um atalho e acaba deixando de lado aspectos importantes da crise. As denúncias vão se sucedendo e, por não "chegarem ao presidente", são vistas como insignificantes.

Por essa lógica, o crime eleitoral e o financiamento de campanhas de partidos em troca de apoio parlamentar ganharam moldura de legalidade implícita.

A falta da avaliação consistente a respeito de cada episódio atropela o processo e rende equívocos. Ações que não envolvam diretamente a figura do presidente deixam imediatamente de ter importância e, no caminho, transgressores vão sendo transformados em heróis só porque tornam plausível a hipótese da realização do intento final.

Assim, Roberto Jefferson é absolvido de sua história pregressa e Duda Mendonça preserva sua imagem profissional ao confessar coautoria em crimes contra a ordem econômica, pois seu gesto fez a crise chegar mais perto do presidente.

O presidente nacional do PL, Valdemar da Costa Neto, admite ter vendido seu partido ao governo e isso soa muito natural, porque o mais importante é ele dizer que o "presidente sabia".

Chove-se, com isso, no molhado, pois o presidente não poderia desconhecer atos cuja finalidade era sua sustentação no poder.

O fato de a discussão do *impeachment* anteceder as evidências do crime de responsabilidade não é politicamente educativo. Repete a didática petista do passado. Além disso, o excesso de desenvoltura no trato do tema leva à banalização do instrumento, abre espaço a estratégias de vitimização e relega todos os crimes já descobertos ao patamar dos pormenores.

21 | 8 | 2005

O ignorante político

Não adianta o "mercado" ficar nervoso quando o nome do ministro da Fazenda, Antonio Palocci, aparece no centro do escândalo, porque não é este o dado essencial da crise. Ou pelo menos não deveria ser.

Da mesma forma como nunca foi a política econômica o dado determinante para a reeleição (ou não) do presidente Luiz Inácio da Silva, e sim o resultado do conjunto da obra de bem (ou mal) administrar, não será a confirmação ou o desmentido de que o ministro sabia ou deixava de saber das traquinagens financeiras do PT o fator preponderante no julgamento da população a respeito desse governo.

E o que determina se ele para ou continua – seja em 2006 ou antes – não é o mercado e sim a vontade popular. Se o ministro Palocci ficar mortalmente ferido e tiver de sair, não há risco de a política econômica se alterar.

Outro a conduzirá, com a mesma obediência cega aos preceitos da realidade aos quais Lula teve o senso de sobrevivência de se render desde o início, ao compreender que não tinha opção. Era seguir o que Pedro Malan e Armínio Fraga explicaram muito bem explicado lá na fase de transição, ou a debacle viria antes de começar.

Como a política econômica não é obra de Palocci – seu jogo de retranca, sem o traquejo dos conhecedores, mostra isso – e Lula sabe que é tudo o que lhe resta, só uma decisão politicamente suicida poderia provocar qualquer alteração.

Daí a questão, a despeito da resistência e da obtusidade do mercado, ser primordialmente política. E assim está posto desde o início, os chamados homens de negócio é que não querem ver.

Um parêntese para lembrar declaração recente do presidente da Fiesp, Paulo Skaf, segundo a qual não acompanha o noticiário da crise política, diz muito sobre o nervosismo à deriva de quem não soube perceber a extensão dos acontecimentos desde o primeiro depoimento de Roberto Jefferson e seus desdobramentos.

Como se o mundo se resumisse a números, e não dissesse respeito a pessoas, nossos doutos financistas não viram nada demais naquilo porque o deputado não "apresentava provas".

Agora se põem na antessala do juízo final porque o nome de Antonio Palocci aparece no meio de uma história que concerne a um partido no qual ele se insere na condição de dirigente e formulador. Não há razão para surpresa, ainda mais que Rogério Buratti não é personagem inédito. Já apareceu lá atrás quando do caso Waldomiro Diniz. Era, portanto, prevista sua ressurreição.

Também não há motivo para corre-corre na economia, uma vez que o país não está em risco. Se os senhores das finanças não tinham conhecimento, há 100 dias o Brasil lida com o problema.

E da forma institucional como convém às democracias normais, com investigações na Polícia Federal, no Ministério Público e alguns processos de julgamento político instalados no âmbito do Congresso.

Tudo perfeitamente previsto na Constituição. Com partidos funcionando, advogados de defesa, imprensa livre, opinião pública se manifestando, entidades e movimentos marcando posição e até presidente da República no pleno exercício de cometer equívocos a céu aberto.

Não há apocalipse à vista, pois. Há um governo em julgamento, um partido em processo de desmantelamento moral, ambos com seus integrantes em grandes dificuldades políticas, éticas e judiciais. Nem se digam eleitorais, porque essas dirão respeito mais à frente ao eleitor.

Haja o que houver, nada será diferente do que haveria de ser, queira o mercado ou não em sua abissal, e cruel, ignorância política.

Ruptura

As últimas declarações de dirigentes do PT e ministros em favor da postergação de punições aos diretamente envolvidos nas denúncias – especificamente José Dirceu e Delúbio Soares – selaram o racha entre o chamado Campo Majoritário e a esquerda do partido.

Como porta-voz, o deputado Chico Alencar envia a seguinte mensagem: "A disputa final está posta. Se este grupo continuar dando as cartas no PT, vamos embora. Não cabemos mais na mesma sala". A decisão, diz Alencar, prende-se mais à ausência de autocrítica que aos malfeitos agora conhecidos.

Ultimato

Os oposicionistas do PMDB vão pedir ao presidente do Supremo Tribunal Federal, Nelson Jobim, que se decida. Se quiser entrar na disputa presidencial terá de se submeter às regras do partido e concorrer às prévias de março.

Para isso não poderá deixar para resolver se concorre ou não em abril, quando acaba seu período na presidência do STF. Precisará assumir a candidatura até dezembro, no prazo para a inscrição nas prévias e a tempo de fazer um trabalho de convencimento popular.

Esse grupo nutre mais simpatia pela candidatura de Jobim do que pela postulação de Anthony Garotinho. Mas reconhece que o ex-governador do Rio de Janeiro dispõe de bom capital eleitoral nas pesquisas e não pretende desperdiçá-lo. Por isso, não concorda com a intenção de Nelson Jobim de ser ungido candidato sem disputa interna.

9 | 11 | 2005

De ofício, um fingidor

Não tem jeito: o presidente Luiz Inácio da Silva é vocacionado mesmo para o exercício da oposição, e exerce tão competentemente o seu ofício, que o faz contra si mesmo na condição de presidente da República.

Durante as quase duas horas de entrevista ao programa Roda Viva, segunda-feira à noite, Lula teve oportunidade de falar com franqueza, vestir traje completo de mandatário, tratar com maturidade a nação e, aos três anos de governo, cumprir o papel que lhe cabe ainda por um ano e dois meses exibindo, no mínimo, conhecimento de causa e respeito pelo mundo em volta.

Preferiu, porém, tergiversar, tratar a todos como vassalos mentais de uma realidade moldada à sua conveniência política, mas totalmente distanciada do cenário visto e vivido pelo conjunto da sociedade e até por ele próprio.

Por exemplo, ao mais uma vez aventar a possibilidade de não se candidatar à reeleição, denota a intenção de fingir-se candidato inamovível, quando está apenas se precavendo para o caso de não vir a reunir condições políticas ideais de disputa e, num gesto de efeito, abrir mão de um segundo mandato que, nesta hipótese, saberá perdido.

Lula continua fazendo o mesmo jogo de impressões que sustentou sua trajetória do Sindicato dos Metalúrgicos de São Bernardo do Campo para a presidência da República em menos de três décadas.

Manipula meias-verdades, maneja emoções – nisso encontrou em Duda Mendonça a parceria perfeita –, usa argumentos fundados naquele tipo de quase-lógica desprovida de fundamento quando submetida à luz da objetividade, sabe como ninguém valer-se de sua origem e "história" para manobrar consciências pesadas desejosas de redenção.

Essa maneira de lidar com as coisas deu certo na oposição, mas de governantes se espera um mínimo de apreço aos fatos e de compromisso com a palavra dita.

Na entrevista de segunda-feira ao programa Roda Viva o presidente Lula outra vez frustrou a expectativa de que pudesse ter desencarnado do personagem a quem tudo é permitido – inclusive ignorar deliberadamente os fatos – pela força do símbolo.

Lula começou bem, fazendo da responsabilidade de um presidente da República a respeito de tudo o que se passa em seu governo uma profissão de fé.

"Sabendo ou não sabendo das coisas, o presidente tem toda a responsabilidade", disse, acendendo uma esperança dissolvida logo em seguida, quando expôs sua visão da amplitude dessa responsabilidade: "Tem de mandar apurar". Daí em diante, o presidente da República só fez desqualificar todo e qualquer resultado das investigações levadas a termo pelas CPIs, cujas existências, sem o menor resquício de cerimônia, assumiu como obra sua para estabelecer contraponto em relação à interdição de comissões de inquérito no governo anterior.

Justiça se faça, do ponto de vista do desempenho, Lula manteve a coerência: respondeu às questões não necessariamente em atendimento ao conteúdo das perguntas, mas conforme seu roteiro de interesse.

Quando foi pego de surpresa, não hesitou em entrar pelo terreno da incongruência total. Por exemplo: estava já se preparando para fazer pouco da gravidade dos pagamentos de caixa 2 assumidamente recebidos por Duda Mendonça quando Augusto Nunes lhe perguntou qual o motivo, então, de o publicitário ter tido seus contratos com o governo cancelados depois da confissão perante a CPI.

Lula ficou alguns segundos mudo, olhou de um lado, de outro e matou sua tese de repúdio a condenações sem provas cabais: "Não era possível continuar com uma pessoa a respeito da qual pairam suspeições". Da mesma forma mostrou-se coerentemente incongruente ao mudar sua concepção a respeito do uso de caixa 2, reconhecer que o PT cometeu "crime eleitoral" e, ao mesmo tempo, insistir na ausência de provas a respeito do que quer que fosse ou de quem quer que seja enquanto citava o afastamento de mais de 50 pessoas envolvidas em denúncias como prova de que o governo toma providências.

José Dirceu será, na opinião dele, cassado, mas sem provas, apenas por obra e graça do desejo do Congresso de atender à demanda da opinião pública.

Dirceu, segundo Lula, seria "motivo de orgulho para qualquer país do mundo", mas não o suficiente para merecer a presença do presidente no ato de despedida da Casa Civil.

Lula feriu a credibilidade da defesa da lisura dos companheiros ao incluir Waldomiro Diniz no rol dos injustiçados. Na versão do presidente, "nada ficou provado até hoje" sobre aquelas imagens do então presidente da Loterj tentando receber um suborno de Carlos Cachoeira.

Para quem se manteve alheio aos malfeitos e os condena com veemência, o presidente se mostrou bastante familiarizado e à vontade para assumir todas as versões de defesa até agora apresentadas pelo PT. Da tese do crime eleitoral à nulidade de provas, passando pela negativa pura e simples de evidências mais inquestionáveis, e a manifestação de certezas em assuntos a respeito dos quais só pairam dúvidas.

O assassinato do prefeito Celso Daniel é um caso. O presidente não apenas externou a convicção sobre o crime comum, como permitiu-se adotar a insidiosa tática de criminalizar as relações do morto com seus irmãos. Lula não desencarnou do personagem de oposição a quem tudo é permitido, até o devaneio.

2|12|2005

Amargo regresso

A Câmara dos Deputados cassou o mandato de José Dirceu baseada nas evidências, compartilhadas pelo colegiado durante longo período, de que a base parlamentar de apoio do governo foi montada a partir de forte influência do Executivo a poder de instrumentos disponíveis apenas a quem está no comando da máquina do Estado.

Objetivamente foi isso, embora seja muito mais nobre disseminar a versão da perseguição ideológica ao grande líder político da geração que liderou o combate à ditadura, a luta pela redemocratização, a construção do PT e a trajetória do líder operário do sindicato à presidência da República.

Muitos, inclusive no PT, tiveram papel tão ou mais importante na política nacional, professam teses contrárias às forças civis que há décadas se alternam no poder, vários deles ainda estão na ativa partidária e, nem por isso, são alvos da conspiração alegada por José Dirceu.

Fato é que o deputado cassado no início da madrugada de

ontem não teve, na história do país, a significância que atribui a si – seu relativo destaque na cena anteriormente à eleição do PT diz sobre isso – nem deu ao presidente Luiz Inácio da Silva a contribuição de grande articulador político e gerente administrativo que rezou a lenda de eminência parda indispensável à sobrevivência do governo.

Contribuiu fortemente, isto sim, para aquilo que acabou produzindo seu infortúnio: a montagem de uma base de apoio artificialmente ampla e sólida no Congresso, sob a égide da inflação de uns e deflação de outros partidos.

Antes de voltar ontem à planície, José Dirceu viveu no planalto basicamente da mitologia.

As vitórias iniciais no Parlamento não podem ser atribuídas à sua habilidade política. Foram fruto, de um lado, da cooptação fisiológica e, de outro, da força eleitoral de Lula.

Junte-se a isso a adoção de reformas e políticas propostas pelo governo anterior, tivemos uma oposição inicialmente dócil e colaboracionista.

Dirceu, ao contrário de organizar a área política, teve isto sim participação fundamental em sua desorganização, seja por atritos internos na base (recordemo-nos das motivações de Roberto Jefferson para explodir pontes e navios), seja por preferir relacionar-se com a oposição em bases provocativas.

O PSDB, por exemplo, era majoritariamente parcimonioso nas críticas até José Dirceu partir para o ataque frontal assim que sentiu o arrefecimento político dos efeitos do escândalo Waldomiro Diniz.

Quando saiu da coordenação política, assumiu a liderança da área administrativa com todas as honras de gerente tocador de projetos. Não produziu mais que discursos autolaudatórios, como a afirmação de ontem de que, se estivesse ele no comando, a crise política teria tido outro rumo.

Morto politicamente ainda não se pode dizer que José Dirceu esteja. Ao longo do processo que culminou na cassação, vestiu o figurino do guerreiro empedernido de modo a possibilitar avaliações grandiloquentes sobre sua capacidade de resistir às intempéries e, no desfecho, apresentou-se como candidato ao papel de referência nacional, dando lições de democracia e propondo-se a "repensar o Brasil".

José Dirceu impressiona, de fato. Principalmente a quem se deixa impressionar.

Conviria, porém, antes de chegar a conclusões definitivas sobre o futuro, lembrar que saiu da Casa Civil igualmente rodeado de homenagens e avaliações (induzidas) segundo as quais seria um polo de poder político dentro da Câmara para reestabilizar o PT e "ajudar o presidente Lula a governar".

Na volta, sequer conseguiu concluir o discurso de reestreia. Foi contestado, em seguida repudiado, mais adiante acusado e, por fim, expelido do convívio daqueles a quem tinha tratado como mercadoria de segunda em sua presunção do que seria o exercício do poder.

Estava equivocado quanto à percepção sobre sua importância na ordem das coisas. Como agora também talvez não esteja de posse da melhor avaliação do quadro quando anuncia recolhimento temporário em lugar secreto para "poder ter sossego e trabalhar" longe do assédio que, imagina, continuará sendo intenso e duradouro.

Segue o baile

A cassação de José Dirceu não serve de lenitivo à crise, embora com ela se permita que as coisas sigam seu curso natural em terreno menos acidentado.

Na avaliação de governistas e oposicionistas, um eventual

resultado de absolvição seria politicamente muito mais negativo para o presidente Lula – "terá dois problemas no colo, o PIB e Dirceu", dizia um ex-ministro – e para o processo de apurações e investigações iniciado em maio.

Despacho

Discretamente, o vice-presidente da Câmara, José Thomaz Nonô, arquivou terça-feira pedido de *impeachment* apresentado por um cidadão comum sob a alegação de que o presidente da República teria cometido abuso do poder econômico ao pôr o governo a serviço da eleição de Aldo Rebelo para a presidência da Câmara.

Aldo pediu a Nonô que decidisse o que fazer. Nonô engavetou e mandará, segunda-feira próxima, o ato ao presidente Lula, acompanhado de uma carta pessoal, cujos termos ainda não estavam definidos até ontem.

21|2|2006

Umbigos ilustrados

Os quatro grandes partidos brasileiros, todos em tese passíveis de governar o país, têm abusado do desrespeito ao eleitor. Preocupados única e exclusivamente com o caminho das pedras para conquistar ou se manter no poder, tratam as questões de interesse do cidadão com um misto de oportunismo e indiferença.

Ao governo só ocorreu cuidar dos assuntos de sua alçada no ano eleitoral; ao PSDB preocupa quem será o candidato, mas não diz exatamente para quê; ao PMDB sabe ao paladar um jogo de subterfúgios onde a fidelidade partidária é pormenor; ao PFL prende a atenção da herança tucana em São Paulo (prefeitura ou governo), a disputa pela indicação do vice e a obtenção do apoio tucano no maior número possível de Estados para seus candidatos a governador.

Projeto de país mesmo que é bom, qual deles será melhor para levar em frente as coisas boas, corrigir as ruins e ter capacidade de inovar outras tantas para levar o Brasil adiante, sobre isso ninguém fala, como se fosse assunto secundário, um mero detalhe na disputa pela cadeira presidencial.

Em tal conjuntura, se o eleitorado estiver se sentindo o gato borralheiro da história, jogado de lado enrolado a uns trapos como filho enjeitado enquanto suas excelências escolhem seus melhores figurinos para se apresentar ao baile eleitoral, não poderá ser acusado por demência ou mau humor.

De fato, o país só recebe dos pretensos representantes a governantes o tratamento reservado às massas de manobra que, no momento oportuno, serão chamadas a se pronunciar, não a respeito de questões objetivas, com maturidade e discernimento.

Serão instadas a reagir aos mais bem arquitetados estímulos publicitários, engendrados por especialistas em analisar pesquisas e providenciar respostas – leiam-se, atitudes – ao molde do que acreditam sejam as demandas do eleitorado.

Isso até já começou e, como sempre, o exemplo vem de cima: o presidente da República, depois de furar a onda da crise enfrentando as denúncias com a agressividade dos que se sentem justos, afrontando as evidências mais corriqueiras a golpes de sofismas pronunciados em tom, não de ofensor – como conviria a qualquer pessoa minimamente comprometida com respeito aos olhos e ouvidos do país –, mas de ofendido, depois de fazer isso para conseguir "se manter à tona", retoma a feição do "Lula paz e amor" inventada por Duda Mendonça.

A essa manobra seus auxiliares dão o emblema de "impressionante intuição política". Mas a isso, em português claro, dá-se o nome de manipulação explícita.

Com ela Lula pretende simplesmente levar o eleitor a reviver o clima de 2002 e pedir a renovação na esperança de que um segundo mandato será para "completar a obra" iniciada no primeiro.

Pouco importa que tal obra consista num amontoado de argumentos sustentados em números distorcidos, distantes da comprovação popular e frutos de meras ações de cotidiano sem significado maior para o essencial: a libertação da ignorância e da miséria, principalmente a cultural. No campo adversário as coisas não se passam de maneira muito diferente, guardadas as proporções do poder conferido ao inquilino eventual da máquina do Estado.

Na oposição, o jogo é oportunista, mas nele ressalta, sobretudo, a indiferença para com o que se passa para além das fronteiras dos partidos.

Tomemos o PSDB: com toda a experiência acumulada ao longo de oito anos de presidência da República, não foi capaz de dizer ao país por que é mesmo que pretende voltar ao poder.

Primeiro engalfinha-se numa disputa interna cada vez mais parecida com as que fizeram, e fazem, o infortúnio do PT. Depois parte para uma ação em tudo e por tudo incongruente com quem se pretende baluarte da democracia.

Juntam três capas-pretas do partido e determinam que ali, naquele ambiente de fidalguia e sapiência, será escolhido o encarregado de salvar a pátria das garras do petismo. Para "dar o recado" a respeito do predileto, marcam encontro em finíssimo restaurante dos jardins paulistanos, deixam-se fotografar na companhia de vinhos caros, riem muito, produzem duas ou três frases (são bons nisso) de culta ironia e talvez esperem, assim, criar identificação com a maioria do eleitorado, cuja decepção com o PT está em boa medida referida no alpinismo social deslumbrado revelado no trânsito da base ao topo da pirâmide.

Isso enquanto, do outro lado, o preterido no chique piquenique, a fim de não perder espaço dava-se a anedotas pueris.

Segundo o governador Geraldo Alckmin, homem até então saudado por composto e comedido, seu mote de campanha será "o Brasil vai crescer pra chuchu", vai ter emprego "pra chuchu" e, uma vez presidente, fará um governo que é um "chuchuzinho".

Há mais: sua convicção de que será o escolhido baseia-se no fato de ser médico e, por isto, ter "olho clínico".

Se a ideia é obter a credencial de candidato mostrando-se capaz de rivalizar com Lula no campo da piada infame e da metáfora tola, corre o risco de ver o eleitorado optar pelo produto original. Voltados para suas conveniências, partidos tratam eleitor com desdém e oportunismo.

21|3|2006

Impressão digital

Do ministro da Justiça, Márcio Thomaz Bastos, ao presidente demissionário do Supremo Tribunal Federal, Nelson Jobim, o governo reagiu em defesa do princípio geral da preservação do sigilo bancário e à agressão ao cidadão Francenildo Santos Costa, em particular, com 48 horas de atraso.

A história estourou no final da tarde de sexta-feira, mas suas excelências só se manifestaram a partir da noite de domingo, como se a brutalidade legal já não estivesse posta desde o primeiro momento. Preferiram, primeiro, ver se a ilação de que o caseiro fora pago para testemunhar a presença constante de Antônio Palocci na casa de *lobby* da república de Ribeirão Preto teria o efeito pretendido de, no mínimo, tornar Francenildo tão suspeito quanto Palocci.

Como o clima do fim de semana deixou bem claro que a tentativa de desmoralizar o caseiro foi, além de um fracasso, uma farsa com óbvia identificação de autoria, partiram para o segundo lance tentando dissociar o Planalto da uma trama devidamente exposta já na noite de sexta-feira.

Ficaram inicialmente calados no aguardo da repercussão, inesperadamente negativa dada a tendência ao conformismo que as pessoas têm exibido ante os mais variados absurdos cometidos seja por políticos que vão à Justiça contra atividades políticas, seja por partidos que preferem os tribunais aos votos como arma de disputa, por magistrados desprovidos de equilíbrio, imparcialidade e senso a respeito da própria condição, por instituições policiais e financeiras, como a PF e a Caixa Econômica Federal que, voluntária ou involuntariamente, se prestam a figurações em conluios de ilegalidades patrocinadas pelo Estado.

Agora, quando vai ficando evidente que a divulgação dos dados bancários da testemunha de acusação ao ministro Palocci teve origem na Polícia Federal, as cenas de indignação e apelos para investigação deverão se avolumar. Não demora, muito provavelmente aparecerá um culpado – de escalão inferior – para completar a simulação.

Nem mil palavras de protesto à vilania por parte de integrantes – ou meros simpatizantes – do governo serão capazes de vencer a lógica dos fatos que apontam para a responsabilidade oficial num ato lesivo à Constituição. Se o Palácio do Planalto pretende mesmo convencer alguém de que não tem nada a ver com isso, para ser minimamente veraz terá de fazer mais que acionar dois ou três porta-vozes na defesa formal do estado de direito. Um ministro da Justiça dizer que a quebra de sigilo do caseiro é grave e precisa ser apurada é ação de chuva caindo no molhado.

O ministro Thomaz Bastos e o presidente da República repetiram não uma nem duas, mas inúmeras vezes, que os escândalos Waldomiro Diniz e do mensalão (para citar apenas dois) eram graves e precisavam ser apurados. Investigados a fundo, "doa a quem doer".

O primeiro até agora não teve uma conclusão, seu protagonista exonerado "a pedido" anda à solta sem nenhuma punição, e o segundo entrou no rol daqueles acontecimentos que na versão oficial simplesmente "não aconteceram". De denúncia passível de investigação profunda passou a intriga da oposição e deu-se por aí encerrado o assunto.

Se a repulsa governista à quebra do sigilo do caseiro traduz sinceridade e não é uma estratégia de advogado para contornar o constrangimento, isso só se comprovará mediante ações objetivas e rápidas para esclarecer o trajeto das informações bancárias de Francenildo Costa desde o momento em que ele as repassou à Polícia Federal.

Até lá, prevalecerá a evidência da montagem de um canhestro ardil, altamente desabonador para todas as biografias envolvidas, a respeito do qual se pode destacar ao menos um ponto positivo: permitiu que o discernimento geral fosse posto à prova e servisse de exemplo aos partidos, de governo e oposição, que estiverem pensando em adotar tais artimanhas na artilharia eleitoral.

Barreira

O PSDB está animado com a possibilidade de votar ainda este ano uma emenda acabando com o instituto da reeleição, inventado em 1996 pelo partido, agora se vê, apenas para proporcionar ao então presidente Fernando Henrique Cardoso mais quatro anos de mandato.

Mas, no que depender da opinião e da ação do presidente da Câmara, Aldo Rebelo, a emenda não tem a menor chance de prosperar. Ele expõe sua posição com clareza: "Não há nada que comprove que a reeleição não deu certo. Se ela exibe deformações, e são visíveis, é preciso enfrentá-las, corrigi-las e não simplesmente revogar a lei".

O presidente da Câmara aponta que a solução do dito pelo não dito soa mais inadequada ainda por ser uma iniciativa de quem "removeu montanhas" para aprovar a reeleição. Os tucanos, indiferentes ao flagrante atentado à coerência e dispostos a prestar essa homenagem ao casuísmo, fecharam seus acordos internos em torno da candidatura Alckmin dando como certa a aprovação, ainda neste primeiro semestre, do fim da reeleição.

7 | 6 | 2006

A consagração da ilegalidade

Primeiro, eles invadiram terras improdutivas, invocando o preceito constitucional da desapropriação; em seguida passaram a invadir terras produtivas, invocando o direito à reforma agrária; depois as invasões atingiram prédios públicos a pretexto de exercer pressão em defesa do atendimento de suas reivindicações; mais recentemente, invadiram laboratórios de pesquisa a título de protesto contra as multinacionais e nada se fez, pouco se falou, nenhuma providência se tomou.

Todos os atos de vandalismo foram sempre muito naturalmente absorvidos como manifestações de movimentos sociais em busca de seus direitos com os instrumentos ao alcance de suas mãos.

Comissões de invasores foram recebidas por autoridades, sendo a mais alta delas o presidente da República, verbas públicas continuam sustentando a agremiação original que passou a se reproduzir em outras igualmente desprovidas de identidade jurídica como a associação-mãe, o Movimento dos Trabalhadores Rurais Sem-Terra, o MST.

Agora, a delinquência protegida sob o guarda-chuva do movimentos dos sem-terra e suas variantes invade as dependências de um dos três Poderes da República, a nação leva um susto, mas já quase ninguém tem autoridade para reagir à altura. A pergunta é: o que fazer?

É a consagração do vandalismo, de cujas ações não estão imunes nenhum dos outros dois Poderes nem mesmo nenhum cidadão brasileiro, seja ele proprietário de um lote, um quarto, uma mercearia ou uma mansão.

É a glorificação da ausência de autoridade que tanto se acovarda diante do crime organizado quanto se dobra à corrupção e às ilicitudes eleitorais e aceita de bom grado a convivência com o ilícito, de infratores da lei que mascaram seus crimes dando a eles um caráter político-social.

Em relação a traficantes e corruptos, ainda se diga que a inépcia do poder público é fruto de um misto de incompetência e conivência.

No caso dos sem-terra – e aqui não vale separar a entidade-mãe de seus filhotes, pois estes só existem em função do beneplácito com que se trata aquela –, o que há é a exaltação e o patrocínio de suas atividades por parte dos governos.

Em sua primeira gestão, Fernando Henrique Cardoso foi refém do apoio social ao MST expresso nas pesquisas e instituiu a lógica do financiamento público às tropas de invasão permanente.

No segundo mandato, percebeu que se tornara vítima da própria covardia e esboçou reação ao editar uma medida provisória excluindo da reforma agrária as terras invadidas e seus invasores. O resultado foi a queda expressiva das chamadas ocupações.

De lá para cá, o processo de inverteu. As invasões não apenas cresceram em ritmo de progressão geométrica, como foram diversificadas em atos muito mais ousados, cuja culminância foi ontem a invasão da Câmara.

A origem do retrocesso está na visão equivocada do governo Luiz Inácio da Silva, defendida pelo então ministro da reforma agrária, Miguel Rossetto, que decidiu ignorar aquela MP sob o argumento de que representava o "autoritarismo de Estado" ao qual o PT não se associaria.

Ali, Lula deu a senha. Se o governo optava por atuar na ilegalidade – a escolha não foi lutar no Congresso pela revogação da MP, mas simplesmente por ignorar uma lei em vigor (até hoje) –, automaticamente autorizava quem quisesse infringir qualquer outra legislação a fazê-lo.

Justiça se faça ao governo: contou nessa decisão com a conivência geral, não foi jamais contestado de forma definitiva. À exceção de manifestações aqui e ali de protesto no Congresso, as instituições não se deram ao trabalho de dar ouvidos aos produtores rurais, os mais diretamente ameaçados pelos vândalos, que há tempos vêm alertando para o perigo que eles representam ao estado de direito.

Ontem as primeiras reações no Congresso encerraram alguns equívocos. O mais grave, as manifestações de oposicionistas alegando "erro de endereço" por parte dos invasores que, segundo eles, deveriam se dirigir ao Palácio do Planalto, quando o único destino aceitável seria a cadeia.

O outro equívoco foi a interpretação de alguns de que a invasão foi resultado do processo de desgaste do Congresso, quando o problema não está no alvo, mas na autoria e na aceitação anterior de seus autores como atores legítimos do jogo democrático da reivindicação.

Esse tipo de reação de certa forma justifica a invasão e dá a ela um caráter político.

Por fim, houve o equívoco do aproveitamento do episódio na batalha eleitoral. É certo que nunca se viu nada parecido com a invasão de um Poder.

Mas é verdade que nenhum partido, de governo ou de oposição, jamais deu às repetidas ousadias dos movimentos sem-terra a devida dimensão de gravíssima agressão à Constituição.

Embora a responsabilidade primeira seja de quem defende a suposta motivação social de ilegalidades, o basta às invasões não ocorrerá em função da troca de acusações partidárias.

Estas são pífias diante da urgência de reconhecer que o MST virou uma organização criminosa, cujo objetivo é solapar o princípio democrático do respeito à lei.

25|8|2006

Os bobos da Corte

Os artistas que agora levantam a bandeira do descaso à ética para justificar seu apoio à candidatura do presidente Luiz Inácio da Silva à reeleição não fazem bem a si nem ao candidato que defendem, e fazem muito mal ao país, pois emprestam sua popularidade ao mau combate.

Lançam diatribes aos políticos, associam-se às justas críticas ao Congresso, mas, tangidos pela pressa de justificar suas posições sem se dar ao trabalho de encontrar argumentos consistentes, não percebem que estão para a classe artística assim como mensaleiros e sanguessugas estão para a classe política. O festim que reuniu nesta semana em torno do presidente Lula atores, produtores, cineastas e músicos não poderia ter resultado mais diabólico.

Um verdadeiro espetáculo de equívocos, a começar da convocação do ator José de Abreu aos presentes para uma saudação a gente denunciada pelo procurador-geral da República como integrantes de uma "organização criminosa", passando pelo lançamento do lema "política só se faz com mãos sujas", de autoria do ator Paulo Betti, tendo como ponto alto a declaração do músico Wagner Tiso de condenação aos indignados com os escândalos.

"Não estou preocupado com a ética do PT, ou com qualquer tipo de ética", disse Wagner Tiso, informando ao respeitável público que só está preocupado "com o jogo do poder".

O festival de alienação, irresponsabilidade social e analfabetismo político teve sua culminância no dia seguinte, quando o produtor Luiz Carlos Barreto rasgou de vez a fantasia: "Se o fim é nobre, os fins justificam os meios", afirmou. Para ele, "inaceitável é roubar". E acrescentou: "Mensalão não é roubo, é jogo político". Ao senhor Barreto parece não ter ocorrido que o dinheiro do mensalão não brotou em árvores; saiu de empresas estatais – algumas das quais lhes financiam os filmes – ou de bolsos privados em troca dos serviços prestados por tráfico de influência no serviço público. É roubo, portanto.

E, ainda que não fosse, é corrupção, é desvio moral, é dissolução de costumes, é agressão ao preceito constitucional da probidade e da impessoalidade no serviço público, é a negação de princípios indispensáveis às sociedades democráticas e civilizadas.

Se são essas as companhias com as quais o presidente da República pretende se apresentar ao setor cultural, pobres dos artistas, pois já tiveram como porta-vozes gente de convicções mais altivas.

Cabe apontar que muitos dos que estiveram com o presidente no inacreditável encontro condenaram as opiniões dos colegas. Estavam ali de maneira legítima, emprestando apoio ao candidato que consideram o mais adequado para presidir o país e com o qual têm afinidades políticas.

Um exemplo foi o ator Tonico Pereira. "Não achei legal o que eles disseram. Se você não pensar nisso (a defesa da ética como valor de conduta) como possibilidade, então é melhor desistir, eu persigo a ética na política".

A convicção de Paulo Betti sobre o imperativo das mãos sujas como prática aceitável, bem como a defesa do vale-tudo em nome da causa nobre feita por Luiz Carlos Barreto ou a preocupação exclusiva com o "jogo do poder" manifestada por Wagner Tiso mostram total menosprezo pelos esforços de aprimoramento nos quais se engaja a verdadeira vanguarda cultural, social e política do Brasil e avalizam toda sorte de mazelas que infelicitam e atrasam o país.

Além de corroborarem a suspeita de que para certo tipo de gente ética só é boa como marketing eleitoral.

A classe artística está, agora, em situação semelhante à da banda saudável da política: obrigada a reagir se não quiser se confundir.

O problema se apresenta mais grave aos partidários de Lula que o apoiam não porque mandam às favas a moralidade, mas porque concordam com ele, consideram-no o melhor candidato, avaliam positivamente seu primeiro mandato e o veem como capaz de fazer um bom segundo governo.

Oásis

A decisão do Tribunal Regional Eleitoral do Rio de Janeiro de avançar para além da jurisprudência de aceitar todo e qualquer tipo de registro de candidatos processados antes da condenação final é sinal de que nem tudo está perdido.

Enquanto artistas – tradicionalmente um grupo de vanguarda – defendem o atraso e levantam a bandeira do menosprezo à ética, a Justiça Eleitoral vai assumindo a dianteira no processo de depuração.

Falta, no caso das impugnações de candidaturas, a confirmação pelo Tribunal Superior Eleitoral. Ontem, o presidente do TSE, Marco Aurélio Mello, já adiantou de certa forma que a tendência é o tribunal negar os recursos.

Foi ele, na verdade, a fonte de inspiração para as decisões dos juízes regionais. Em palestras feitas nos tribunais locais, o ministro Marco Aurélio transmitiu a eles a impressão de que poderiam seguir o rumo do rigor, pois suas sentenças teriam abrigo na instância superior.

21 | 9 | 2006

A quem interessa

Se o presidente Luiz Inácio da Silva sabia ou deixava de saber que um assessor direto e de sua inteira confiança, o presidente de seu partido e coordenador-geral da campanha eleitoral, o marido de sua secretária particular e responsável por uma parte de seu programa de governo e o encarregado de uma das áreas ("mídia e risco") de sua campanha e piloto preferencial da churrasqueira da Granja do Torto estavam envolvidos na montagem e negociação da publicação de um dossiê contra seus principais adversários políticos, admitamos: é difícil de precisar sem que reste sombra de dúvida.

Nessa altura e gravidade dos acontecimentos, a comprovação da ciência prévia do presidente não altera os fatos, a não ser que o próprio Lula repudiasse a desconfiança de que não controla os seus e pudesse rechaçar inquestionavelmente as evidências. Estacionar nesse ponto é, portanto, perda de tempo e foco.

Como de resto é ocioso especular sobre a hipótese de o

caso mexer com a vontade do eleitor, pois isso só será possível saber mediante a exposição dessa vontade, seja por meio das próximas pesquisas, seja pelo resultado das urnas daqui a poucos dias.

O que não deixa dúvidas, porém, é o objetivo da trama, cuja contestação pueril vem sendo a principal arma de defesa do governo. Simulando inépcia mental, quando na realidade são muito sagazes, os governistas e o próprio presidente invocam a dianteira nas pesquisas como "prova" de que não interessaria a ninguém na campanha presidencial provocar ocorrências que pudessem render prejuízos, muito menos em função de uma eleição considerada perdida – a do governo de São Paulo.

Nesta argumentação, esquece-se propositadamente do elementar: a urdidura não tinha por finalidade o desastre. A meta era o bom resultado, a criação de um fato eleitoral para lançar suspeição e levar a desmoralização – se não fosse possível a derrota – ao campo inimigo.

Nada foi feito com o intuito de criar problemas para o candidato à reeleição presidencial. O problema veio como consequência dos erros de operação, sendo o mais primário deles a abertura de negociações via telefone com os empresários Vedoin, obviamente vigiados pela Polícia Federal por gozarem de liberdade condicionada ao instituto da delação premiada.

A polícia, quando prendeu Luiz Antônio Vedoin, não estava atrás de nenhuma denúncia a respeito de armações eleitorais. Prendeu porque detectou, por intermédio das escutas, que ele estava negociando a venda do crédito adquirido como principal informante na produção de provas em investigação do Ministério Público e que permitiu à CPI dos Sanguessugas pedir abertura de processos de quebra de decoro contra 70 parlamentares.

A partir da entrada em cena de gente ligada ao PT é que a PF deixa de lado a conduta "republicana" e opta por não flagrar Vedoin no ato da venda do dossiê e o prende antes de viajar para encontrar em São Paulo os candidatos a compradores. Estes são pegos separadamente, impossibilitando que se produza a prova cabal do crime.

Mesmo com todos esses cuidados, o fio das ligações perigosas com o PT e o Palácio do Planalto foi sendo desenrolado. Aí é que surgiram as dificuldades não previstas naquele que tinha, na visão de seus arquitetos, tudo para ser perfeito: atingiria o adversário, celebraria o trabalho "republicano" da PF e permitiria ao presidente dar uma demonstração de grandeza ao repudiar o denuncismo como prática de combate eleitoral.

E por que se preocupar com a eleição de São Paulo já que a reeleição estava assegurada? Justamente porque estava garantida.

O primeiro movimento, a renovação do mandato de Lula, completara-se. Era, então, hora de fazer o segundo movimento, este mirando o futuro. Depois da arena nacional, São Paulo é o campo de batalha mais importante para petistas e tucanos.

Em 2004, a vitória de José Serra para a Prefeitura de São Paulo foi péssima para o PT e revigorou as energias políticas do PSDB, exauridas na derrota presidencial dois anos antes.

Da mesma forma que na época os tucanos convocaram seu quadro mais bem posicionado eleitoralmente e contra a vontade dele o convenceram a enfrentar a petista Marta Suplicy, por entendimento de que aquela seria uma luta crucial, não faria lógica o PT aceitar gentil e mansamente a eleição de um adversário tão perigoso e envolto no clima de reconhecimento generalizado de que teria sido um oponente presidencial mais credenciado que Geraldo Alckmin. Na ótica da disputa política e tendo em vista o campo em que se dava a batalha, fazia todo o sentido tentar atingi-lo. Serra estava bem demais na cena.

Qualquer tentativa para tirar São Paulo das mãos dos inimigos seria válida.

O prêmio valia o risco. Mesmo não impondo a derrota a Serra, desmoralizar aquele que, se eleito governador de São Paulo, terá uma força política enorme como opositor, é combatente irascível (diferente de Aécio Neves) e obstinado candidato à presidência em 2010, convenhamos, é motivo de sobra. A trama não era para causar transtorno a Lula; só causou porque deu tudo errado.

14 | 10 | 2006

A primeira vítima

Abstraindo-se os fatos e os princípios, é possível reconhecer mérito na campanha do presidente Luiz Inácio da Silva nesta etapa final.

Eleitoralmente competente, a estratégia do PT de aliar o uso da máquina pública com a retomada do discurso da época em que ainda era oposição pode explicar a boa posição de Lula nas pesquisas: não só manteve como ampliou dianteira do primeiro turno.

Embora o custo do abandono de qualquer regra razoável de conduta e do menosprezo ao discernimento alheio possa vir a ser alto, criando ambiente de alto risco para um passo em falso ou um erro fatal, o medo maior nessa altura parece ser o da perda do poder. Em nome de sua manutenção, portanto, vale o perigo.

O PSDB ainda se inebriava com a própria façanha da passagem para o segundo turno e da emersão, afinal, de um Geraldo Alckmin incisivo, e o PT já saía do atordoamento inicial pelos mesmos motivos, reorganizando a tropa, unificando o discurso, caminhando ao pote com sede de anteontem na posse de um formidável arsenal de truques.

O mais poderoso deles, a retirada do arquivo dos ataques às privatizações com as quais o governo Lula conviveu quatro anos sem nenhum problema e a respeito das quais não ocorreu ao candidato fazer nenhuma crítica na primeira fase da campanha, quando imaginava ganhar sem fazer grande esforço.

Constatada a necessidade do uso de armamento mais pesado, assassinou-se a vítima primordial de qualquer guerra: a verdade.

Lula não pensa, como disse em entrevista ao jornal *O Globo*, que tenha sido mau negócio a venda da Vale do Rio Doce e a privatização da telefonia que reduziu de R$ 10 mil a praticamente zero o custo de uma linha fixa, popularizou os telefones celulares e, de quebra, extinguiu boa quantidade de sinecuras de uso político em detrimento da eficiência do serviço de comunicação.

Se pensa, escondeu isso do país nos últimos quatro anos.

Lula não imagina que seja mesmo o responsável pelo fim da inflação e da estabilização da moeda, como disse no horário eleitoral dos primeiros dois dias. Se imagina, convém lembrá-lo de que o Plano Real é de autoria de seu antecessor e que o PT o combateu duramente qualificando-o como "meramente eleitoral".

O próprio PSDB poderia se encarregar de fazer isso se não tivesse tanta resistência de enfrentar o adversário no campo do passado e se as idiossincrasias tucanas não impedissem o partido de defender a si e aos seus integrantes em eterna disputa uns com os outros.

Lula não acredita que tenha mesmo recebido um "sim" no

dia 1.º de outubro dos eleitores de São Paulo e do Rio Grande do Sul, conforme informação veiculada também em seu programa eleitoral. Se acredita, deixaria de acreditar se consultasse os resultados oficiais do Tribunal Superior Eleitoral e constatar: perdeu de 54% a 36% em São Paulo e de 55% a 33% no Rio Grande do Sul.

Impossível também que em sã consciência jure sobre a Bíblia que se empenha em "unir" a nação e combater a corrupção, simplesmente porque não é verdade, os fatos o desmentem e a mentira, ensinam os mais velhos, tem perna curta.

Caso pensado

A condenação do presidente ao boletim de sua campanha falando mal de Lu e Sofia Alckmin cumpriu dois objetivos: falar mal da mulher e da filha do adversário porque uma trabalhou na Daslu e a outra não conseguiu explicar a contento o que fez com vestidos que ganhou de um estilista, e dar a Lula chance de produzir um fato ético.

Alvo

Poucos dias antes de petistas começarem a difundir publicamente a suspeita de que o dossiê Vedoin seria uma armadilha arquitetada pelo PSDB para complicar o PT, a história já circulava na informalidade das conversas com jornalistas.

Se o roteiro for seguido à risca, em breve começarão a assumir de público o que já dizem em particular, acusando o procurador Mário Lúcio Avelar de ter instruído Luiz Antônio Vedoin – mediante promessas de benefícios judiciais – a procurar a central petista de dossiês para atrair "os meninos" à arapuca.

Nessa versão, Gedimar e Valdebran – os portadores do dinheiro para a compra do material – teriam sido "plantados" no hotel em São Paulo para serem pegos pela Polícia Federal. Os autores da tese, entretanto, ainda não encontraram uma solução para encaixar a dinheirama na trama.

Carapuça

No estresse da véspera do primeiro turno, o presidente Lula estava particularmente sensível a manifestações críticas, ainda que não necessariamente dirigidas a ele.

Quando o presidente do Tribunal Superior Eleitoral, Marco Aurélio Mello, apareceu na televisão conclamando o eleitor a não votar em ninguém a quem não pudesse entregar a chave da própria casa, Lula exasperou-se: "É para mim, é para mim!", comentou na frente de correligionários.

E, no caso, não era. O ministro Marco Aurélio referia-se sobretudo aos cuidados relativos à representação no Congresso. Lula agora acabou com a inflação, ganhou em São Paulo e combate a corrupção.

15 | 11 | 2006

Desvio de função

No lugar de se prestar a ser usado de novo por Hugo Chávez, desta vez como cabo eleitoral, o presidente Lula faria um bem à sua biografia e ao destino do segundo mandato se se dedicasse a entender o que se passa de fato no sistema de tráfego aéreo a fim de fornecer à população a explicação – e, se possível uma solução – que nem a Aeronáutica nem o Ministério da Defesa conseguem dar para os constantes, e pelo visto perenes, atrasos de voos nos aeroportos dos quais tanto se orgulha.

Se o presidente ainda não percebeu, não se trata de um assunto atinente às necessidades das "elites". São negócios adiados, tarefas não cumpridas, urgências canceladas, o turismo prejudicado, milhões de pessoas na condição de verdadeiros reféns de uma crise envolta em mistérios sobre os quais o governo federal não demonstra empenho em lançar luz.

Lula age como se não fosse com ele, como se o assunto não guardasse relação com a gestão governamental, como se o transporte aéreo não fosse uma questão de Estado e de segurança nacional num país das dimensões do Brasil.

As justificativas apresentadas até agora são mais que insuficientes, configuram-se pueris. Por exemplo: se, como diz a Aeronáutica, o problema é de falta de pessoal e de aumento do tráfego aéreo, por que os voos saíam no horário até 20 dias atrás? O que houve nesse período?

Se a obediência estrita às normas de segurança provoca tal desorganização no serviço é sinal óbvio do, até então, estado permanente de insegurança dos voos. Sob o gentil patrocínio do poder público.

Com seu destino político resolvido, na primeira etapa da crise, o presidente fez uma reunião, exigiu providências e foi à praia de Aerolula, enquanto milhares se estressavam em aeroportos para viajar no feriado de Finados.

Na segunda, Lula estava no palanque de Chávez esbravejando contra a "incompreensão e o preconceito" sofridos por ele por parte da imprensa, dos banqueiros, do empresariado e de ex-governantes, no intuito de desenhar identificação e proximidade com seu candidato à eleição presidencial da Venezuela. Candidato a um terceiro mandato, diga-se.

O presidente Lula faria um bem à sua biografia e ao destino de seu segundo mandato – que ficará para o registro da história – se descesse dos palanques, nacionais e internacionais, e dedicasse tempo e atenção ao cotidiano dos brasileiros. De todos, mas principalmente daqueles que o reelegeram acreditando na mistificação publicitária segundo a qual os problemas do Brasil serão todos resolvidos se a oposição deixar o homem trabalhar.

Ao trabalho, portanto.

Recuo estratégico

Podem ter "n" motivos os pedidos de demissão de Luiz Gushiken e Gilberto Carvalho, menos o alegado por ambos: que saem para abrir espaço à "renovação" da equipe e permitir a integração de novos aliados ao ministério. Houve quem interpretasse os gestos como uma "senha" aos petistas no governo, para que também pedissem demissão, de modo a deixar o presidente à vontade para fazer mudanças. Além de ingênua, essa leitura bate de frente com o fato: nenhum dos dois cargos está na roda das tratativas com os partidos.

Gilberto Carvalho é secretário particular, lugar não aberto às negociações políticas. E o posto de Luiz Gushiken, chefe do Núcleo de Assuntos Estratégicos, não teve outra utilidade a não ser abrigar Gushiken no Palácio do Planalto quando ele precisou deixar a Secretaria de Comunicação de Governo por causa do escândalo do mensalão, que viria a lhe render as acusações de corrupção ativa e tráfico de influência na denúncia do procurador-geral da República ao Supremo Tribunal Federal.

Carvalho é personagem de duas outras complicações: foi citado pelos irmãos de Celso Daniel como conhecedor dos negócios de corrupção que levaram ao assassinato do então prefeito de Santo André, em janeiro de 2002, e trocou telefonemas com Jorge Lorenzetti, coordenador da operação dossiê, no dia da prisão dos petistas encarregados de comprar e divulgar material contra os tucanos.

O presidente Lula não pode se precaver 100% contra novos escândalos, mas pode tomar medidas preventivas para evitar que os velhos lhe criem mais problemas por conta da proximidade de seus protagonistas.

Outras paragens

Indicado pelo PT para uma vaga no Tribunal de Contas da União, Paulo Delgado, deputado federal não reeleito e uma cabeça de reconhecidas e enaltecidas qualidades principalmente fora do PT, não precisa aceitar se não quiser.

A história ainda corre em segredo de política, mas há um governador de Estado extremamente interessado em comprar o passe de Delgado, a quem gostaria de ver como integrante de seu secretariado.

O problema é o efeito que o convite provocaria na seara governista, porque implicaria, em princípio, mudança de filiação partidária.

A menos que a "concertação" proposta por Lula inclua a liberação de petistas para fazer parte de governos de partidos de oposição.

8 | 12 | 2006

Só a política comove

A resistência do presidente Luiz Inácio da Silva a enfrentar de público a crise no sistema de transporte aéreo tem uma explicação e é política: mantendo-se na retaguarda, Lula e seus conselheiros acreditam poder evitar dano à imagem pessoal do presidente, o grande – talvez o único – sustentáculo da sua reeleição.

É uma opção tão ousada quanto arriscada. Deu certo nas sucessivas crises políticas resultantes de denúncias de corrupção, mas pode não dar certo agora que o caso atinge direta e objetivamente o cotidiano das pessoas, os negócios do país.

Lula não tem saída: é o presidente, chefe da nação, e, por mais que se atribua o caos nos aeroportos à responsabilidade da Aeronáutica, à leniência do ministro da Defesa, ao despreparo das companhias aéreas, trata-se de um problema de gerência em que o responsável último é o administrador-mor. Foi eleito para isso, para administrar, tocar o dia a dia do país, preservar a segurança, assegurar o bem-estar, guardar as garantias e os direitos dos cidadãos.

Ele pode até manter o silêncio, levar as coisas como tem feito até agora, na base da manipulação publicitária, da divulgação de versões de que está "irritadíssimo" com a situação, mas não conseguirá com isso se livrar do problema e evitar o tão temido desgaste político.

Não há eleições em jogo, que é o que ao fim e ao cabo interessa aos locatários do poder como prioridade zero, mas há o julgamento da História e, antes disso, quatro anos de governo para o presidente mostrar serviço.

Serviço este que, apesar de toda a propaganda do "nunca antes neste país", no primeiro período resumiu-se ao incremento do assistencialismo elevado ao *status* de projeto de nação. Ou alguém é capaz de citar uma realização que não seja a junção dos programas anteriores de distribuição de benefícios primários no Bolsa-Família?

A preocupação do Palácio do Planalto com a crise no setor aéreo só se fez presente quanto se evidenciou o risco do malefício de natureza política. Até então, nada foi feito, pouco foi falado, coisa alguma foi esclarecida, no pressuposto de que tudo se resolveria por obra e graça da sorte presidencial. Lula está mal acostumado.

A "blindagem" foi bem-sucedida em todas as outras ocasiões e, baseados nesse sucesso, os conselheiros presidenciais, além do próprio, consideraram por bem adotar a mesma prática.

Só que, desta fez, a conta está equivocada: se Lula não sair da toca, se continuar se escondendo das questões mais complicadas, as coisas podem, e vão, ficar piores. Esse tipo de tática pode ser boa para ganhar eleição, mas não serve para governar, ainda mais quando há tanto tempo pela frente. Ou o presidente acredita que é possível amoldar a realidade às suas conveniências políticas por quatro longos anos, agora que não parte mais do patamar de 83% de popularidade registrado em janeiro de 2003?

O governo reage às tontas, nomeia um gabinete de crise sem ter um plano de contingência para ser executado por ele e, quando fala, não diz coisa com coisa. Isso ocorre por pura incapacidade de agir administrativamente e pela ilusão de que a política, sozinha, é capaz de tudo mover. Mas quando sobra teatro e falta competência, nem na política se obtêm bons resultados.

Prova é a derrota do governo no primeiro embate de sua nova base no Congresso, na escolha do indicado do Parlamento para uma vaga no Tribunal de Contas da União. O governo conseguiu perder unido, com um só candidato, e a oposição ganhou dividida. Com vários nomes na disputa, emplacou um deputado não reeleito do PFL.

Se não tomar uma providência efetiva, se não vestir o figurino da responsabilidade presidencial e continuar achando que governa com truques de aparência, o presidente Lula, que teve o primeiro mandato marcado pelos escândalos de corrupção, caminha para tomar posse no segundo já sob a marca da inoperância, da qual terá muito trabalho para se livrar a tempo de entrar pela porta da frente da História.

À matroca

A cada explicação dada pelas autoridades, mais obscuras parecem as verdadeiras razões da crise nos aeroportos e mais desprotegidos, desrespeitados e desassistidos ficam os cidadãos. Agora o ministro Waldir Pires disse que faltou suporte técnico no Cindacta-1 para sanar a pane no sistema de comunicação.

Segundo ele, "por sorte" um técnico francês estava em Manaus e viajou a Brasília para resolver o defeito.

No outro pico da crise, semanas atrás, a justificativa foi a de que dois controladores ficaram doentes em Brasília, faltaram ao trabalho e todo o sistema foi afetado.

Sejamos francos: nada disso é verdade. Se fosse, seríamos obrigados a concluir que o sistema aéreo brasileiro, tido e havido como um dos mais seguros e avançados do mundo, de repente se transformou numa arapuca de quinta categoria, sem assistência técnica nem reserva de pessoal.

Como até há dois meses funcionava, os aviões de carreira estão no chão, mas a mentira está no ar.

2|1|2007

Bela forma de frágil conteúdo

Muito mais bem escrito, bem mais longo e pretensioso, em termos de intenções, que o pronunciamento feito em 2003, no Congresso Nacional, o discurso de posse renovada do presidente Luiz Inácio da Silva deixou a desejar no quesito conteúdo.

Foi bem apresentado na forma, mas insuficiente para quem pretendia ler nas suas linhas e entrelinhas um roteiro claro das ações de governo para os próximos quatro anos.

Frases entraram e saíram ao longo das 13 páginas e, no final das contas, pouco se soube de objetivo além do que já se sabia e de uma nova sigla com a qual conviveremos nos meses a seguir: PAC (de pacote econômico), significando Programa de Aceleração do Crescimento. Como de hábito, a marca publicitária se sobrepõe às ações concretas e saiu com a antecedência necessária de forma a constar como a marca forte do discurso, assim como foi a marca "Fome Zero" quatro anos atrás.

O presidente não se comprometeu com detalhe de nenhum tipo, começando por oficializar o abandono da meta dos 5% de crescimento econômico para 2007.

Preferiu as frases genéricas, desprovidas de substância objetiva. Tais como: "É preciso desatar alguns nós para que o país possa usar a força que tem e avançar com toda velocidade";"O Brasil quer, num só movimento, resolver as pendências do passado e ser contemporâneo do futuro"; "Temos de construir consensos que não eliminem nossas diferenças nem apaguem os conflitos próprios das sociedades democráticas"; "Governar para todos é o meu caminho, mas defender os interesses dos mais pobres é o que nos guia nessa caminhada"; "É tempo do nascimento de um novo humanismo, fundado nos valores universais da democracia, da tolerância e da solidariedade". Todo o discurso foi assim, permeado por frases de boa forma, mas de frágil conteúdo.

Em alguns trechos, francamente fantasioso, como quando, ao se referir à política externa, Lula a qualifica de "motivo de orgulho" por causa dos "excelentes resultados que trouxe para a nação", quando a realidade registrou sucessivas derrotas em disputas em organismos internacionais e resultados inexistentes em missões como a força de paz no Haiti.

Os escribas do discurso do presidente foram pródigos no manejo dos adjetivos e avaros no trato dos substantivos.

Diferentemente do que fez em 2003, quando fez profissão de fé em defesa das reformas política, trabalhista, tributária e previdenciária, Lula agora limitou-se a defender com veemência a tributária – na direção da qual o governo federal não deu um passo para arbitrar os conflitos de interesse que a paralisam – e a dizer que a política é "prioritária".

A continuação das reformas da Previdência e a revisão da legislação trabalhista ficarão para o sucessor. O presidente falou muito em "medidas" para incentivar o crescimento, reduzir burocracia, aperfeiçoar leis, mas suas abordagens não passaram do enunciado dos problemas.

A respeito de como resolvê-los, nenhuma referência. A única escolha clara posta no discurso pelo presidente foi a opção preferencial pelos pobres.

Ainda assim, houve superficialidade no trato do tema.

Por exemplo, não deu para perceber como o programa Bolsa-Família será a "peça-chave do próprio desenvolvimento estratégico do país".

Bem como na política não foi possível alcançar o significado concreto das palavras do presidente a respeito da proposta de fortalecimento de "um espaço público capaz de gerar novos direitos e produzir uma cidadania ativa". Pelo discurso, depreende-se que o governo pretende incentivar a democracia participativa – "Nossas instituições têm de ser mais permeáveis à voz das ruas" –, mas nada é dito sobre a forma de fazê-lo. Seria patrocinando a convocação de plebiscitos, ou referendos? A questão fica no ar.

Assim como carece de maior explicação a ressalva que o presidente fez no compromisso com a responsabilidade fiscal. "Mas", excetuou ele, "é preciso combinar essa responsabilidade com mudança de postura e ousadia na criação de novas oportunidades para o país."

"Mudança de postura", "ousadia", significam o quê, gastança? Tal como o discurso todo, podem ter "n" significados. Inclusive nenhum, sendo apenas um ajuntamento de palavras ótimas das quais nada se extrai.

Ponte aérea

No discurso de improviso no Palácio do Planalto, o presidente conseguiu, como nunca havia feito, transmitir a adequada indignação com ações do crime organizado, ao qualificar de "terrorismo" os ataques ocorridos no Rio de Janeiro pouco antes do fim do ano.

Só soou desproporcional sua reação em relação a fatos de natureza ainda mais grave acontecidos em São Paulo por semanas a fio durante a campanha eleitoral. Lá, a atitude presidencial foi bastante mais amena com a criminalidade e mais rigorosa com o adversário, ex-governador, responsável pela segurança pública do Estado.

15 | 2 | 2007

O motor da emoção

Se o Brasil fosse um país racional, os apelos dos presidentes da República, do Supremo Tribunal e da Câmara para que não se discuta violência e criminalidade em momentos de grande comoção seriam muito adequados. Um debate racional sempre tem mais chances de alcançar melhores resultados que uma discussão emocional.

O problema é que o Brasil é um país quase que só movido a sensações. Na política prova disso são os critérios do eleitorado para a escolha dos governantes executivos e representantes legislativos, muito raramente baseados na competência. Os atributos de "carisma", identificação pessoal e capacidade de tocar os corações preponderam sobre a racionalidade no exame das características de eficiência, caráter e conduta do candidato.

A suscetibilidade a emoções também domina o cotidiano, notadamente em relação ao tema que mais nos infelicita, a segurança pública. Diante do descalabro, todas as indignações explodem para, quando arrefecidas pelo tempo, repousarem na mais completa indiferença até que o horror desperte de novo a revolta e, com ela, o sentimento da providência urgente.

Não convém, portanto, desperdiçar esse sentido de urgência. Por mais que possa estar misturado ao desespero, nunca será tão maléfico quanto a paralisia, hoje mais próxima da catatonia.

A moderação é boa, e, em autoridades, indispensável. Mas nesta altura dos acontecimentos e ante a repetição do mesmo roteiro de altos de baixos e da falta de uma posição veemente e ativa do aparelho de Estado, soa como uma espécie de rendição à fatalidade.

Aos criminosos nada mais confortável que o lado da legalidade invocar os preceitos da moderação. Eles não são moderados nem tampouco racionais. São tratados com toda a cortesia pelo lado de cá, que não pode quebrar o compromisso com a legalidade, mas também não pode continuar renovando eternamente o contrato legal feito em cenário menos selvagem.

Não se trata de responder com selvageria igual, mas de uma defesa mais contundente da sociedade legal, de fazer prevalecer a lei do mais forte. Não nos termos da selva. Nas condições da civilidade que, para isso, precisa estar na posse de toda sua energia – por que não? – emocional.

É ela que manterá acesa a mobilização popular, único motor eficaz para impulsionar o poder público, cuja tendência, quando não há cobrança e pressão, é de se acomodar em suas questões internas em detrimento do interesse externo.

Discute-se no governo, no Congresso e na imprensa quem será o novo ministro da Justiça, mas não se fala sobre o essencial: qual é mesmo o pensamento da administração pública federal a respeito do que fazer? É a redução da maioridade penal? É a construção de presídios? É a limpeza das polícias? É o endurecimento da lei? É a violência de Estado?

Talvez tudo junto e mais a consciência de que o desrespeito (seja pequeno ou grande) à lei não pode continuar a ser um valor social e culturalmente aceito, e de que os problemas difíceis de resolver ficam cada vez mais graves e insolúveis quando varridos para debaixo do tapete da indiferença.

Indiferença, esta, aliás, atrás da qual a cada dia menos temos oportunidade de nos esconder. Não por vontade, mas pela imposição dos fatos.

Como ponderou o deputado Fernando Gabeira com precisão, a propósito dos chamados à moderação, assim que a hediondez da morte do pequeno João Hélio provocou nova onda de tomada de consciência sobre o perigo que ronda a todos: não há mais momentos de tranquilidade no tocante à violência, nunca mais haverá períodos de normalidade se algo não for feito para conter a sequência de barbaridades que dizima as vidas e insensibiliza as almas.

O que fazer exatamente ninguém sabe, mas todo mundo sabe que algo precisa acontecer para tirar o país desse moto perverso de substituição paulatina da atrocidade de ontem pela monstruosidade de hoje que, em perspectiva, sempre será menor que a bestialidade de amanhã.

À boliviana

O presidente da Bolívia, Evo Morales, queria incluir na sua agenda de visita ao Brasil um encontro com imigrantes de seu país em São Paulo. Pretendia fazer, com eles, uma pregação de seu, digamos assim, programa de governo ao modo chavista.

Como na quase totalidade são ilegais, boa parte moradores de rua, o governo de São Paulo pediu ajuda ao Itamaraty e conseguiu contornar a situação, evitando o evento, que tinha tudo para resultar em confusão.

Em domicílio

O prefeito de São Paulo, Gilberto Kassab, pensou, e ainda não abandonou a ideia de ir à casa do cidadão expulso por ele na inauguração de um ambulatório há 15 dias pedir desculpas pessoalmente.

Tanto no Palácio dos Bandeirantes quanto na prefeitura vigora a avaliação de que o dano político foi sério. Só teve um efeito por ora considerado positivo: o índice de conhecimento do prefeito na cidade subiu de 46% para 62%.

13 | 4 | 2007

O convescote da boquinha

O presidente Luiz Inácio da Silva ganhou o apoio do PMDB praticamente todo, como ficou demonstrado no jantar oferecido pelo presidente do Senado, Renan Calheiros, na noite de quarta-feira, ao qual compareceu em peso a nação peemedebista: 92 deputados federais, 20 senadores, 6 governadores, 5 ministros, 6 vice-governadores, dirigentes regionais e integrantes da Executiva Nacional.

Em contrapartida, Lula ganhou também muito mais bocas para alimentar. Quase todas estavam lá, mais interessadas nas boquinhas que o governo federal ainda tem a oferecer do que no jantar propriamente dito.

De tarde, antes do encontro, corria com desenvoltura no Congresso a piada que expressava com sinceridade as intenções: dizia-se que à noite haveria sorteio de cargos, o "bingão do segundo escalão".

Na hora do encontro, contudo, os convivas estavam mais compostos, houve entre eles até quem se ofendesse com referências ao real motivo da festa.

Seria "confraternização" e não pressão para entrega ao partido de postos em estatais como Petrobras, Eletrobrás, Correios, Furnas, Caixa Econômica e estruturas desse porte, várias delas com mais dinheiro e poder que muitos dos cinco ministérios já ocupados pelo PMDB.

Ao comparecer ao convescote sem a menor preocupação com seu caráter explicitamente fisiológico, Lula avalizou a dinâmica que o PMDB pretende imprimir à sua relação com o governo, abrindo a guarda para o PT – contrapeso na aliança partidária – reagir em defesa da manutenção de seus feudos na administração pública.

Não poderá, mais adiante, alegar que a cigana o enganou.

A briga que se avizinha não ocorrerá em ambiente de fino trato. Se o presidente captou direito a mensagem, o PT também entendeu bem o recado materializado no quórum do jantar.

Se começar a sentir perda real de espaço, logo fará corpo mole, alegando discordâncias pontuais com o Programa de Aceleração do Crescimento, rateando na convicção sobre a necessidade de prorrogação da CPMF e fraquejando no combate à CPI do Apagão Aéreo.

Obviamente o PMDB não esperava que o presidente fizesse papel de leiloeiro na casa do presidente do Senado. Queria mostrar que é grande, forte, merece uma boa recompensa por isso.

Pela conversa política que transpirou do jantar, ficou tudo entendido. Lula fez discurso falando da eleição de 2010 e de sua ideia de ter um candidato único da coalizão dos 11 partidos governistas.

O presidente do PMDB, que morto não está, inverteu o entendimento. Mais uma vez, lançou mão de sua tese de candidatura própria, sempre à disposição da vocação peemedebista para sentar no banco do carona do poder alheio.

O ministro das Relações Institucionais, Walfrido Mares Guia, pegou a deixa e espalhou a versão mais conveniente ao PMDB, dizendo que Lula admite a possibilidade de dar ao partido o direito de indicar o candidato a sucessor.

É justamente o contrário. Lula pela primeira vez deu uma dica do que pretende de sua aliança partidária mais à frente: fidelidade eleitoral para tentar barrar o projeto de volta ao poder do PSDB.

Não necessariamente com um candidato do PMDB, mas necessariamente com alguém que ele considere o mais adequado para, uma vez na presidência, dar continuidade a seu projeto de culto à personalidade. Na melhor das hipóteses, com vistas à História. Na mais plausível, Lula aposta num sucessor amigo para exaltar seus oito anos e pavimentar sua volta à presidência em 2014.

Contravapor

Francamente, não deu para entender a proposta da Câmara de aumentar em 82% o salário do presidente da República. Chefes de Executivo, quando postos diante dessas gentilezas do Legislativo, em geral abrem mão da oferta em nome da preservação da própria imagem.

Recentemente, os governadores de Minas Gerais, Aécio Neves, e de Alagoas, Teotônio Vilela Filho, recusaram os aumentos. Lula foi mais ameno, considerou desnecessário o reajuste naquele índice, mas mandou o mesmo recado ao cordão dos bajuladores: se têm vocação para o suicídio, caminhem sozinhos à beira do precipício.

O recuo revelou juízo, mas a ideia original foi rudimentar.

Embaraçoso

O ministro da Defesa, Waldir Pires, pelo segundo dia consecutivo foi ao Congresso para, junto com o comandante da Aeronáutica, o presidente da Agência Nacional de Aviação Civil e o presidente da Infraero, prestar esclarecimentos sobre a crise aérea.

Pelo segundo dia consecutivo, defendeu o presidente da República, defendeu os controladores, defendeu a si próprio, só não defendeu os interesses do cidadão respondendo a questões elementares: o que se passa na aviação?

Quando e como haverá solução? Que garantias há sobre a segurança nos voos?

Os outros tampouco responderam, mas Waldir Pires passou do limite em matéria de subterfúgio. A cada aparição dessas do ministro fica mais evidente: se Lula quer mesmo preservá-lo, a melhor maneira é tirá-lo de cena.

15 | 4 | 2007

Campeões de tiro no pé

Depois que o PT fez sua transposição nas águas do poder, a oposição no Brasil ficou assim: quanto mais puder ajudar o governo, melhor.

Entregou ao presidente Luiz Inácio da Silva a bandeira da estabilidade econômica, assistiu impassível à demonização das privatizações, ajudou o PT a eleger o presidente da Câmara e agora se prepara para abrir para Lula não um atalho, mas uma verdadeira avenida na qual ele, se quiser, poderá transitar em direção ao terceiro mandato.

Tucanos e pefelistas levantaram a lebre e o governo, com a autoridade de quem sempre foi contra, adotou a proposta de revogação do instituto da reeleição e vai começar a discuti-la em sua coalizão daqui a uma semana.

O ex-presidente Fernando Henrique Cardoso, inventor, avalista e beneficiário primeiro do direito a um segundo mandato, é contra. Quase voto vencido dentro do PSDB, FH alerta que, uma vez decretado o fim da reeleição, Lula poderá argumentar que foi extinta a regra pela qual foi eleito – para uma só renovação – e, portanto, o jogo está zerado: poderia concorrer sob a égide da nova norma.

Quando abriu a discussão sobre o fim da reeleição, o PSDB – com apoio do DEM (ex-PFL) – já havia feito a si o favor de reconhecer em praça pública que aquela luta de 1996 para aprovar no ano seguinte a alteração constitucional dando a Fernando Henrique o direito à reeleição era puramente casuística.

A alegação teórica da época – aperfeiçoamento democrático, equiparação à condição de países mais desenvolvidos, concessão de tempo à realização de projetos de governo – cai por terra na admissão de que o que se queria mesmo era a prorrogação relativamente segura do poder por mais um período.

Como foi eleita depois disso para a presidência a oposição, e como para o projeto de arranjo interno das candidaturas tucanas para 2010 a reeleição tornou-se um estorvo, aposte-se na revogação da regra.

Com isso, se consolida o caráter interesseiramente provisório das relações político-institucionais brasileiras, confirma-se à sociedade que tudo não passou de um golpe de mão e se oferece ao adversário político mais um argumento para mostrar ao eleitorado que o que essa gente diz não se escreve. Sendo assim, devolver-lhe o poder, mesmo para quê?

Em matéria de tiro no pé, trata-se de uma verdadeira obra de arte. O governo entra no debate a cavaleiro, coerente com o passado e ainda podendo assumir a paternidade de medida pretensamente moralizadora, pois, como alega a oposição, a reeleição não "deu certo" porque permite o uso abusivo da máquina administrativa pelo governante-candidato.

Como se o abuso dos instrumentos de Estado por parte dos políticos no Brasil tivesse sido inaugurado em 1997, junto com a aprovação da emenda da reeleição.

O avesso

O governo diz que a CPI do Apagão Aéreo não é conveniente porque paralisa o Congresso.

Na verdade, governos têm horror a essas investigações pela razão oposta: CPI mobiliza em excesso o Parlamento. Para o gosto do Executivo, Legislativo bom é Legislativo inerte.

Rio 360 graus

O governador do Rio de Janeiro, Sérgio Cabral, na campanha eleitoral falava com segurança total sobre seus planos de combate à criminalidade. Hoje, simplesmente não sabe o que fazer, roda sobre o mesmo círculo, como denota o recurso inútil, por inexequível, do apelo às Forças Armadas.

Tal providência não responde a questões básicas: as Forças Armadas resolverão a corrupção na polícia? Eliminarão a infecção generalizada das relações incestuosas entre marginalidade e poder público? Resolverão as falhas da Justiça? Inibirão de maneira consistente a ousadia da bandidagem que matou 40 policiais da posse de Cabral para cá em flagrante desafio à autoridade do governador?

Não é função dos militares, assim como não é atributo deles o policiamento de rua. No máximo serão usados como instrumento de propaganda para regozijo (fugaz) da "inteligência" zona sul que não vê as coisas como elas são, mas como suas ilusões festivas gostariam que elas fossem.

Crime e protesto

O Palácio do Planalto e os Ministérios da Justiça, da Reforma Agrária e das Cidades assistem mudos e impávidos à escalada de violação à lei nas invasões conjugadas de sem-terra e sem-teto país afora.

O silêncio no governo federal, entretanto, não é absoluto. A secretária nacional de Habitação, Inês da Silva Magalhães, se manifestou com firmeza. A favor das invasões.

"É legítimo esse tipo de manifestação que chama a atenção para o diálogo e o atendimento." Ela compara invasões de propriedades privadas aos atos de ambientalistas do Greenpeace, numa clara confusão entre crime e protesto.

Esse tipo de estrabismo cívico no cidadão comum é sinal de alienação; em representante do Estado, ou é ignorância ou é má-fé.

24 | 4 | 2007

Geleia geral

Obcecado em obter sucesso no plano de voltar à presidência da República em 2010, o PSDB está hoje muito mais preocupado em encontrar um atalho que o leve até a rampa de entrada do Palácio do Planalto do que em construir um projeto partidário de reaproximação com a sociedade, como havia sido proposto logo depois da derrota de Geraldo Alckmin para o presidente Luiz Inácio da Silva, em 2006.

De lá para cá, no lugar da renovação, o partido só fez a atuação ambígua que para muitos analistas e cientistas políticos foi a razão de os tucanos terem realizado um feito inédito em eleições e perdido votos do primeiro para o segundo turno.

Reeleito Lula, o PSDB abandonou o ímpeto denunciatório, acertou-se com o governo para esvaziar os resultados da CPI dos Sanguessugas, foi decisivo para a eleição do PT para a presidência da Câmara – a despeito da presença de um candidato tucano na disputa – e, na CPI do Apagão Aéreo, não abraçou a tese do Democratas (ex-PFL) de dar prioridade à investigação no Senado, onde a correlação de forças favorece a oposição; sob o argumento de que a Câmara tem primazia, resolveu confiar no equilíbrio prometido pela maioria governista de 23 contra 7 deputados integrantes da comissão.

O anunciado processo de reformulação do PSDB – que incluiria a troca de comando do partido, a afirmação de posições sobre temas de interesse do Brasil, o cumprimento de uma agenda de ações com os outros parceiros de oposição e principalmente uma atuação que desse ao eleitorado a ideia nítida do contraponto ao governo Lula e mostrasse com clareza as razões pelas quais os tucanos poderiam postular a retomada do comando do país – cedeu lugar à aceitação de uma parceria tácita com o governo, de neutralização mútua de posições.

De um lado, o Planalto obtém do maior partido de oposição o compromisso informal de não atrapalhar a trajetória de Lula rumo à História, não lhe criando embaraços desnecessários e colaborando no isolamento dos oposicionistas mais radicais. De outro, o PSDB recebe do governo salvo-conduto não escrito para sonhar com a hipótese de vir a ter sua candidatura avalizada pela popularidade de Lula onde os tucanos mais precisam: na base social do presidente.

Como a máquina do partido está quase toda sob controle do governador de São Paulo, não é exagero afirmar que o PSDB atua como comitê eleitoral de José Serra, curvando-se às conveniências da candidatura futura.

Se as coisas continuarão assim daqui até a campanha eleitoral, se o outro pré-candidato, o governador de Minas Gerais, Aécio Neves, lutará por "dentro", mudará de partido ou desistirá da empreitada em nome da chance de disputar em 2014 só os próximos lances dirão.

Por enquanto é inegável a aproximação, senão entre PT e

PSDB com vistas à sempre presente hipótese de uma aliança entre os dois partidos, pelo menos entre personagens palacianos e o grupo de Serra.

Nos bastidores, os governistas falam abertamente de um cenário de hegemonia política assim desenhado: PT na centro-esquerda, PMDB ao centro e PSDB na centro-direita. Os outros partidos existiriam só para constar.

Essas conversas são plenas de elogios ao governador de São Paulo que, informado das gentilezas, não reage com surpresa. Ao contrário, mostra-se consciente delas. Nenhuma das partes trata oficialmente de alianças eleitorais.

Se houver, passarão por São Paulo e implicarão negociações difíceis, pois PT e PSDB são fortes em São Paulo, têm eleitorados definidos que se opõem entre si e, no caso de coligações, um dos dois teria de abrir mão de seu projeto político.

Por enquanto não é verossímil imaginar que tucanos ou petistas abririam mão, por exemplo, de disputar a prefeitura de São Paulo em nome de um acerto para a sucessão de Lula em 2010.

A menos que as cúpulas partidárias tenham em seus respectivos horizontes um cenário em que já não haja diferenciação nítida entre um e outro e que nos seus planos esteja uma agenda de alternância consentida de poder sem oposição forte.

Se é isso o que combinam, podem até criar uma grande inovação no quadro partidário. Mas prestarão também um enorme desserviço à democracia no Brasil, que passará a viver a inusitada condição de um país sem oposição, sem espaço para que as diferentes correntes de pensamento político expressem suas divergências no campo institucional.

Espontânea vontade

Ainda que seja cedo para definir com segurança os movimentos eleitorais – e é, pois o ensaio geral de 2010, a eleição municipal, só acontece daqui a um ano e meio –, a existência de um pacto de não agressão entre PT e PSDB ficou ainda mais evidente depois que o presidente Lula disse ontem que "não se governa só com aliados".

Pois é com aliados mesmo que se governa. Oposição existe para se opor. A não ser quando existe, da parte dos oposicionistas, a abdicação voluntária desse ofício delegado pelas urnas, como indicou o presidente.

8 | 6 | 2007

Ingerência autorizada

O presidente da República do Brasil se abstém de comentar os atos do presidente da Venezuela e prefere atribuir as atitudes que o mundo inteiro enxerga como uma inequívoca, e prevista, escalada autoritária de Hugo Chávez à lógica interna daquele país.

É uma escolha. Poderá custar constrangimentos mais à frente, quando a ditadura chavista já estiver instalada em estado pleno e o Brasil for um dos poucos a dar suporte à aberração. Mas é uma escolha no momento respaldada pelo princípio da não interferência, de resto ignorado quando se trata de manifestações de apoio, inclusive de cunho eleitoral.

Portanto, formalmente pode-se aceitar (embora sem concordar) o silêncio de Lula em relação à interdição da RCTV e a defesa pífia da impertinência dirigida ao Congresso Nacional como reação a um apelo a Chávez para reconsiderar a decisão de não renovação da concessão da emissora.

Inaceitável, porém, é a indiferença presidencial em relação

à posição do seu partido e de um dos principais assessores palacianos, Marco Aurélio Garcia, diante das demonstrações de apreço de ambos pelo modo chavista de se relacionar com a liberdade de expressão.

O apoio emprestado pelo PT ao fechamento do único espaço significativo de crítica nos meios de comunicação e a manifestação do assessor especial para Assuntos Internacionais são assuntos atinentes ao Brasil e refletem a posição de pessoas e instituições diretamente ligadas ao governo.

Certa vez o presidente Lula disse que havia liberdade de imprensa "demais" na Venezuela e, como sempre, não foi cobrado a explicar exatamente o sentido da frase.

Como também não se pronunciou a respeito da nota oficial do PT em apoio ao fechamento da televisão nem impôs qualquer reparo diplomático (mais não fosse, em observância ao princípio da não ingerência) ao alinhamento explícito de Garcia a Chávez: "Ele não fez nada de ilegal. Até agora não vi nenhum tipo de restrição à liberdade de imprensa". Se usar prerrogativas de Estado para negar renovação de licença a uma TV sob a alegação de que esse mesmo veículo em determinada ocasião se aliou a golpistas que pretendiam derrubar o presidente não é restrição à liberdade de expressão, então o que, na opinião do assessor presidencial, seria agressão, o empastelamento das instalações da emissora?

Ora, há ditaduras mais sutis. A brasileira foi uma delas. Baixou sua legislação de exceção e, com ela, durante duas décadas fez quase tudo dentro da mais estrita forma da lei. Lei criada à imagem e semelhança do regime, tal como faz Hugo Chávez.

Antes de negar a licença à RCTV, Chávez tentou cooptar a rede para seu projeto. Não conseguiu e, por isso, foi à forra.

Ainda comparando a situação venezuelana à brasileira, seria como se logo após a redemocratização os sobreviventes do governo João Goulart que voltavam ao poder – Tancredo Neves entre eles – resolvessem retaliar os veículos brasileiros que apoiaram o golpe de 1964. Deixariam o país praticamente sem imprensa, pois na época o apoio à derrubada de Jango foi quase unânime.

A televisão da Venezuela não foi punida porque apoiou a conspiração, mas porque, passados cinco anos, continuou mantendo posição crítica ao presidente e não cedeu às investidas de cooptação de Chávez.

Marco Aurélio Garcia e o PT mal disfarçam o regozijo com a atitude de Hugo Chávez, como também deixam à mostra a convicção de que, para eles, liberdade tem limite. O assessor cita como exemplo de plenitude democrática o fato de ter visto na emissora uma convocação a manifestação anti-Chávez qualificando o presidente de "ladrão".

E daí? O governante em questão poderia ter recorrido à Justiça – o que seria fácil, dado o controle do Judiciário – por considerar caluniosa a referência. Mas não era um embate judicial nem uma eventual reparação o que pretendia o presidente, e sim a rendição. Diante da impossibilidade, a vingança.

Em diversos países, estes sim livres, externam-se posições até mais duras em relação a autoridades e nem por isso se cassam suas vozes. O que se diz sobre George W. Bush na televisão norte-americana e mundo a fora, pela lógica chavista apreciada pelo petismo, já teria servido para calar a boca do planeta.

E o que dizer da maneira como o PT sempre se referiu aos seus opositores dos sucessivos governos até ele mesmo conquistar o poder? De "ladrão" o próprio Lula já chamou seu hoje aliado e então presidente José Sarney. Nem por isso defendeu-se a cassação do registro do partido na Justiça Eleitoral.

O grave do mutismo presidencial é que ele dá margem à suspeição de que o presidente Lula faz profissão de fé democrática no discurso, mas, no fundo, concorda com seus companheiros.

Rápido e rasteiro

O relator do processo que investiga denúncias contra o presidente do Senado no Conselho de Ética, senador Epitácio Cafeteira, diz que quer um processo "rápido". Melhor seria se quisesse um processo justo e consistente.

15 | 7 | 2007

Palavra de arquibancada

Pior não foi a vaia. Ruim mesmo foi a combinação de falta de espírito esportivo do presidente Luiz Inácio da Silva, ausência de senso de realidade de seus áulicos e sabujice do cerimonial, que levaram Lula a passar um recibo diante do mundo: é intolerante com a divergência e não tem desenvoltura para enfrentar algo perfeitamente natural na vida de um homem público.

Não suporta a vaia e só transita bem em plateias treinadas para a aclamação.

Podia perfeitamente ter evitado passar para a história do Panamericano como o primeiro presidente, em 56 anos, a não abrir oficialmente os jogos.

Alega-se que o conselho à fuga ao cumprimento do dever – apelidado de "quebra de protocolo" – teve o intuito de proteger o presidente de constrangimentos.

Se foi essa mesmo a intenção, conseguiu-se o efeito oposto, pois o constrangimento acabou sendo muito maior.

Vaiado seis vezes, se falasse, Lula enfrentaria a sétima, daria por iniciado o Pan e nada mais sobraria do episódio a não ser a óbvia e normalíssima constatação de que o Brasil não é governado por um fenômeno andante e, sobretudo, falante, mas por um homem em quem a população reconhece qualidades, mas não deixa também de enxergar seus defeitos.

Isso é espírito crítico, exercício saudável da contradição. Anormal mesmo é que nem o presidente nem sua assessoria ou mesmo seus aliados políticos tenham feito em momento algum uma concessão ao bom senso e imaginado que uma vaia – mesmo monumental – estaria perfeitamente dentro do roteiro.

Ainda mais em quadra da história particularmente infeliz para a relação entre Estado e sociedade, dada a rejeição geral ao mundo da política, do qual Lula era ali o representante mais vistoso.

Mas a lógica do tributo à egolatria como forma de governo obstrui os canais da percepção e como ocorreu na abertura do Pan, pega desprevenidos tanto o vaidoso quanto o bajulador.

Consulte-se a antologia de um especialista em natureza humana e se encontrará a frase de Nelson Rodrigues que, levada em conta com antecedência, livraria Lula da surpresa: "No Maracanã vaia-se até minuto de silêncio e, se quiser acreditar, vaia-se até mulher nua". Pois, então, era de se imaginar, ao menos como possibilidade robusta, que alguma contestação pudesse ser feita naquele cenário a um presidente da República cujo partido, equipe, aliados, familiares protagonizam escândalos em série em governo de eficácia administrativa celebrada apenas na pirotecnia da autoexaltação e ele próprio se dá ao desfrute de defender malfeitores de malfeitorias reconhecidas – como Severino Cavalcanti, para citar só um exemplo.

Por muitíssimo menos, Lula foi vaiado no velório de Leonel Brizola, no ambiente fechado do Palácio Guanabara, em junho de 2004, quando o único escândalo conhecido ainda era o de Waldomiro Diniz.

"O carioca é o único sujeito capaz de berrar confidências secretíssimas de uma calçada para a outra", dizia também o cronista de almas, contribuindo mais uma vez para a compreensão do episódio muito facilmente compreensível, embora o berro do Maracanã não tenha revelado confidências secretas e sim traduzido o devidamente sabido e dito em toda parte.

Mas, e as pesquisas?

Elas medem a popularidade genérica, refletem o efeito da presença de um personagem único em cena a atuar sem contraditório e com a força do uso do aparelho de Estado em prol do culto à personalidade.

Além do mais, se 50% aprovam o presidente nas pesquisas, há 50% que não aprovam.

Na sexta-feira, no Maracanã, certamente não havia só críticos do presidente, mas, assim como os apoios prevalecem na medição fria dos números, o barulho da vaia se sobrepõe a qualquer outro quando a manifestação ocorre ao sabor do anonimato da multidão, o ambiente de espontaneidade e o controle do oficialismo não exerce poder sobre o desenrolar da solenidade.

Após o ocorrido, as autoridades presentes tiveram o bom senso de economizar declarações para esperar a digestão das avaliações. A exceção foi o ministro dos Esportes, Orlando Silva.

Figura apagada no cenário governamental, o ministro perdeu excelente oportunidade de continuar calado. Deu o palpite de sempre, atribuindo tudo a uma "orquestração".

Isso falando de um público de 90 mil pessoas vindas de toda a parte da cidade, do país e das Américas, que pagaram ingressos de R$ 20 a R$ 250, que receberam convites e estavam ali para celebrar o esporte e se divertir.

E, de fato, se divertiram dentro do espírito da festa – sem ofensas, exercendo só o direito à barulhenta contestação. Nenhuma seriedade maior teria o episódio caso Lula não se sentisse ofendido e seus áulicos não errassem feio ao aconselhá-lo a se esconder atrás do biombo da omissão.

No mais, o espetáculo da abertura do Pan foi de competência exemplar. Exuberante, organizado, ao mesmo tempo técnico e despojado, brasileiríssimo, exibindo aquilo que o Brasil sabe fazer de melhor: um carnaval muito do profissional.

21 | 7 | 2007

Festim diabólico

Não, não foi uma "infelicidade" da qual "nenhum de nós está livre", como disse o vice-presidente da República, José Alencar.

A explicação mais fiel para os gestos de obsceno regozijo dos assessores Marco Aurélio Garcia e Bruno Gaspar diante da hipótese de falha técnica no Airbus A-320 quem deu foi o próprio Garcia: foi o ímpeto de extravasar o sentimento de vingança contra todos os que – baseados nos fatos – levantaram a suspeita de a tragédia ter sido resultado do descaso do governo para com o colapso do sistema de tráfego aéreo brasileiro.

Tanto a atitude, espontânea, quanto o teor da nota de alegadas e bem pensadas desculpas onde demonstra tudo, menos arrependimento, traduzem com perfeição a lógica da disputa política e a noção do exercício do poder que pautam ações e reações do governo e do presidente Luiz Inácio da Silva, nisto um petista de quatro costados.

Diz Garcia: "O sentimento que extravasei, em privado, foi e é de repúdio àqueles que trataram sordidamente de aproveitar a comoção que o país vive para insistir na postura partidária de oposição sistemática a um governo duas vezes eleito pela imensa maioria do povo brasileiro". Se "extravasou", não foi vítima de fortuito acaso, mas agente da consciência plena de seu ato. Alega tê-lo feito "em privado", apropriando-se das dependências do Palácio do Planalto como ambiente de intimidade pessoal.

O sentimento foi, e segundo ele "é" (reincidente, portanto) de "repúdio" à generalizada dúvida sobre se o desastre foi coincidência ou consequência do desgoverno.

Raciocínio típico de combatente de guerra política, a quem só a vitória e a conquista de posições importam.

Açodado, não levou em conta que o governo corroborou a desconfiança ao convocar uma reunião de ministros logo após o acidente, cogitar demissões e anunciar medidas para administrar a crise aérea, em função do acidente.

Por fim, Marco Aurélio Garcia considera crime de lesa-pátria a oposição ao governo porque foi "eleito duas vezes pela imensa maioria do povo brasileiro".

E os antecessores de Lula, aos quais o PT emprestou oposição sistemática sem ser por isso tido como criminoso, não o foram também?

Em seu festim de diabólico e vulgaríssimo sapateado sobre os mortos, a dor, a perplexidade, a revolta, a impotência, não deste ou daquele partido, mas de todo o país, os dois assessores protagonizaram uma exibição-síntese sobre os fins governamentais a serem sistematicamente justificados por quaisquer meios.

ACM

Antonio Carlos Magalhães não terá herdeiro na política. Nem seu filho morto em 1998, Luís Eduardo Magalhães, caberia no conceito da substituição. Eram políticos inteiramente diferentes, de concepções diversas. Duro como o pai, mas conciliador como ACM nunca quis ser, se vivo fosse, Luís Eduardo levaria hoje os analistas ao equívoco de enxergar nele a continuidade.

Sua atuação política indicava o oposto, a descontinuidade e a evidência: Antonio Carlos, quando chegasse ao fim, levaria consigo sua história.

ACM cumpriu seu próprio vaticínio de que só sairia da política com a morte.

Acompanhou de perto todos os acontecimentos do país até quase literalmente o último suspiro. Dez dias antes, quando ainda falava e falava bem, firme, com aquele jeito de quem tudo enfrenta e tudo supera, falava sobre a resistência de Renan Calheiros em ocupar a presidência do Senado apesar da crise: "Renunciar, ele não renuncia". Polêmico, impôs sofrimentos, mas espalhou também contentamento. Capaz das piores maldades, ao mesmo tempo de gestos afáveis, de injustiças e de atos pautados por acentuado senso de justiça, só não foi ameno nem um conciliador nato.

Seu norte era a mão de ferro, para o bem e para o mal. Com ela, imprimiu eficácia à administração da Bahia, forjou uma geração de bons gestores, atuou em momentos decisivos, como quando confrontou a ditadura militar que apoiara e sustentara politicamente na resposta ao brigadeiro Délio Jardim de Mattos, em 1984, então ministro da Aeronáutica, que chamara de "traidores" os aliados da candidatura Tancredo Neves à presidência da República.

"Traidor é ele que apoia um corrupto", respondeu Antonio Carlos, contribuindo para fragilizar o regime, partidário da candidatura Paulo Maluf, e que, naquele episódio, mostrou que já não tinha mais força para reagir à confrontação de sua evidente fragilidade.

Os erros, equívocos, manifestações de autoritarismo, arrogância, intolerância, mandonismo e, por vezes, de pura crueldade foram inúmeros na vida de Antonio Carlos. No momento de sua morte, porém, não cabe remoê-los.

Há uma família, seus eleitores na Bahia e muita gente que o amava, a serem respeitados. De julgamentos, diz bem o lugar comum, a História nunca deixa de se encarregar.

Ainda mais quando se trata de figura singular e de influência tão longeva na vida política brasileira quanto Antonio Carlos Peixoto de Magalhães.

5 | 9 | 2007

O PAC do palanque

Ao ritmo da lâmina de barbear cujo primeiro movimento faz "tchum", o segundo faz "tcham" e daí progride o "tcham, tcham, tcham", o governo federal iniciou o processo de sucessão presidencial.

Primeiro, o presidente Luiz Inácio da Silva abriu o debate em entrevista ao Estado no último dia 26; depois, o PT aprovou em congresso a candidatura própria, mitigada para não assustar os aliados; em seguida, PSB, PC do B e PDT tomaram posição na cabeceira da pista com Ciro Gomes e, a partir disso, foi dada a largada para uma discussão que permeará todo o segundo mandato de Lula.

O antenadíssimo leitor perguntará: e qual a vantagem de pôr o tema na mesa com essa antecedência toda, correndo o risco de abrir também uma briga interna na coalizão governista quando há ainda três anos de mandato a cumprir?

Várias, sendo a principal sair na frente da oposição que, em tese, detém o favoritismo porque dispõe de dois candidatos quase explícitos: os governadores José Serra, de São Paulo, e Aécio Neves, de Minas Gerais, ambos presos aos compromissos de governo e, em princípio, restritos em seus movimentos.

A segunda, tirar partido da popularidade do presidente Lula, que não se sabe se estará em condições tão favoráveis à época habitual para o início do processo, vale dizer, depois das eleições municipais de 2008.

A terceira, construir desde já o ambiente eleitoral para o qual a seara governista não tem candidaturas fortes.

Ao contrário da oposição, que dormiu em 2006, e continua dormindo em berço esplêndido, esperando que a presidência da República volte a lhe cair no colo por obra e graça da lei da gravidade, o campo Lulo-governista sabe que não pode brincar em serviço. Ou começa já os trabalhos com as armas disponíveis no momento, ou corre o risco de entregar o ouro ao adversário, deitando por terra o projeto de longevidade no poder.

Os tucanos, em 2002, acharam que não haveria nada demais num interregno petista, pois, depois do desastre que se avizinhava, voltariam sob clamor da população que, no imaginário do PSDB, estaria ansiosa pela retomada da eficiência e da fidalguia no comando da República.

Com esses burros na água, Luiz Inácio não pretende dar. E, por isso, não está minimamente disposto a facilitar a vida da oposição. Não sendo possível tentar um terceiro mandato subsequente ao segundo – plano arquivado, jamais abandonado –, vai investir fortemente na eleição de um aliado para cumprir a tabela dos quatro anos de intervalo até a nova candidatura – aí dentro do marco legal – em 2014.

Contrariamente ao que poderia indicar uma primeira e apressada leitura, há intriga, mas não há briga séria no cenário de várias candidaturas governistas. O presidente já disse que dificilmente o PT deixará de ter candidato, bem como o PMDB e o chamado "bloquinho", formado pela junção de PSB, PDT e PC do B.

Em entrevista ao jornal Valor Econômico, dia desses, José Dirceu, um prócer que, processado por corrupção ativa e formação de quadrilha, voltou a dar cartas políticas, de posse do salvo-conduto conferido por Lula no discurso do 3.º Congresso, falou também na possibilidade das candidaturas do vice-presidente José Alencar e de Fernando Collor.

Quanto mais candidatos, para o governo, melhor. Aumenta a chance de haver segundo turno e, aí sim, juntam-se todos de novo sob o guarda-chuva de Lula a bordo da máquina federal devidamente aparelhada ao longo dos dois mandatos. Se não for candidato, poderá manejá-la ainda mais livremente, dizendo que não tem interesse direto na eleição e invocando seu "direito" de, como disse na entrevista ao Estado, não ficar neutro e "subir no palanque".

Nem será necessário subir, pois do palanque o presidente nunca desceu. Já nos primeiros meses do primeiro mandato Lula tomou a iniciativa de "puxar" o assunto eleitoral, lançando a candidatura de Marta Suplicy à reeleição para a prefeitura de São Paulo com mais de um ano de antecedência.

O movimento se repete agora com o nítido intuito de manter viva a chama da tensão eleitoral que, sob a ótica petista da disputa permanente, permite atribuir qualquer crítica a intenções eleitorais. Dos outros e, portanto, sempre perversas, contrárias aos "interesses do Brasil".

Ouvidor-geral

Soa mal o apelo do novo diretor-geral da Agência Brasileira de Inteligência, Paulo Lacerda, para que o Congresso autorize a Abin a fazer escutas telefônicas em caso de suspeita de terrorismo ou sabotagem.

A agência nunca funcionou direito, será reformulada e certamente há outras prioridades mais urgentes que uma presumida futura necessidade de o Brasil se precaver de ações terroristas.

Além disso, fica sempre uma dúvida sobre o risco de entregar esse poder a uma instância diretamente ligada à Presidência da República. Se o governo acha que crítica é golpe, pode também achar que o exercício do contraditório serve a planos de terrorismo ou sabotagem.

5 | 10 | 2007

Aula magna

Pela segunda vez em menos de dois meses, o Supremo Tribunal Federal proporcionou ao país um debate sobre política em termos inteiramente diferentes daqueles patrocinados diariamente por partidos, parlamentares, agentes públicos e personalidades de destaque na sociedade, que consideram vitórias eleitorais motivos suficientes para que se ignorem os demais valores democráticos.

Até o início da noite, o STF não havia se definido pela cassação dos mandatos dos parlamentares que trocaram de partidos da eleição de outubro para cá. Independentemente da decisão final, porém, o valor da tomada de posição dos ministros sobre a fraude representada na cooptação a partir da qual governos pretendem "reorganizar" o resultado de eleições e certos eleitos fazem de seus mandatos um objeto de negociação.

Com punição radical ou sem ela, já foi substancial o que o tribunal permitiu ontem ao país assistir em termos de ideias relativas à educação política dos cidadãos. Foram lições valiosas aquelas expostas pelos ministros do Supremo.

Eles não se limitaram a julgar, sob a norma fria da lei, três mandados de segurança.

Disseram com todas as letras que alguém se eleger por um partido e se transferir para outro sem justificativa muito bem embasada equivale a uma fraude eleitoral, usurpação dos direitos do eleitor.

Consolidaram a tese da subversão do sentido do sistema eleitoral representada na apropriação do mandato pelo parlamentar que dispõe dele como se dispõe de um bem particular.

Em agosto, o Supremo já havia indicado tendência de aplicar novas balizas ao exame de práticas viciosas na política, algumas até consagradas pela tradição.

Ontem, a Corte, cada vez mais suprema em sua capacidade de sustentar o resto de respeito que as pessoas têm pelas instituições e de não deixar que a desesperança dizime a crença no sistema representativo, deu uma verdadeira aula magna sobre conceitos solapados pelo cinismo vigente.

O Supremo falou sobre respeito.

Respeito às leis, às minorias, aos partidos, ao resultado das eleições, ao exercício da crítica, ao eleitor, à civilidade, à lógica, à legitimidade, aos compromissos assumidos, ao direito de reformar esses mesmos compromissos dentro da legalidade e da observância de razões que não a mera obtenção de vantagens materiais e, sobretudo, falou sobre a deformação da ótica segundo a qual, uma vez ganha a eleição, tudo o mais deve a essa situação se submeter – inclusive o equilíbrio das forças políticas representadas no Parlamento.

Haverá quem diga que o Supremo, festejado quando do acatamento da denúncia dos 40 do escândalo do mensalão, extrapola e corre atrás de mais reconhecimento popular. Há boa dose de cinismo e amoralidade nesse tipo de avaliação, mas, ainda que fosse verdadeira, melhor um Judiciário que age na direção esperada pela sociedade no tocante à ética das instituições, do que um Legislativo – e por que não dizer, um Executivo – que caminha no sentido oposto.

Outro lado

A decisão ainda preliminar do Senado de afastar os processados por quebra de decoro dos cargos na Mesa, nas comissões e na corregedoria da Casa é salutar e necessária. Um avanço, sem dúvida.
Em contrapartida, ficará mais difícil aprovar abertura de processos. Quanto mais poder tiverem e a partidos fortes pertencerem, mais esforços empreenderão e mais apoio dos correligionários os investigados terão para evitar a abertura dos processos.

Opção preferencial

O PMDB decidiu tirar da Comissão de Constituição e Justiça do Senado os dois únicos remanescentes de uma geração histórica – e bem mais decente – do partido: Jarbas Vasconcelos e Pedro Simon.
O porta-voz da ideia, o suplente Wellington Salgado, além de não ter um pingo de educação parlamentar, é alvo de processo por sonegação. A Associação Salgado de Oliveira – note-se – de Educação e Cultura deve R$ 4 milhões em impostos.
Quatro vezes mais que a dívida de R$ 1 milhão do PSOL usada por Renan Calheiros para constranger a ex-senadora

Heloísa Helena durante a sessão secreta que o absolveu do primeiro processo por quebra de decoro parlamentar.

Deformação

Já são dois os livros didáticos de didatismo dirigido à semelhança do pensamento vigente no poder, denunciados pelo jornalista Ali Kamel, em *O Globo*.

O truque de apresentar pontos de vista como verdade histórica é o velho dirigismo com o objetivo de capturar os mais pobres – hoje os usuários quase exclusivos da escola pública – como massa de manobra.

Dos jovens deformam-se as mentes desenhando-as à semelhança de um pensamento específico. Nos pais reforça-se, mediante remuneração assistencialista, ainda mais o conceito de que governantes bons são governantes paternalistas e populistas.

19 | 10 | 2007

Osso duro de largar

Os políticos oposicionistas mais preocupados com a sucessão presidencial de 2010 – vale dizer, quase todos – divergem quanto ao caminho a ser adotado, mas todos concordam que algum plano a nação petista terá para continuar no poder depois de concluído o segundo mandato de Luiz Inácio da Silva.

Aquele contingente de milhares que ascendeu social e politicamente com a eleição do presidente Lula, reza o raciocínio unânime, não vai se conformar com facilidade em voltar à planície que, em muitos casos, significa o retorno ao vale dos despossuídos. E aí, já sem o charme do diferencial "do bem" relativamente aos outros partidos.

Um baque de boa monta para quem teve acesso a mares dantes nunca navegados e não dispõe de preparo, tradição e formação profissionais para, na eventualidade de derrota eleitoral, preservar o padrão adquirido nos oito anos de poder.

Há, atualmente, duas visões correntes na oposição a respeito. Os mais catastróficos, em geral tucanos, veem a possibilidade de o PT – não Lula, por constrangimento pessoal – tentar de alguma maneira conseguir o terceiro mandato.

Como precaução, já começam a conversar sobre a possibilidade de ressuscitar a tese da apresentação de uma emenda propondo o fim da reeleição como forma de criar uma expectativa segura da volta de Lula à presidência em 2014 – pois o eleito em 2010 já não poderia concorrer – e, assim, acalmar as tentações de proposições continuístas.

O risco de mexer com esse assunto – que por isso mesmo havia sido abandonado – seria de, uma vez alteradas as regras, o PT invocar o direito de Lula disputar em 2010 alegando que o jogo estava zerado.

De outro lado, temem que a resistência em abandonar os ossos envoltos nas gordas carnes da máquina pública possa impulsionar a maioria no Congresso a conseguir aprovar a emenda de um novo mandato.

A inquietação é tanta que, pasme e acredite o leitor, há quem avente mesmo a possibilidade de se negociar com Lula uma prorrogação de um ano de mandato em troca do fim da reeleição.

Há, no entanto, outra corrente de pensamento menos alarmista, da qual faz parte o prefeito do Rio de Janeiro, César Maia. Ele concorda com a premissa do desejo de continuar. "A república dos pelegos não vai querer voltar a ganhar R$ 800 assim tão facilmente", diz ele.

Mas o prefeito não compartilha dos temores em relação a golpes de mão institucionais. Não porque acredite em ausência de desejos, mas porque está convencido da carência de condições objetivas.

Ele lembra uma frase de Leonel Brizola dita quando da

volta do exílio negando que lutaria pela implantação do socialismo no Brasil: "A burguesia brasileira não cabe em Miami". Com isso, Brizola queria dizer, já naquela altura, antes da redemocratização completa, que certos limites democráticos não poderiam ser ultrapassados sem uma resistência firme da sociedade.

Por isso, César Maia tem plena certeza de que o PT nem tentará soluções heterodoxas, "simplesmente porque não passam, da mesma forma como não prosperaram algumas tentativas de cunho autoritário".

Na visão dele, o PT constrói uma "capilaridade" de influências e benefícios sociais na máquina estatal tentando que essa mesma máquina seja capaz de eleger qualquer candidato do campo de Lula.

"Como ele não há mais nenhum, mas considerando que na oposição também não há uma figura forte capaz de capitalizar a demanda do eleitor, pode ser que o governo com os instrumentos de que dispõe consiga montar uma candidatura viável, escolhendo um entre tantos nomes sem expressão eleitoral". Arriscaria aposta em algum?

Em nenhum. Nem do governo nem da oposição. Na opinião dele, o atrativo da eleição de 2010 é justamente seu caráter de loteria. "Não há favoritos e, por isso, no primeiro turno todos terão candidato."

Escaldado

O presidente Lula vai se reunir com os 100 maiores empresários do país, não para convencê-los de que a carga tributária é leve no Brasil. O objetivo do governo é ver se neutraliza as movimentações contra a CPMF, pois ainda está fresca na memória a derrubada da parte da Medida Provisória 232, que aumentava a tributação de pessoas jurídicas prestadoras de serviço.

A MP foi derrotada parcialmente justamente por causa da mobilização do empresariado.

A ideia do encontro com os empresários surgiu antes do fracasso do ato-show contra a CPMF promovido pela Fiesp, mas, antes prevenir que remediar o irremediável.

Com os governadores, o Planalto adota estratégia semelhante e faz também a aproximação, em movimentos homem a homem. Tem dado certo. Em plena tramitação da CPMF não se ouviu falar em nenhuma reunião de governadores.

Aécio Neves, por exemplo, no início do ano se apresentava explicitamente como comandante de um levante em favor da redistribuição de parte do imposto do cheque, dizia-se intransigente quanto a isso e, de repente, não mais que de repente, aquietou-se.

18 | 11 | 2007

Por que falas?

De duas, uma: ou o presidente Luiz Inácio da Silva tem algum plano na cabeça, e está testando possibilidades, ou deixa prosperar as especulações sobre sua intenção de continuar no poder porque não tem nada mais interessante a dizer e precisa manter o clima de expectativa de poder em torno de sua figura, a fim de evitar o clima de fim de festa nesses três últimos (?) anos de mandato já contaminados pelo processo da sucessão.

Uma hora chama os arautos do terceiro mandato e manda enterrar o assunto, na seguinte sai em defesa da democracia estilizada de Hugo Chávez de maneira absolutamente desnecessária, fazendo a alegria do ditador que logo trata de exibir ao mundo o aval do brasileiro aos seus métodos e atraindo para si suspeitas de que pretenda recorrer a expedientes semelhantes de relacionamento com a massa, boa parte dela, ignara.

Lula deve achar graça quando se apontam suas confusões sobre sistemas de governo como sendo fruto de ignorância ou incapacidade lógica para concatenar ideias e expor raciocínios.

Não que seja um ás em ciência política, mas sabe perfeitamente bem a diferença entre a prolongada permanência de governantes em países parlamentaristas, em ditaduras institucionalizadas e em nações reféns de estratagemas populistas e autoritários onde os direitos das minorias e o funcionamento das instituições são vítimas de um longo processo de estrangulamento.

Lula tanto sabe isso quanto sabe fazer o tipo grosseirão sem estudo nem domínio do idioma para determinadas plateias, e se comportar no limite do protocolo, inclusive falando direito o português, quando diante de públicos mais exigentes. Em geral, no exterior.

O presidente da República pode não ter (e não tem) compromisso com o que diz, mas – e até por isso mesmo – é um mestre na arte do ilusionismo. Leva as pessoas na conversa, e quando parece não dizer coisa com coisa aí é que se deve prestar atenção, porque, no mínimo, alguma impressão está interessado em transmitir.

Sua insistência em pôr na mesma condição Chávez e Felipe González, ou Margaret Thatcher, por exemplo, não é um devaneio. Fosse erro puro e simples, da primeira vez, corrigido, inclusive pela assessoria, teria mudado de conversa.

Ao persistir não o fez por burrice, porque deste mal não sofre. Alguma intenção tem. Só para raciocinarmos por analogia: quando do escândalo do mensalão, o presidente Lula não misturou caixa 2 com corrupção por ausência de discernimento, mas por excesso de cálculo.

Conseguiu inocular na percepção geral a tese da farinha do mesmo saco, que assim pode ser traduzida: se todos podem, também posso.

As semelhanças porventura depreendidas pelo leitor, tudo leva a crer, não são meras coincidências.

Cada qual

O presidente vê contradição entre a opinião dos governadores do PSDB, favoráveis à aprovação da CPMF, e a posição dos senadores do partido, majoritariamente contrários. Para ele, os chefes de executivo deveriam querer o mesmo.

Só que entre a política dos governadores, referida na administração, e a política dos parlamentares, pautada pelo embate de forças, há diferenças como, de resto, mostrou o PT quando na oposição.

Durante os oito anos de governo tucano os governadores petistas dos dois mandatos – Cristovam Buarque (DF), Vitor Buaiz (ES), Jorge Viana (AC), Olívio Dutra (RS) e Zeca do PT (MS) –, à exceção do gaúcho, mantiveram as melhores relações com o governo federal.

Nem por isso as bancadas do PT na Câmara e no Senado deixaram de cumprir seu papel se oposição. Não raro levando o legítimo dever de se opor aos píncaros da irracionalidade.

Por exemplo, ao votar contra as reformas, a abertura da economia, o plano de estabilização econômica, a Lei de Responsabilidade Fiscal, o fundo para o ensino fundamental e várias medidas mais que hoje permitem ao PT governar um país razoavelmente integrado à idade moderna.

O partido fez oposição, cumpriu seu papel, e o governo, quando precisava, cumpria o seu: tratava de arrumar votos para aprovar os projetos que a função e a eleição o obrigavam a executar.

Lula, em tese hoje tem ainda mais condições de fazer isso

– sem a necessidade de transferir responsabilidade à oposição – porque dispõe de uma coalizão de 11 partidos. Cabe a ele ter competência para administrar a tropa e discernimento para distinguir os papéis de cada um.

Que será, será

O governador de São Paulo, José Serra, prefere que Gilberto Kassab seja o candidato de uma aliança PSDB|DEM em 2008, isso é sabido. O plano inclui até a vaga de vice para o tucano Andréa Matarazzo, todo-poderoso chefe das subprefeituras.

Agora, se Geraldo Alckmin insistir, Serra não brigará. Mas também não subirá em palanque de nenhum dos dois. Isso a preço de hoje, naturalmente.

24|11|2007

A paga da praga

É escapismo o PSDB atribuir à ironia do destino ou a armadilhas de intenções políticas o embaraço da apresentação da denúncia contra Eduardo Azeredo, Walfrido Mares Guia e mais 13 acusados de desviar dinheiro público para o caixa 2 da campanha do tucano à reeleição no governo de Minas Gerais exatamente no dia em que o partido fazia a sua festa do "novo rumo".

Mais realista é reconhecer que foi a paga da praga rogada pelos próprios tucanos contra si há quase dois anos, quando lhes faltou examinar com clareza os fatos e imprimir firmeza aos atos adequados à ocasião.

Titubearam, disfarçaram, optaram por flexibilizar valores, adaptando os princípios éticos às suas conveniências partidárias, e acabaram por deixar passar a grande chance que teriam de se diferenciar do adversário, então sentado na berlinda.

Ali poderiam ter repudiado as práticas em suas hostes, isolado o acontecido em Minas do restante do partido e tocado em frente o dever de oposição.

Mas não, preferiram defender o senador Azeredo e sua campanha (cujo esquema envolveu muitos partidos nas eleições proporcionais, inclusive o PT) com os mesmíssimos argumentos utilizados pela cúpula petista e governista para defender os seus, "amarelaram" diante da confissão de Duda Mendonça de que havia recebido dinheiro de forma ilegal para fazer a campanha presidencial de Luiz Inácio da Silva em 2002, refugaram depois no julgamento dos sanguessugas – tudo indica em troca da serenidade do PT em relação a Azeredo –, esqueceram o caso do dossiê tucano na campanha de 2006 e ficaram ombro a ombro com os protagonistas do escândalo do mensalão.

Agora, ao se concretizar a denúncia de que os métodos aplicados pelo PT tiveram origem em Minas, se houve alguma influência da sina não foi no sentido do deboche, mas da seriedade.

O destino falou sério com o PSDB. Se puderem olhar com crueza o quadro, os tucanos perceberão que a oportunidade da discussão sobre o futuro do partido se encaixa na medida da apresentação da denúncia do procurador-geral da República.

Afinal, o nó que ata as ações do PSDB é o mesmo que o impediu de consolidar uma atitude oposicionista e agir com nitidez na ocasião: falta de comando, ausência de rumo, carência de lideranças com densidade política de alcance nacional, abundância de interesses individuais|regionais dispersos e divergentes, insuficiência de músculos, excesso de vacilação, autoconfiança no chão.

Não adianta, portanto, choramingar, dizendo que as situações são diferentes e que, se Azeredo como beneficiário do esquema foi denunciado, o presidente Lula também deveria ter sido.

Para começo de conversa, isso não é argumento. Pelo menos não é que se preze, pois equivale ao "todo mundo faz", "eu não sabia de nada" a que Lula recorreu para se defender e – com sucesso no resultado, mas a poder de concessões à leniência com o crime no processo – sair eleitoralmente ileso da história.

E para encerrar a conversa, o essencial nos dois casos não é o destino dado ao dinheiro. O fundamental é sua natureza, pública, e os métodos para obtê-lo, desvio mediante contratos fraudulentos nas administrações estadual e federal. Isso só tem um nome: corrupção.

Eduardo Azeredo não foi reeleito. O PT também não teria montado no aparelho de Estado a quadrilha que o procurador Antonio Fernando de Souza o acusa de ter montado se Lula tivesse perdido a eleição.

Não se trata de um detalhe, é claro. Há distância abissal entre um caso e outro. Mas o PSDB perdeu a chance de traçá-la com risca de giz e dar sua dimensão exata lá atrás, quando não soube, não quis ou não pôde marcar a diferença.

Agora paga o preço e já está grandinho o suficiente para perceber a razão.

Bico justo

Passou batido para a plateia, mas não para o governador Aécio Neves. Quando Fernando Henrique disse, em seu discurso no congresso tucano, que a alteração feita na sistemática de exame das medidas provisórias, em 2001, foi "para muito pior", Aécio nem levantou os olhos, mas registrou com um riso amarelo o desagrado.

Além de presidente da Câmara na época, o mineiro patrocinou, negociou, aprovou e até hoje defende a mudança que, segundo FH, teve como consequência nefasta a constante paralisação da pauta do Congresso.

Calendas

Depois dos sindicalistas, agora são os partidos aliados ao governo que querem "rediscutir" o prazo de 30 de novembro estipulado pelo presidente Lula para o envio da proposta de reforma tributária ao Legislativo.

Da última vez que "a base" pediu a suspensão de uma reforma foi em 2004.

Para apoiar a pretensão do então presidente da Câmara, João Paulo Cunha, de se reeleger no ano seguinte, os partidos pediram a retirada de pauta da reforma política. Até hoje.

27|11|2007

Notícias do palácio

Desse jeito não há articulador político que dê jeito nas dificuldades que o governo enfrenta para aprovar a CPMF. Se o presidente da República em pessoa vem a público dizer – como fez em entrevista ao *Globo* – que governar é gastar, contratar, aumentar salários e engordar o Estado, que o Brasil está forte na economia, que não há risco no abastecimento de energia e que os serviços públicos melhoraram muito, como convencer os resistentes da necessidade premente dos R$ 40 bilhões do imposto?

Isso no momento em que os dados da Receita mostram um crescimento de quase igual montante na arrecadação federal.

As palavras do presidente deram razão aos oposicionistas, empresários e alguns especialistas que apontam o momento como adequado para acabar com a CPMF e acusam o governo de não abrir mão porque precisa de margem para gastar muito e à vontade a fim de ou facilitar a eleição de um sucessor petista para Lula ou conferir viabilidade a alguma espécie de continuísmo – na forma de terceiro mandato ou prorrogação.

Gestão do Estado, na visão de Luiz Inácio da Silva, não é administrar dificuldades nem fazer o Estado caber dentro das suas possibilidades e da capacidade de seus cidadãos de sustentá-lo. É aumentar cada vez mais a arrecadação, contratar um número cada vez maior de servidores, pagando-lhes ótimos salários, como se a qualificação e a eficácia resultassem dessa simples equação.

É a aplicação da lógica reivindicatória sindicalista à tarefa de administrar a máquina pública. É a concepção de que, de um lado, há uma população para pagar a conta e, de outro, governantes para fazer o serviço de gestão da forma mais fácil possível: com dinheiro de sobra.

Ora, assim qualquer um faz qualquer coisa. Anos atrás, dois capitães da indústria da comunicação (impressa) planejaram se juntar para comprar o *Jornal do Brasil*, então em dificuldades intransponíveis.

A ideia de um deles – falecido não faz muito tempo – era gastar o mínimo possível, de preferência, nada. Diante da estranheza do parceiro, ensinou: "Fazer negócio com muito dinheiro é fácil, todo mundo faz. Gastando pouco é preciso ciência". Essa visão de poupar e realizar administrando a escassez requer talento para estabelecer prioridades, manejar os recursos existentes reduzindo custos e, ainda assim, obter bons resultados.

Não é esta a concepção do presidente, que na entrevista revela ojeriza à navegação na adversidade, revela seu desapreço ao contribuinte e firma fileiras ao lado da concepção de que dinheiro público é dinheiro de ninguém e, portanto, admite qualquer tipo de desaforo.

Mas não é apenas essa notícia do Palácio o que nos traz a

entrevista de Lula. Ali ele nos informa também que o expurgo dos economistas divergentes do Instituto de Pesquisa Econômica Aplicada (Ipea) tem o seu aval. Desfaz todo o esforço de se apresentar as demissões como resultado de vencimento de convênios e regularização de contratos.

Disse Lula a respeito da decisão de Márcio Pochmann, presidente do Ipea: "Ora, meu Deus do céu, o mínimo de direito que tem alguém (*sic*) que é colocado num cargo de uma instituição como o Ipea é colocar quem ele queira colocar, trocar quem ele queira". Não teria se houvesse respeito à preservação da pluralidade de pensamento numa instituição de produção acadêmica. Nela, acredita o presidente, deve-se aplicar o mesmo critério do loteamento político adotado na relação Executivo|Legislativo que tanto vulgariza a administração pública e solapa a autonomia do Parlamento.

Mas há mais notícias na entrevista e elas não são animadoras. Sobre o terceiro mandato, Lula diz que resiste à tese, mas não diz que a rejeita.

Reitera várias vezes seu desejo de "não falar mais no assunto", mas afirma também que não quer falar de sucessão antes de 2009 e foi o primeiro a pôr na roda o tema no fim de agosto, em entrevista ao *Estado*.

Não deixa também de embaralhar ideias. Afirma ser contra, "como filosofia", continuísmos. Mas, filosoficamente, também é contra a reeleição e se reelegeu.

Da mesma forma reafirma sua posição filosófica contrária ao imposto sindical, mas acha a atual proposta de acabar com ele "complicada", pois retira dos sindicatos dos trabalhadores e não dos empresários. Defende uma regra de transição. De quanto tempo? "Não sei." Quanto a plebiscitos, diz: "A história do plebiscito não é minha. Aconteceu em 2001", querendo transferir a paternidade da ideia a Fernando Henrique Cardoso.

O plebiscito para escolha do sistema de governo não "aconteceu" em 2001.

Ocorreu em 1993 porque, cinco anos antes, a Constituinte aprovara a consulta. Lula volta a embaralhar a cena das longas permanências no poder, afirmando que tanto primeiros-ministros quanto presidentes podem ser removidos sem dificuldade. "Já vimos no Brasil, já vimos nos Estados Unidos." Como resultado de processos traumáticos de *impeachment*, exceções absolutas em ambos os países. Por que a persistência no erro?

Porque não é erro, é cálculo.

19 | 12 | 2007

Cultura da facilidade

As reações a cortes de gastos pós-derrota da CPMF são o retrato do Brasil, ninguém abre mão de nada: o Judiciário de seus palácios, o Executivo de sua máquina grandiosa e o Legislativo de suas emendas. Cortes são aceitos só se forem feitos na carne do vizinho.

Paralelo a isso, o Instituto de Pesquisa Econômica Aplicada (Ipea) propõe, as centrais sindicais apoiam e a sociedade se convocada em plebiscito aprovaria a redução da jornada de trabalho sem redução de salários. No lugar de 44, 40 horas semanais. Afinal, o Brasil está pronto e ninguém é de ferro.

Todo mundo quer o seu, não se aceitam sacrifícios. É o império da lei do esforço mínimo e da benesse máxima. Foi assim que, finda a ditadura, os constituintes de 1988 e os grupos de interesse criaram um Estado benfeitor que não cabia nos limites da realidade.

Países desenvolvidos não cresceram à sombra da lassidão nem a poder de água fresca.

Num cenário em que prevalece a cultura da facilidade, onde prepondera a mentalidade segundo a qual é possível aprender inglês dormindo e emagrecer comendo, a crença na reforma tributária pode ser incluída no plantel das ilusões do gênero.

Não vai acontecer tão cedo pelo mesmo motivo por que não aconteceu até agora: União, Estados e municípios não aceitam repartição de perdas, só distribuição de ganhos. Como o governo federal se recusa à tarefa de arbitrar o jogo, fica-se na mesma.

Ainda mais em ano eleitoral, em que o forte da cena não é o consenso, mas o contraditório. Em ambiente de disputa de poder não há concordância possível, ainda mais sobre tributos.

Contrariar os prefeitos, candidatos a prefeito, quem haverá de? Enervar governadores?

Ainda está para ser construída a mesa onde seria firmado esse acordo, bem como ainda não se apresentou ao país o líder capaz de gerenciá-lo e tirá-lo do papel.

Para mudar qualquer situação, a preliminar básica é que todos os jogadores estejam dispostos a ceder alguma coisa. Mas por aqui ninguém quer perder coisa alguma nunca. Daí a razão de tanta dificuldade para fazer reformas de verdade: a cultura da facilidade.

Quando se avançou no Brasil – para citar exemplos recentes, fiquemos na abertura da economia, na quebra de monopólios e na mais bem-sucedida das privatizações, a das telecomunicações –, o governo firmou uma ampla aliança congressual e arbitrou.

Quando se tentou criar grandes consensos sem eixo, o resultado foi a paralisia resultante do puxa-estica dos interesses localizados. Aí estão a complementação da reforma da Previdência (setor público), a reforma trabalhista, a reestruturação sindical, a reforma política, a tributária como exemplos de pendências que não se resolvem porque o governo não tem tutano para enfrentar a briga nem para administrar as contrariedades.

Os contrariados, por sua vez, o máximo que admitem para negociar é a segurança do direito adquirido. Ora, se todo mundo parte desse ponto, da garantia do que já lhe é assegurado, surpreendente seria se se conseguisse fazer qualquer coisa.

Não há história de ganhos sem perdas. Não há registro de pactos no mundo sem que os pactuantes deixem de lado uma parte do que lhes interessa. Não por outro motivo o conceito de pacto é desmoralizado entre nós.

Os poucos que se fizeram na cena recente – pela redemocratização, pela estabilidade da moeda – foram sempre contestados por alguma força que, dessa contestação, buscava tirar proveito.

O PT, com sua lógica sindicalista da reivindicação, evidentemente não é o melhor condutor de acordos que podem render ganhos no futuro, mas que no presente apenas socializam o prejuízo.

Não só por isso, mas também por causa disso, essa conversa toda no noticiário sobre medidas e negociações não passa de uma mímica por meio da qual se busca ganhar tempo para acomodar as contrariedades e achar uma forma de tirar o dinheiro do setor menos organizado da sociedade – ela própria, descontadas as corporações organizadas, sejam públicas, privadas, representantes do capital ou do trabalho.

Socorro à força

A Igreja Católica sempre foi muito próxima do PT, que teve dois embriões: os sindicatos e as pastorais. O discreto distanciamento entre os dois – visível depois da eleição de Lula – chega agora a um ponto bastante acentuado por causa da greve de fome de d. Luiz Cappio contra a obra de transposição das águas do rio São Francisco.

O jejum completa 23 dias, há mais de 10 o Planalto acionou o secretário-geral da Presidência, Luiz Dulci, e o secretário particular do presidente, Gilberto Carvalho, para tentar convencer a CNBB a fazer o frei desistir. Esforço inútil.

Posto o impasse e convencido de que a Igreja faz do frei um símbolo em tempos de carências de causas, o governo estuda intervir na prestação de socorro ao religioso baseado na Constituição, que atribui ao Estado o dever de zelar pela inviolabilidade da vida dos cidadãos.

18 | 3 | 2008

Para o que der e vier

Se existe um partido que não se aflige com a eleição de 2010, é o PMDB. Não precisa de discurso, desistiu de recuperar a irrecuperável identidade perdida lá atrás, na luta pela redemocratização, e dispensa até mesmo um bom candidato porque, caso raro na política, consegue sobreviver entre as grandes legendas sem disputar eleições presidenciais.

Com bancadas fortes no Congresso, presença organizada em todo o país e um time de profissionais bem treinados no exercício do poder, o PMDB será sempre um aliado desejado por quem quer que tome assento no Planalto.

Hoje o PMDB é mais que um partido. É uma equipe prestadora de serviços que podem ser executados no Congresso, nos ministérios e nas eleições mediante o trabalho de diretórios bem estruturados na quase totalidade dos municípios e a concessão de um bom espaço no horário gratuito de rádio e televisão garantido pela representação numerosa no Parlamento.

Mas o PMDB não seria esse objeto de cobiça se não fizesse, primordial e competentemente, política. Por meio dela conseguiu construir uma inédita unidade no início do segundo mandato do presidente Luiz Inácio da Silva, tornando-se ainda mais valioso e imprescindível aos governos, todos eles reféns de um sistema eleitoral que não produz maiorias parlamentares correspondentes aos votos obtidos pelos chefes do Poder Executivo.

Nessa arte de "fazer política" se inclui posicionar-se bem em períodos pré-eleitorais, a fim de valorizar o cacife da legenda, mas sem as atribulações do atual parceiro, o PT, e do antigo companheiro, o PSDB.

Seja eleito o "poste" de Lula no PT, um candidato de outro partido por ele apoiado, ou um dos dois tucanos presentes ao páreo, os peemedebistas têm lugar garantido na "base aliada".

Só que conseguirá isso em melhores condições quanto mais eficiência demonstrar na fase preliminar, que no caso da sucessão de Lula já começou, em virtude da antecipação do processo patrocinada pelo próprio presidente, receoso de perder espaço para a oposição.

E se Lula lança seus experimentos, o PMDB também se acha no direito de fazer os seus.

No mais vistoso deles, faz dupla com o governador de Minas Gerais, Aécio Neves, num movimento bom para ambos. Ao mineiro, garante inserção fortalecida na cena da escolha do candidato do PSDB; ao PMDB permite mostrar ao PT que o partido tem suas alternativas e não precisa ficar a reboque dos planos de Lula.

A menos que lá na frente o presidente esteja tão forte a ponto de eleger qualquer um.

Enquanto isso não se resolve, tenta produzir um pré-candidato que dê face à tese da candidatura própria que o partido sempre lança na rua e derruba depois na convenção.

Desta vez, porém, há uma diferença, dizem os peemedebistas do primeiro time: como ainda não existem opções seguras de aliança, porque o PT não tem candidato natural e o PSDB ainda não superou a fase da briga interna, de repente o cenário se complica e o partido consegue mesmo ter um candidato viável.

Preferencialmente, seria o governador do Rio de Janeiro, Sérgio Cabral. É do partido, começou o mandato defendendo temas de repercussão nacional, é jovem e poderia atuar no vácuo da fadiga de material da disputa entre petistas e tucanos.

Cabral, no entanto, não parece disposto a aceitar o desafio. Quando se aborda o assunto internamente com ele, o governador desconversa.

Como tudo o que o PMDB precisa agora é de visibilidade e Aécio Neves também, os dois se juntaram num projeto sem roteiro preestabelecido, cujo objetivo, por ora, não vai além da produção de hipóteses com o intuito de mostrar que estão no jogo para o que der e vier.

Da onça

Apesar de encarar com realismo as conversas com Aécio Neves, a cúpula do PMDB tem dito que o tucano anda balançado e já não está tão receoso e refratário à ideia de sair do PSDB.

De acordo com essa versão, o governador de Minas começou a dar ouvidos ao argumento de que não tem nada a perder concorrendo à presidência pelo PMDB, porque, na pior das hipóteses, fica conhecido nacionalmente para disputar a próxima.

Pois é, mas fica também sem mandato durante quatro anos, tendo Lula como possível adversário pela frente.

Via livre

Constatação de um interlocutor frequente do presidente Lula: se puder eleger o sucessor, melhor; se não puder, fará tudo para não ser sucedido por alguém que lhe seja francamente antagônico.

A fila

Está confirmado: logo após a eleição municipal, PT, PMDB e parte expressiva do PSDB começarão a se mexer para aprovar emenda constitucional acabando com a reeleição e instituindo mandato de cinco anos.

O objetivo é reduzir em três anos o rodízio sucessório e "organizar melhor a fila" de candidatos presidenciais.

29|3|2008

O fiador da reincidência

Na hipótese altamente improvável de o presidente Luiz Inácio da Silva desconhecer que sua Casa Civil manipulava informações de Estado para interferir em decisões do Congresso e intimidar adversários, da responsabilidade sobre o dossiê FHC em pelo menos um aspecto ele não poderá fugir.

Sua tolerância para com infratores – sejam produtores de dossiês, invasores de contas bancárias ou agentes públicos flagrados em atos de corrupção – é o que autoriza subordinados a agirem com a desenvoltura da secretária-executiva da Casa Civil, Erenice Guerra, e de outros tantos que a antecederam nessa rotina de malfeitorias sem castigo.

Como nunca há punição, a não ser em casos extremos e ainda assim acompanhada de afagos presidenciais no ato da demissão ou de posterior anistia, como a concedida por Lula nesta semana a Severino Cavalcanti, prevalece o entendimento de que o presidente da República será sempre fiador de atos cometidos em nome da defesa do "projeto" de poder.

Na hipótese quase impossível de a ministra Dilma Rousseff não saber que sua principal assessora – na prática vice-ministra da Casa Civil – encomendara e comandava a preparação do dossiê, derrete-se o mito da dama de ferro que a tudo controla, a todos intimida, e de cuja eficácia e retidão nada ou ninguém escapam.

Seja Dilma uma tola, traída pela funcionária de confiança que a deixou protagonizar o vexame de telefonar a Ruth Cardoso negando o inegável, ou uma graduada ativista do lema os fins justificam os meios, uma coisa está clara: ela não é o oásis que a central de produções do Palácio do Planalto buscava construir como exemplo de eficiência e correção.

Mente, abusa do poder ou é leniente.

Neste novo caso de abuso do Estado que acabou vindo à tona quase por acidente, como subproduto de um escândalo (o dos cartões corporativos) em vias de extinção, chamam atenção não os métodos – já conhecidos –, mas o local do crime.

Só isso é novidade. A disposição do governo de usar dados sobre os gastos no governo Fernando Henrique era de conhecimento geral no Congresso. Isso foi usado logo no início da CPI para levar a oposição a concordar em não investigar contas presidenciais.

Muito antes de pedir por escrito a abertura de suas contas, o ex-presidente Fernando Henrique já havia feito o desafio verbal, justamente em função da atitude dos próprios governistas, que vinham divulgando as informações a conta-gotas, e de maneira disfarçada.

Mesmo assim, a oposição, ao invés de cobrar que se pusessem as cartas na mesa ou investigar o que havia de concreto por trás daquelas ameaças, já havia decidido acabar com a CPI dos Cartões para tentar explorar o potencial da CPI das Ongs.

A revista *Veja* fez o que a oposição não fez com sua prerrogativa de fiscalizar o Executivo e mostrou o dossiê. O governo começou negando, foi devagar admitindo a existência de "um trabalho para servir de base à CPI" – já prevendo que o caso teria desdobramento na imprensa –, mas pôs a tropa de choque em ação no Congresso, derrubou o que restava em pé da CPI e estava ganhando o lance.

Evidente, nas bases de sempre: com muito cinismo e nenhum pudor.

Até que a *Folha de S.Paulo* completou o serviço e revelou: o crime de uso do Estado para intimidação de adversários e interferência nas decisões de um outro poder foi cometido na Casa Civil pela secretária-executiva, a mesma que no dia anterior garantira a um senador e a um deputado que o caso estava sendo apurado "com todo o rigor".

Em matéria de violação, esse episódio repete roteiros já vistos e acrescenta a afronta do descaramento explícito, cometida por uma funcionária nomeada contra dois representantes do poder delegado pelo voto.

Se puder, o governo resistirá negando, inventando que o dossiê foi feito pela oposição para culpar o governo ou que tudo não passa de uma conspiração – talvez até palaciana – contra a "candidatura" de Dilma Rousseff.

É de se perguntar o que mais falta acontecer e o que se há de fazer em meio a essa escalada de completo desrespeito à sociedade e às instituições.

Talvez nada, a não ser esperar que o cidadão Luiz Inácio da Silva caia em si e perceba que há mais à sua volta além de pesquisas, palanques, carentes e interesseiros.

Há um país cuja dignidade não pode ser eterna e impunemente solapada, nem mesmo sob a salvaguarda da alta popularidade.

Há jovens a quem o Brasil deve o legado das boas normas de cidadania em todos os aspectos da vida. As cenas por eles assistidas diariamente dão a lição invertida: a mentira, a manipulação, a falta de ética, o abuso, tudo vale em nome do sucesso.

Como se houvesse uma espécie de politização da cultura de celebridades, onde a fama é valor na presença do qual tudo o mais se obscurece e ao famoso toda transgressão é permitida.

7 | 8 | 2008

Algo de sujo além de fichas

Há 12 anos, em fevereiro de 1996, Michael Jackson estrelou um videoclipe filmado no morro Santa Marta, zona sul do Rio, sob a direção de Spike Lee, os mais taludos se lembram.

Não era a criatura assombrosa de hoje. Tratava-se do maior astro pop do mundo, festejado e recebido com deferência em toda parte. Menos nos territórios sob controle do narcotráfico na cidade cartão-postal do Brasil, onde precisou se enquadrar às normas do crime organizado para ter o direito de ir e vir, exatamente como ocorre agora com os candidatos a prefeito.

Precedida de explícitas negociações entre a produção norte-americana e o comando do tráfico no morro, as filmagens só aconteceram mediante pagamento de pedágio aos donos do pedaço.

Um deles, o traficante Márcio Amaro de Oliveira, conhecido como Marcinho VP, morto em 2003 no presídio de Bangu 3 por colegas do crime, foi uma das estrelas do fim daquele verão de 96 e ganhou fama no papel de "negociador".

Escândalo? Nenhum. Estranheza? Nenhuma, excetuados talvez os desmancha-prazeres, preocupados com pormenores tais como o Brasil figurar no noticiário internacional como o lugar onde Michael Jackson precisou de salvo-conduto do narcotráfico para cantar e dançar. Debaixo do nariz das autoridades, tão deslumbradas com o séquito de Michael quanto complacentes para com a turma de Marcinho VP.

Corria o segundo ano do primeiro mandato de Fernando Henrique Cardoso, que se achou aquilo anormal, guardou para si.

A vida seguiu seu ritmo. Lá como cá, a obsessão era a economia. Indo bem, tudo vai bem, ainda que a matança grasse, que o marginal capture prerrogativas do Estado e a segurança do público seja assunto restrito a momentos de fortes – e cada vez mais fugazes – emoções.

Também se combatia a violência a golpes de passeata – com contundência e eficácia semelhantes às dos candidatos atuais quando reagem às ameaças de fuzil com a entrega de manifestos à Justiça Eleitoral – e se cuidava mais dos acertos de contas do passado – na época literalmente, com a decisão de pagar indenizações aos perseguidos da ditadura – que dos horrores do presente.

Em janeiro de 1998, o então chefe do Gabinete Militar, general Alberto Cardoso, anunciava "estudos" para a montagem de um plano de combate ao narcotráfico em áreas específicas denominadas por ele de "zonas liberadas" espalhadas por diversos pontos do país.

No Rio, denunciava o general, já havia se instalado um legítimo "Estado paralelo" sob o comando do crime. Na concepção dele, delineava-se uma grave ameaça à soberania nacional.

"O Brasil ainda está muito longe de Medellín (Colômbia), mas a tomada de consciência não pode esperar mais." O governador na ocasião, Marcello Alencar, tucano como o presidente da República, não gostou. À história da filmagem de Michael Jackson não impôs reparo, mas à denúncia sobre a existência de territórios dominados, reagiu indignado.

Repudiou a ideia e negou que o narcotráfico atuasse no Rio como uma rede de poder crescente. "Aqui o crime não é organizado porque não deixamos que seja", disse o governador, especialmente contrariado com a constatação do general de que o princípio da autoridade estava sendo banalizado e invertido. Movimento cujo início foi localizado pelo general nos primeiros anos dos 80.

Por isso, foi ironizado no boletim oficial do PDT, partido de Leonel Brizola, governador eleito em 1982, que vestiu a carapuça e passou a desqualificar os alertas como "coisa da direita".

Uma das poucas autoridades a se aliar à evidência apontada pelo ministro do Gabinete Militar, o prefeito do Rio, Luiz Paulo Conde, afirmou que a prefeitura já sofria restrições de acesso às favelas por parte das quadrilhas.

A despeito do perigo óbvio, das provas e das consequências, o tema foi e continua sendo tratado como coisa secundária. É lícita e saudável a preocupação do país com os candidatos "fichas sujas", mas é desproporcional à atenção que deveriam merecer os episódios diários de demarcação de território na campanha do Rio.

Um desonesto não pode indignar mais que um assassino.

O problema não é local nem superficial. Nada é mais importante nesses tempos de campanha que o fato de os pretendentes a gestores da segunda maior cidade do país prestarem obediência compulsória a marginais.

Sem paranoia, é uma ameaça à soberania da legalidade.

Nos "fichas sujas", o Congresso, se quiser, dá um jeito, mudando a lei. Se não quiser, o eleitor pode ele mesmo começar a fazer a limpeza pelo voto.

Agora, contra os "vidas sujas" estamos indefesos. Se deputados e senadores se submetem aos ditames do crime na busca de voto, imagine-se a situação do morador dependente total dos chefes das "comunidades".

Hoje os pretendentes a prefeito do Rio são impedidos de circular, amanhã começam a correr risco de vida, depois de amanhã interditam-se candidatos a presidente e assim vai até que o Estado – já subtraído da prerrogativa do ataque – saia da defensiva para cair na rendição.

19|8|2008

Sob o patrocínio da bela viola

Entre políticos e marqueteiros a assertiva é cláusula pétrea: quando começar o horário gratuito de propaganda na televisão e no rádio é que o eleitor fará suas escolhas de fato. Só então o quadro de vencedores e perdedores poderá ser traduzido com mais fidelidade pelas pesquisas.

Pois bem, começa hoje o período de 42 dias, mas a avaliação não é unânime.

Para o eleitorado em geral trata-se de um verdadeiro suplício.

Uma legítima subtração unilateral do direito de ver e ouvir o que lhe interessa. Se o cidadão não tem TV paga, ou vai aos afazeres ou fica ali vendo aquilo cansado de saber que as belas violas produzidas por publicitários podem muito bem esconder pães bolorentos.

O problema é que, como dizia um velho jogador do Sport Clube Recife sempre citado pelo senador Marco Maciel, é que a consequência vem depois. No caso, o eventual bolor só aparecerá depois do enterro de Inês. Ou seja, quando o eleito, ou eleita, começa a governar e aí não há como recuar.

Por esse raciocínio simplesinho – e, portanto, ao alcance de todos – nem gente interessada diretamente na política, por diletantismo, engajamento, hobby ou imperativo profissional, costuma compartilhar do entusiasmo e da esperança dos políticos em relação ao horário eleitoral.

No início, há um acompanhamento interessado, troca de comentários, debates de avaliações, mas com uma semana – não é preciso mais – aquele desfiar de números, obras, afirmações categóricas baseadas em dados saídos sabe-se lá de onde, cansa pelo hermetismo. Os programas começam a parecer falados em sânscrito sem legenda.

O resultado óbvio é o desinteresse. A não ser quando ocorre algo de inusitado (para o bem ou para o mal) ou especialmente criativo.

Só que as chances de o imponderável fazer uma surpresa é cada vez menor.

Suas excelências têm tanto medo de errar e os marqueteiros tanto pavor de perder o emprego e|ou ficar com má fama no mercado, que andam dentro de regras muito estritas, ousam quase nada e preocupam-se mais com a produção do adversário do que em produzir bons acertos.

Conclusão, já há várias eleições os programas obedecem ao mesmo padrão: os dos ricos uma lindeza sem conteúdo e os dos pobres uma tristeza sem forma e tentativa tosca de conteúdo.

Claro, é preciso "mastigar" para a massa a mensagem. E política, sabemos como é um assunto maçante, complicado e intrincado.

Nos debates de televisão ocorre o mesmo. São tantas as limitações impostas pelas assessorias de todas as partes, que não se instala o debate. A corrida é para ver quem consegue receber do mediador mais elogios (ou menos reprimendas) por ter se mantido dentro dos minutos reservados às perguntas, respostas, réplicas e tréplicas.

Quando a pergunta é boa, vale dizer, instigante, politicamente interessante, o candidato sai pela tangente.

Escola fundada por Paulo Maluf. Seja qual for a pergunta a resposta é sempre dada na conveniência de quem responde, independentemente da relação entre uma coisa e outra.

Desse modo, de onde a certeza de que o horário eleitoral define voto se escolha eleitoral é um ato político e os atos de campanha são todos referidos nos valores e ditames da propaganda?

Não há certeza alguma. Há, sim, uma repetição baseada em exemplos de sucesso (ou fracasso) nas primeiras eleições da redemocratização, mas hoje mais parecem uma lenda urbana.

Quem ganha eleição é "onda" – criada por uma conjunção de fatores, entre os quais o desempenho do candidato, independentemente dos enfeites publicitários, é o principal. E, nesse aspecto, o horário eleitoral não anda fazendo nem marola.

"Calamity Jane"

A dianteira de Marta Suplicy, o recuo de Geraldo Alckmin e a inércia dos índices de intenção de votos de Gilberto Kassab apontam para o seguinte: considerando que o ex-governador e o atual prefeito nadam nas águas do mesmo eleitorado, para perder, Marta terá de se esforçar.

Por exemplo, dando asas a Marta Tereza Smith de Vasconcelos Suplicy e seu temperamento indomável.

Plano diretor

O PSDB não gosta das ideias de Fernando Henrique Cardoso, que não consegue convencer o partido a sair da toca congressual e se abrir à sociedade, mas seu principal adversário político gosta.

Neste ano o presidente Luiz Inácio da Silva já fez duas reuniões com os chamados intelectuais (artistas, acadêmicos etc.) e agora prepara um grande encontro com o pessoal do cinema.

Resolvido o problema eleitoral com os muito "necessitantes", por intermédio dos programas assistencialistas, o presidente está obviamente dedicado a reconquistar os bem "pensantes".

Lula não dorme no ponto. Já a moçada que pretende desalojar PT e adjacências do poder ressona no muro no embalo da lei do menor esforço, indiferente à lei segundo a qual cobra que não anda não engole sapo.

11 | 9 | 2008

Mentalidade de exceção

Antes de qualquer coisa, um pressuposto básico: abuso é abuso em qualquer circunstância, esteja ele a serviço do "mal" ou sirva de instrumento às forças do "bem".
A premissa, não obstante óbvia, está em vias de sofrer pesada contestação. A depender do rumo do debate sobre o freio de arrumação nos métodos de investigação policial pleiteado pelos tribunais superiores, poderá ser substituída pela tese segundo a qual em alguma dose o arbítrio é aceitável – e até indispensável – quando o objetivo vale a pena e a causa não é pequena, como o combate à corrupção.
O cerne desse raciocínio já aparece aqui e ali desde que o presidente do Supremo Tribunal Federal, Gilmar Mendes, denunciou a existência e alertou para a conformação de um ambiente de "anarquia" na estrutura investigativa do Estado – incluindo não apenas a polícia, mas juízes, procuradores e agentes de espionagem.
São ponderações preocupadas com o exagero do lado con-

trário: que o preciosismo jurídico acabe punindo a polícia e protegendo o possível bandido.

Tal pensamento ganhou força nesta semana, depois que o Conselho Nacional de Justiça resolveu controlar a concessão de autorizações judiciais para escutas policiais e o Superior Tribunal de Justiça anulou dois anos de investigações da Polícia Federal, feitas com base em grampos cujas licenças foram renovadas várias vezes sem fundamento legal suficiente, no entender do STJ.

Daí a se concluir que esteja em marcha uma ofensiva do Judiciário para cercear o trabalho da PF e impedi-la de prosseguir em sua cruzada contra os barões do colarinho-branco seria um pulo não estivesse essa interpretação já em vigor.

Ainda apresentada na forma de reflexão originalíssima, produto de *insight* socialmente até bem-intencionado, mas institucionalmente equivocado.

É claro que a polícia vai protestar, como já protestou quando da decisão sobre exorbitâncias na aplicação de algemas e como vem reclamando da concessão de *habeas corpus* a presos temporários, desde a revogação do "cumpra-se" reverencial no tocante a decisões da Justiça, particularmente do Supremo.

A qualquer grupo ou corporação interessa a maior liberdade possível de atuação. Mas, como a lei restringe as prerrogativas de alguns exatamente para assegurar o direito de todos, no estado de direito não se pode fazer tudo a qualquer preço.

E isso não é uma questão de ponto de vista. É um princípio geral válido para todos os cidadãos e aplicado a quaisquer situações.

O ideal seria que a Polícia Federal "republicana" (haveria alguma outra forma de instituição da República se conduzir?) estivesse suficientemente imbuída desse espírito para aceitar com naturalidade os obstáculos impostos pelos limites da lei e continuasse seu belo trabalho sem a ajuda das facilidades do abuso.

Mas compreende-se sua resistência em deixar o papel de protagonista na cena política para o qual foi escalada há pouco menos de seis anos.

Inaceitável e perigoso, porém, é que cabeças bem pensantes do país incutam no senso comum a deformada ideia de que autoridades públicas, ou gente alvo de suspeita, possam ser vigiadas à vontade ao arrepio da legalidade porque assim a sociedade estaria garantida em seu direito à transparência total.

Aí já não estaríamos mais tratando da existência ou não de um Estado policial, mas da disseminação de uma mentalidade policialesca em toda a sociedade. Em tempos de degradação ética, a tese soa como um alento e ganha adeptos com facilidade.

Parece bom abrir um espaço na lei para combater os fora da lei. Inclusive porque, argumenta-se, é tudo feito em nome da democracia, na vigência dos preceitos democráticos, cenário incomparável ao do regime autoritário.

Perfeito. Não fora o fato de que ao se abrir uma exceção hoje aqui, amanhã não haverá como impedir a abertura de mais alguma ali e ainda outra acolá para fazer frente a questões urgentes, saneadoras e moralizadoras.

O resto da história dispensa relato. Está tudo registrado na História. Da Humanidade e na do Brasil recente, onde a ditadura instalou-se sob a justificativa inicial de fazer deste um país livre de corruptos e bem mais decente.

Erro de origem

Bem-intencionados de todos os matizes se empenham em resolver o problema das escutas com novas leis, aumento de punições e agora surgiu até a proposta de chamar o caminhão de mudanças para remover o sofá da sala, extinguindo a Agência Brasileira de Inteligência.

Já o interminável charivari entre autoridades da área de informações não parece impressionar, mesmo sendo o descontrole verbal a manifestação pública do principal defeito.

Com vergonha do SNI do passado, a democracia não se preparou para o futuro e ficou sem um serviço de inteligência de boa qualidade, bem organizado, com hierarquia estruturada, numa concepção estrita de defesa do Estado.

17 | 9 | 2008

Na curva do Tietê

O fundo do poço, na política, tem mola. Já devolveu à luz muita gente dada como perdida, ejetou o presidente Luiz Inácio da Silva incólume da crise do mensalão e, apenas por essa peculiaridade, seria precipitado vaticinar que o PSDB chegou lá para ficar.

Talvez o eleitor não tenha entendimento tão rigoroso a respeito do que se passa com os tucanos na eleição municipal de São Paulo, mas certamente há de ter uma sensação de estranheza diante de um partido que escolhe brigar consigo mesmo na eleição municipal mais importante do país.

Isso às vésperas de uma campanha presidencial em que esse partido terá de enfrentar os 64% de aprovação popular do presidente Lula, com a pretensão de lhe arrebatar a prerrogativa de eleger o sucessor.

Trata-se de dar conta de um recado gigantesco, qualquer um percebe a olho nu. Qualquer um menos as experientes e aparentemente alfabetizadas excelências da matriz do tucanato. Cegas e surdas às óbvias consequências do engalfinho em que se enfiaram na disputa pela prefeitura de São Paulo, nessa altura dariam sorte se ficassem mudas.

Pelo menos teriam uma chance de não destruir por completo todos os argumentos para convencer o eleitorado brasileiro a dar a era Lula por encerrada a partir de janeiro de 2011.

No momento, o PSDB está enterrando seu discurso para a campanha presidencial na curva da eleição paulistana. E o problema não é o que o candidato oficial do partido, Geraldo Alckmin, diz do postulante no paralelo, Gilberto Kassab, muito menos o que ambos falam a respeito da oponente petista, Marta Suplicy.

Aliás, nada soa mais falso hoje na boca de um correligionário de Alckmin ou de Kassab que a assertiva sobre o PT ser "o verdadeiro inimigo". Marta, no máximo, é uma adversária.

O xis da questão está nas incongruências autodestrutivas do PSDB. Não interessa quem cometeu o pecado original: se Alckmin ao insistir na candidatura, se José Serra ao não fazê-lo desistir, se as inteligências partidárias ao deixarem as coisas correrem frouxas, por inércia ou atrito de ambições.

Importa o resultado. E este expõe o seguinte cenário: o candidato oficial do PSDB bate pesado na administração comandada de fato pelo mais provável candidato do partido à presidência e elogia o presidente do qual o partido se diz opositor.

Uma amostra recente do horário eleitoral de São Paulo é suficiente. No programa propriamente dito, Alckmin aponta como exemplos da terra arrasada patrocinada por Kassab a Saúde e a Educação, duas pastas ocupadas por tucanos; no comercial, o candidato critica o PT, mas ressalva: "Lula, tudo bem".

Ora, se com "Lula, tudo bem", se com a máquina da prefeitura administrada pelo PSDB tudo vai mal, se o partido se deixa conduzir sem reclamar (por tolice ou oportunismo) ao terreno do adesismo, é de se perguntar: qual razão teria o eleitor para discordar?

E assim vai o PSDB gastando patrimônio com bobagem, fechando os poucos espaços abertos ao contraditório, deixando órfão o eleitorado divergente.

Por nada

Nas altas esferas tucanas há quem aconselhe o governador José Serra a fazer uns agrados a Minas Gerais. Não ao mundo oficial nem ao exclusivamente social; mas a uma esfera intermediária, representativa (pelo menos supostamente, na visão paulista) do "espírito mineiro".

Uma ideia seria Serra visitar Itamar Franco para dizer muito obrigado pelo que o ex-presidente fez em prol da entrada dos medicamentos genéricos no mercado.

"Ele não fez nada", acrescenta o conselheiro, lembrando que agradecer também não custa nada e para um candidato fica muito simpático.

União civil

Em vias de perder o controle sobre a cidade do Rio de Janeiro, o DEM não está nem aí para a derrota da deputada Solange Amaral, candidata do prefeito Cesar Maia.

Se título de eleitor carioca tivesse, gente poderosa do partido presidido por Rodrigo Maia (deputado federal, filho do prefeito) confessa: votaria sem pestanejar em Eduardo Paes, candidato do governador Sérgio Cabral.

Nada, porém, na vida ocorre por acaso. Cria política de Cesar, ex-secretário-geral do PSDB, Paes foi ungido ao posto sob a proteção de José Serra e hoje está no PMDB, cuja adesão à candidatura Gilberto Kassab incluiu compromisso de apoio a Serra em 2010.

Acerto por ora restrito à seção paulista do partido.

Eduardo Paes é amigo do peito de Aécio Neves, um evidente espelho para o dândi que Sérgio Cabral resolveu incorporar depois de anos à procura de um modelo.

Em trajetória descendente no Rio – eleitoral e partidariamente falando –, o PSDB quer entrar na campanha presidencial com um patrimônio não muito inferior a 30% dos votos.

No início apostou no apoio a Fernando Gabeira, mas já está convencido de que peixe na quantidade necessária só dá no mar do Palácio Guanabara.

16 | 10 | 2008

Era vidro e se quebrou

Castelos construídos sobre areia estão para a ação do vento assim como receitas de vitórias pré-fabricadas estão para o livre-arbítrio do eleitor: por frágeis, não resistem a movimentos contrários.

Aplicada ao resultado das eleições municipais, essa lógica derrubou duas teses muito bem apresentadas por seus autores ao longo deste ano, não obstante sua carência total de fundamento.

A mais festejada antes e agora a mais apedrejada discorreu longa e detalhadamente sobre os poderes do presidente da República de transformar qualquer material eleitoral em ouro apenas com a força de sua popularidade.

Expostos os fatos, o presidente Luiz Inácio da Silva foi parar no topo da lista dos derrotados porque não conseguiu influir nem contribuir para a vitória de aliados ou a derrota de adversários.

Lula ficou onde sempre esteve, cuidando do culto à sua

personalidade, cuja mítica, se for abalada, não será ao custo de meia dúzia de resultados municipais os quais, no dia seguinte à proclamação oficial, dará um jeito de apresentar com uma versão conveniente e edulcorada.

Na verdade, perdeu (tempo) quem acreditou na fantasia sobre a eleição de postes, muitas vezes baseada em "provas" de acontecimentos de um passado remoto, uma época de outro Brasil, menos informado e de relações muito mais simplificadas.

A segunda tese foi a da "convergência total", lançada pelo governador de Minas, Aécio Neves, que, segundo consta, faria da aliança entre PT e PSDB em Belo Horizonte um experimento a ser aplicado como regra-mãe da "nova política" com data marcada para entrar em vigor: o "pós-Lula".

Conceitos de uma vaguidão ímpar e de prática inexequível, pois, como princípio, carimba o embate político como algo pejorativo, imaturo mesmo, e põe o consenso permanente no ápice dos ideais democráticos.

Um truque engendrado pelo governador mineiro para conquistar um lugar de destaque para seu "pedaço" no debate nacional, mas recebido com reverência de doutrina profunda.

Por essa ótica fantasiosa, realmente Aécio perdeu a chance de fundar uma nova corrente do pensamento político. Numa visão realista, entretanto, alcançou o objetivo de pôr Minas na cena principal. A feiura da derrota deve-se ao mesmo pressuposto equivocado que sustenta a tese do poste: o menosprezo ao livre-arbítrio do eleitor.

Este ganhou porque se impôs, não por consciência repentina. Esteve e estará no mesmo lugar: pronto para pôr em seus devidos lugares invencionices concebidas e recebidas de maneira folgazã.

Fogaréu

O PT foi praticamente unânime na condenação ao tom da campanha do segundo turno em São Paulo, mas nuances separam os defensores e os detratores de Marta Suplicy nas internas.

Os contra esticam o repúdio à propaganda sobre a solteirice de Gilberto Kassab e dão a fatura da derrota como liquidada.

Os favoráveis tentam virar a cena do avesso. Dizem que ela pôs o dedo na ferida certa, foi mal interpretada, mas teve o mérito de não se render à hipocrisia.

O primeiro grupo quer vê-la excluída de todos os páreos; o segundo pretende preservá-la para disputar o governo do Estado. Um terceiro olha de longe, ainda na esperança de convencer Lula de que, na batalha pelo Planalto, mais vale Marta com um capital menor que Dilma Rousseff sem nenhum voto.

Para todos

O senador Demóstenes Torres levantou uma boa lebre ao lembrar que o presidente do Senado, Garibaldi Alves, pode ser processado por improbidade administrativa se não forem demitidos todos os parentes empregados na Casa, conforme norma do Supremo Tribunal Federal.

Nesse caso, se o Ministério Público resolver agir, podem ser processados também os chefes de outros Poderes – federais, estaduais e municipais – que ignorarem a proibição da prática do nepotismo, pois são também, em última análise, os responsáveis pelas nomeações.

E aqui, com "brecha" ou sem ela, justiça seja feita ao presidente do Senado, é a única autoridade empenhada publicamente no trato do assunto. As outras, do presidente da República ao presidente da Câmara do mais minúsculo dos municípios, levam o tema na flauta, completamente indiferentes à voz do Supremo.

Costumes

Há 20 anos, um casamento repentino uniu o deputado Álvaro Valle (falecido em 2000) e uma moça frentista de posto de gasolina escolhida para o papel de primeira-dama do então candidato à prefeitura do Rio.

Na época, a equipe do deputado avaliou que, solteiro e sem filhos, ele estaria exposto aos ataques dos adversários.

Ocorreu o contrário. O gesto foi muito criticado, não se sabe se foi o casamento de conveniência a causa, mas a emenda saiu pior que o soneto e Álvaro Valle perdeu a eleição.

30 | 10 | 2008

Ao vencedor, o desmanche

As piores previsões feitas quando da nomeação de Lina Maria Vieira para o comando da Receita Federal se concretizaram: o aparelhamento do aparato de fiscalização e arrecadação, uma das áreas ainda razoavelmente imunes ao loteamento partidário|sindical patrocinado pelo governo Luiz Inácio da Silva em setores-chave da administração federal.

Trata-se de um plano bem planejado e gradativamente executado. Portanto, enquanto estiverem no manche do poder governantes com esse tipo de visão (utilitária) do Estado, nada há a fazer. Não adianta reclamar, denunciar, apontar os malefícios, os retrocessos, a ótica distorcida, o espaço aberto a ilicitudes e as intenções subjacentes, porque para tudo há uma justificativa quando a decisão de governo está tomada.

Na Receita foram substituídos cinco dos seis secretários-adjuntos, os superintendentes de São Paulo, Minas Gerais, Rio de Janeiro, Espírito Santo e mais os responsáveis pelas regiões Norte e Nordeste, nos últimos três meses.

Uma remodelação dessa amplitude em tão curto espaço de tempo, se fundamentada em motivações exclusivamente profissionais, teria necessariamente de ser acompanhada dos devidos esclarecimentos.

Se algo andava mal na Receita, o contribuinte tinha o direito de saber. Se a partir da nova política de remanejamento de pessoal começaria a andar melhor, o governo seria o maior interessado na divulgação e poderia merecer aplausos.

No lugar disso, o que se viu muito bem relatado na reportagem da edição de ontem do Estado foram trocas paulatinas na estrutura central e nas superintendências regionais feitas com o oficioso objetivo de substituir a "turma do Everardo" para pôr fim à influência do secretário na gestão Fernando Henrique Cardoso, Everardo Maciel.

Mas, se o critério é nebuloso, a intenção é claramente exposta: dar lugar à "turma do Unafisco", o Sindicato Nacional dos Auditores Fiscais, de onde saíram os novos superintendentes. Concursados todos eles, aponta a reportagem.

Só que não é a condição legal ou a capacidade técnica o que se discute, mas o comprometimento dos sindicalistas com uma causa política e o retrocesso – para não dizer o risco – que isso representa no tocante ao uso partidário da máquina do Estado.

Numa área como a Receita esse tipo de controle pode ser uma arma de potência incomensurável sobre adversários, principalmente em períodos eleitorais.

Se o governo ganhar a próxima eleição presidencial, os poucos avanços obtidos na despolitização da burocracia no governo anterior continuarão sendo anulados – exatamente como fez a aliança PMDB|PFL na Nova República em relação à estrutura herdada do regime militar – até o limite do imprevisível. Mas, se o vencedor for da oposição e tiver da administração pública uma visão profissional, vai se deparar com o desafio de desmontar o aparelho sindical antes mesmo de manifestar o tradicional repúdio ao loteamento partidário que preside as relações entre Legislativo e Executivo e impede o Brasil de ser governado por um projeto de país, mantendo-o atrelado a planos alternados de poder.

Há quem trema só de pensar no enfrentamento do próximo governo com o PT se o partido porventura voltar derrotado da batalha de 2010 diretamente para a trincheira da oposição.

Mas há quem lembre também que pior que o embate na base do grito e da cobrança será a resistência da aliança entre ideológicos e fisiológicos que, na defesa de seus interesses, vai se movimentar ainda na fase de escolha de candidaturas dentro dos partidos. De todos eles, os oposicionistas e os governistas por adesão ou por convicção.

Lugar ao sol

Sempre que algo ou alguém fortalece demais a posição do governador de São Paulo, José Serra, como candidato do PSDB à presidência da República, o governador de Minas Gerais, Aécio Neves, cria um fato para lembrar que continua no jogo.

Foi assim no início do ano, quando o ex-presidente Fernando Henrique Cardoso disse que a melhor solução para os tucanos seria a reeleição de Gilberto Kassab na prefeitura de São Paulo, Geraldo Alckmin candidato ao governo do Estado em 2010 e Serra na disputa pela presidência.

Aécio de imediato deu início a um périplo de conversas multipartidárias, lançou a tese da convergência possível entre PT e PSDB e deixou prosperar a impressão de que poderia mudar de partido para ser uma espécie de candidato da "unidade", quem sabe até com o apoio do presidente Lula.

Agora acontece de novo. Quando Serra é saudado como o grande vencedor de 2008 e, por isso, apontado como a opção "natural" da oposição para 2010, Aécio prega a definição de candidaturas presidenciais mediante prévias.

Não quer briga nem se apresentar à disputa interna desde já. Só põe um tema na agenda de maneira a defender a parte que lhe cabe no latifúndio da cena política nacional.

16 | 11 | 2008

Sob o rigor da lei de Gérson

Com toda força adquirida depois de conseguir uma vitória suada para a prefeitura da cidade do Rio de Janeiro, a capital de maior visibilidade do país, o governador Sérgio Cabral continua sendo voto vencido dentro do próprio partido.

Tenta, já sabendo que não terá a menor chance de sucesso, que o PMDB deixe de lado a "falsa malandragem" da dubiedade como arma de pressão eterna e assuma uma posição de fidelidade explícita e permanente ao governo Luiz Inácio da Silva.

Em todos os aspectos: do respeito ao acordo pelo comando das presidências do Congresso, deixando o Senado para Tião Viana do PT, até a permanência do partido na aliança governista na eleição de 2010.

Mesmo se for para perder?

"Mesmo assim." A menos, ressalva, que o PMDB tenha algum "político tarimbado" para se apresentar à disputa marcando uma posição de protagonista. Como, na visão dele, esse personagem não existe no horizonte, não há razão para suspense: "É ficar com o PT".

A repetição do jogo da divisão pragmática entre as canoas mais bem posicionadas pode manter o PMDB no poder, ganhe quem ganhar. Mas, na opinião do governador, "só vai aprofundar o desgaste do partido".

Para ele, passou da hora de o PMDB "eliminar esse tipo de postura". Qual seja, a de levar vantagem em tudo, certo?

Na última reunião em Brasília para tratar das eleições na Câmara e no Senado, Cabral diz que defendeu uma definição nítida e imutável. Em vão.

"Temos as maiores bancadas, o direito de reivindicar o comando das duas Casas, mas, por uma questão de confiança e espírito de aliança, deveríamos apoiar o PT no Senado, ficar com a Câmara e, assim, consolidar a parceria." Não haveria por trás dessa enfática defesa da fidelidade a mesma visão pragmática que orientou o discurso do candidato a prefeito Eduardo Paes, a quem Cabral levou a se reconciliar com Lula em nome do trânsito livre de verbas de Brasília para o Rio?

De fato, mas até o pragmatismo requer regras de confiabilidade e reciprocidade. O tratamento que Lula dá ao PMDB como um todo justificaria, na concepção de Sérgio Cabral, o abandono da ambiguidade.

"Nunca fomos tratados com tanta respeitabilidade, com entrada franqueada pela porta da frente; agora seria a hora de retribuir na mesma moeda." Inútil especular sobre as chances de acontecer.

Ponta cabeça

Se o ministro da Saúde for abatido pela permissividade do presidente Lula frente a um cada vez mais atrevido PMDB,

José Gomes Temporão deixará como legado o melhor serviço prestado nos últimos tempos à transparência das relações entre o Poder Executivo e sua base de apoio no Legislativo.

A reação do partido – dono da "cota" da Saúde – ao desabafo de Temporão sobre a corrupção e a ineficiência existentes na Fundação Nacional de Saúde não deixa dúvida sobre a noção de governabilidade reinante na Esplanada.

"Reconhecemos em Temporão um técnico muito conceituado, mas ministro é também função de liderança política. É preciso saber ouvir, interagir, respeitar e ter a sensibilidade da boa convivência", diz o líder da bancada na Câmara, deputado Henrique Alves, traduzindo a seu modo as reclamações de que o ministro não dá a devida atenção aos parlamentares nem à liberação dos recursos das emendas ao Orçamento.

Quer dizer, o ministro da Saúde faz tudo direito. Cuida prioritariamente das tarefas afetas à pasta e, quando se vê confrontado com *lobbies* contra a transferência da política de saúde indígena para a jurisdição de seu gabinete, põe o dedo na ferida exposta da corrupção na Funasa, objeto de reiteradas e públicas denúncias.

Ainda assim, ou por isso mesmo, o PMDB pede sua saída; e o faz pelo motivo errado: a prioridade dada pelo ministro aos assuntos atinentes à saúde do público em detrimento das conveniências do partido.

Este mesmo PMDB, vale lembrar, reivindica a pasta da Justiça sob a qual está a Polícia Federal.

Olha cá

O senador José Sarney registrou seus primeiros desconfortos em relação ao presidente eleito dos Estados Unidos, Barack Obama, sexta-feira, em seu artigo semanal na *Folha de S. Paulo*.

Sarney não gostou do excesso de informalidade no discurso da vitória, achou de mau gosto as referências ao cachorrinho das filhas, censurou a retórica "com cheiro de demagogia, comum aos populistas sul-americanos".

De fato, nada comparado ao discurso de Lula ao ser eleito em 2002: "Quando a gente está apaixonado, que a gente quer casar, a gente senta com a nossa namorada e fica alimentando os nossos sonhos, discutindo o que a gente pode fazer. E a gente casa. E nem sempre o que a gente quis fazer a gente consegue fazer com a rapidez que a gente imaginava fazer".

25|11|2008

Mudança de hábito

Um governador cassado e outros sete ameaçados de perder os mandatos por abuso de poder nas eleições é um fato expressivo, embora resulte da amplamente disseminada prática do uso dos instrumentos de Estado em benefício privado.

A novidade está na conduta da Justiça Eleitoral. Habitualmente leniente na aplicação rigorosa da lei, principalmente no que diz respeito a candidatos eleitos, o Tribunal Superior Eleitoral acabou de cassar o mandato do governador Cássio Cunha Lima, da Paraíba, e promete para breve o julgamento dos processos contra os governadores de Sergipe, Amapá, Tocantins, Santa Catarina, Maranhão, Roraima e Rondônia.

Descontados os detalhes específicos, as infrações são da mesma natureza: pouco caso em relação ao que a lei permite ou proíbe e absoluta ausência de cerimônia no trato da coisa pública. Isso tanto pode ser traduzido na compra de votos mediante distribuição de benefícios ditos sociais, como no uso indevido dos meios de comunicação ou na propaganda eleitoral fora do prazo permitido.

Uma espécie de financiamento público de campanha sem lei e na marra comum a todos os partidos, muitas vezes incentivado por demandas da própria população e tradicionalmente tolerado pela Justiça.

Como os prazos judiciais são muito mais lentos que o tempo eleitoral, quando uma denúncia chega a ser julgada por todas as instâncias – comprovada, portanto, que não é produto de vingança do adversário – o acusado, se eleito, já cumpriu boa parte do mandato. Diante do fato consumado, à Justiça restava fazer vista grossa baseada no princípio amplamente aceito de que a palavra do eleitor além de definitiva é sagrada, não cabendo a um tribunal decidir de forma diferente.

Essa regra plena de cinismo serviu durante anos à impunidade da quase totalidade de governantes que se valem do acesso à máquina pública para favorecer a si e aos seus aliados no processo eleitoral. Isso independentemente de ser ou não candidato à reeleição.

A norma serve até hoje no Congresso para o arquivamento de processos internos contra parlamentares reeleitos e é usada também para evitar abertura de ações por atos cometidos em período anterior ao mandato.

Depois dos escândalos de 2005, o Judiciário revolveu mudar o curso das coisas. Passou a ser mais rigoroso, interpretou a legislação onde era omissa e passou a ser acusado de extrapolar.

Quando cumpre a lei consequentemente desagrada a quem se acha acima desse detalhe. Tudo muito bom, mas ainda incompleto, como se vê pela lista de governadores ameaçados: só chefes de Estados política e economicamente irrelevantes.

Isso quer dizer que os outros se conduzem dentro dos melhores costumes? Nem de longe. As constantes reclamações do presidente Luiz Inácio da Silva contra exigências legais, as repetidas infrações do governo federal e de governos de Estados de ponta como São Paulo, Rio e Minas Gerais (abusados à exaustão na última eleição municipal) comprovam.

Não obstante a existência de provas bem mais substanciais, os maiorais ainda estão fora do alcance do ativismo judicial, cuja perfeição só será atingida se o *dura lex, sed lex* for igual para todos.

Omertà

No controle da Funasa há três anos, o PMDB atribui o plantel de falcatruas na entidade a "gestões anteriores", mas não explica se fala sobre a gestão de Paulo Lustosa, antecessor do atual presidente Danilo Forte, ambos do PMDB, ou sobre o período 2003-2005, quando a fundação esteve sob controle do PT.

Se o PMDB não está assumindo a conta da corrupção e do mau desempenho de que falam os relatórios do Tribunal de Contas da União, as denúncias do Ministério Público e também o ministro José Gomes Temporão, está repassando a fatura ao companheiro de aliança.

Em qualquer hipótese, o que se tem é uma capitania eivada de irregularidades crescentes, protegida por um pacto de silêncio quebrado pelo ministro da Saúde num momento de desatenção.

Recuperadas a frieza e a concentração no objetivo principal – a manutenção do controle do feudo –, voltou a reinar a conivência tácita.

2 x 0

É o segundo lance perdido pelo ministro da Saúde para questões de natureza política. No caso do PMDB, fisiológica. Para o PT, Temporão perde no campo dos interesses corporativos. Há um ano e meio o ministro tenta sem sucesso aprovar no Congresso um projeto de lei que transforma os hospitais públicos em fundações de direito privado, a fim de instituir critérios de qualidade mais próximos da iniciativa privada no atendimento da população que usa o sistema estatal.

Há algum tempo o ministro parou de falar no assunto, engatado na Comissão de Trabalho da Câmara, sem data para engrenar nem respaldo aparente por parte do Palácio do Planalto.

7 | 12 | 2008

Ato inconstitucional

Fausto Martin De Sanctis não era nascido quando a Constituição de 1946 começou a perder a validade e o Brasil iniciava, em 1964, um período de autoritarismo cujo fim só seria consolidado 24 anos depois com a promulgação da Carta de 1988.

Tinha três anos quando as prerrogativas constitucionais foram suspensas por completo, no dia 13 de dezembro de 1968, e substituídas pela vontade dos donos do poder mediante a edição do Ato Institucional n.º 5.

Era um adolescente de 13 anos quando, em 1978, o regime se viu compelido a revogar seu ato mais arbitrário, data que se convencionou marcar como o fim da ditadura e o início da distensão.

A democracia só voltaria quase inteira em janeiro de 1985, com a eleição ainda indireta de um presidente civil, morto antes da posse, substituído pelo vice, aliado do antigo regime, um exemplar fiador da transição.

Aos cidadãos brasileiros só seriam devolvidos na plenitude seus direitos e garantias em 1988, com a conclusão da Assembleia Nacional Constituinte e o arcabouço legal sob o qual Fausto Martin De Sanctis iniciaria três anos depois, aos 27 de idade, a sua carreira de juiz.

Trajetória impecável, implacável, referida no mais escorreito senso de Justiça. Especializado em crimes de colarinho-branco, condenou gente importante, traficantes, doleiros, empresários, banqueiros, enquadrou aos costumes entre todos os mais notórios.

Tudo dentro dos conformes até o momento em que, acusado de extrapolar os limites da lei, deu expressão ao sentido de seu coração justiceiro e resolveu negar a supremacia dos ditames da Constituição, para ele apenas um conjunto de ideias que não podem restringir as ações necessárias à transformação do Brasil.

Disse o juiz em sua justificativa: "A Constituição não é mais importante que o povo, os sentimentos e as aspirações do Brasil. É um modelo, nada mais que isso, contém um resumo das nossas ideias. Não é possível inverter e transformar o povo em modelo e a Constituição em representado. A Constituição tem o seu valor naquele documento, que não passa de um documento; nós somos os valores e não pode ser interpretado de outra forma: nós somos a Constituição". Fausto Martin De Sanctis foi muito criticado por externar um pensamento atinente ao senso comum, expressão pronta e acabada de um sentido de justiça voluntarioso, concernente às ruas, mas incongruente com o dever dos tribunais: a guarda absoluta do respeito às leis, não obstante suas limitações e imperfeições.

O juiz De Sanctis certamente conhece muito bem o texto do ato mais inconstitucional da História recente do Brasil, salvo-conduto à violência do Estado contra os cidadãos que, ao juízo dos parâmetros da ditadura, eram inimigos do Brasil.

A ausência de vivência daquela época talvez tenha no juiz e em tantos outros brasileiros de sua geração o sentimento de que o sentido do correto é superior aos entraves da lei. Tudo contra o mal se explica e justifica.

A distância de 40 anos obscurece a visão de que Artur da Costa e Silva e 16 ministros de Estado tinham plena convicção de que defendiam a preservação do modelo institucional mais conveniente ao Brasil.

Ao juiz e a todos os brasileiros que consideram a Constituição insuficiente para o cumprimento da missão indispensável de pôr o país nos eixos, seria recomendável a leitura daqueles 12 tenebrosos artigos.

Não porque em qualquer hipótese queiram se associar às ordens ali escritas, mas para que possam perceber o germe do abuso subjacente a um senso de justiça deturpado.

Ali, a alegação apresentada era a do imperativo de se preservar "a autêntica ordem democrática, baseada na liberdade, no respeito à dignidade da pessoa humana, no combate à subversão e às ideologias contrárias às tradições de nosso povo, na luta contra a corrupção, buscando, desse modo, os meios indispensáveis à obra da reconstrução econômica, financeira, moral e política do Brasil".

Aqui, 40 anos passados, quando o juiz De Sanctis serve apenas como símbolo de uma boa intenção apartada da referência histórica e da força da isonomia dos princípios, o que se tem no Brasil é o risco da opção pelo caminho mais curto e aparentemente mais justo.

Não se deve comparar os propósitos, dirão os que ainda não compreenderam que não há cotejos acusatórios, mas um convite à reflexão. De fato, mas vamos reparar: no AI-5, que deu ao regime o poder de decidir sobre a vida e a morte dos brasileiros, nada autoriza a violência, a tortura. Ela aparece como consequência. Tudo começa como uma proposição de respeito à lei, mas acaba em abuso porque os meios implicam indiferença às normas vigentes, "insuficientes" e, portanto, passíveis de atropelo.

Vale para o bem e para o mal, dependendo do ponto de vista do que seja bom ou mau. Esses 40 anos de AI-5 nos ensinam uma comezinha lição: antes uma Constituição imperfeita que a negação da supremacia do valor constitucional.

11 | 1 | 2009

Autossuficiente da Silva

O desapreço do presidente Luiz Inácio da Silva pela leitura já estava devidamente registrado na galeria dos chefes da nação brasileira desde a comparação do ato de ler ao esforço de uma caminhada em esteira mecânica, ressaltado o caráter desconfortável da atividade física e, por consequência, do exercício mental.

Corria o mês de abril de 2004 quando o presidente abriu mais uma edição da Bienal Internacional do Livro, em São Paulo, a tese: "A leitura, para a criança, é o mesmo que uma esteira para uma pessoa da nossa idade. Muita gente até coloca uma esteira no quarto, muitas vezes até coloca na beira da cama, pensando: amanhã vou levantar e vou começar a andar na esteira. Mas todo dia se levanta com uma preguiça desgramada e vai ficando para o dia seguinte. Isso é como o livro para uma criança que não adquiriu no tempo certo o gosto pela leitura". Na edição em bancas da revista *Piauí*, Lula discorre sobre sua particular ojeriza por notícias. Revela ao jornalista Mário Sérgio Conti algo mais que uma "preguiça desgramada" de ler.

Demonstra aversão ao contato com qualquer tipo de crítica. Elas lhe fazem mal ao estômago, acentuam seu "problema de azia". Daí o caráter profilático da distância ainda maior que mantém entre sua pessoa e escritos em geral nos fins de semana.

Não apenas adota a receita, como a recomenda "a qualquer presidente".

Afastem-se da imprensa e aproveitem o ensejo para ficar longe dos políticos também, aconselha.

A menos que se precise de um ou de outros para divulgar suas palavras e corroborar seus atos.

Na versão integral da reportagem|entrevista da *Piauí*, Lula se diz surpreso com o fato de seu ex-ministro José Dirceu ter aceitado a companhia de uma profissional de imprensa – da mesma revista – durante uma semana.

Na visão dele, Dirceu se "desnudou" diante da jornalista de forma absolutamente imprudente. O que o presidente da República não tenha notado talvez é que se exibiu igualmente desnudo para Conti. Que transmitiu aos leitores algo até então escondido sob o manto da autossuficiência.

O presidente Luiz Inácio da Silva não tem opinião própria. Não forma juízo a partir do cotejo entre informações, diferentes interpretações dos fatos, óticas diversificadas, lógicas variadas.

O presidente Luiz Inácio da Silva disse à imprensa que só sabe o que lhe dizem. "Um homem que conversa com o tanto de pessoas que eu converso por dia deve ter uns 30 jornais na cabeça todo santo dia", diz ele.

Diria bem melhor, de forma gramaticalmente mais compreensível no português pátrio (não culto, elaborado, elitizado, apenas o idioma pátrio, usado na linguagem acessível do noticiário), se não fizesse como as crianças que por alguma circunstância não adquiriram o gosto pela leitura desde cedo e depois, na idade adulta, tomaram horror a esteiras.

Lendo, escreve-se, fala-se e se pensa melhor. Mais não seja por reflexo, treino.

Mas o presidente, referido na oralidade, prefere que lhe digam resumidamente o que vai pelo Brasil e o mundo. Escolhe terceirizar sua capacidade de percepção e análise, deixar na mão dos outros aquilo que certamente, com sua celebrada sagacidade e intuição, faria com muito mais eficácia. Tirando disso prazer e proveito inenarráveis.

Só experimentado por quem de vez em quando fecha a boca, apura os ouvidos, aguça a visão e, de posse da inteireza de suas aptidões, traça paralelos entre o que pensa o "outro" – entidade essencial no exercício da convivência e no combate aos excessos da autossuficiência, do isolamento – e chega às próprias conclusões.

Não é o caminho mais curto, mas é a maneira mais segura de ao menos se manter alguma coerência na vida, bem como algum compromisso com a palavra dita.

Natureza

Resumo da ópera governo-PMDB nas preliminares das eleições para as presidências da Câmara e do Senado, sob a ótica de um político governista que já foi ministro: "O Palácio do Planalto fica imobilizado, no aguardo de que em 2010 o PMDB faça diferente de 2008 e se alie preferencialmente ao PT. Alimenta o crocodilo na esperança de ser devorado por último".

Fora de foco

Noves fora, da manifestação do assessor especial da Presidência, Marco Aurélio Garcia, qualificando como "terrorismo de Estado" os ataques de Israel em Gaza, sobra apenas o ridículo da cena.

Se a posição brasileira não influi na organização da ordem geral daquele drama milenar, a declaração de um auxiliar presidencial, em faixa paralela à política do Itamaraty, tampouco contribui para o Brasil se postar da maneira adequada a um país que é líder regional e abriga em boa convivência imensas comunidades de ascendência árabes e judaica.

Constatação óbvia e por isso mais eloquente a inconveniência.

14 | 1 | 2009

A volta de quem não foi

Os exemplos são muitos, mas os casos de Antonio Carlos Magalhães e Jader Barbalho são as mais expressivas demonstrações de que políticos envolvidos em denúncias e escândalos podem até ser reconduzidos pelo voto às antigas tribunas, mas nunca mais são os mesmos.

De um modo geral, não recuperam o prestígio e o poder perdidos.

Senadores, poderosos, caciques de seus partidos, PFL e PMDB, ACM e Jader tinham comando sobre a chuva e o sol na política, até se virem obrigados a renunciar aos respectivos mandatos. Antonio Carlos em maio de 2001, acusado de violar o sigilo do painel eletrônico na votação de cassação do então senador Luiz Estevão; Jader em setembro do mesmo ano, alvo de denúncias de desvio de verbas no Banpará.

No ano seguinte, ambos foram reeleitos ao Congresso: ACM ao Senado e Jader à Câmara. Nenhum dos dois jamais foi sombra do que já tinham sido. O senador baiano morreu em 2007 reverenciado pelo passado, mas sem influência no presente e o deputado paraense dá as cartas nos bastidores graças a uma aliança com o PT nos planos regional e nacional, mas não é uma companhia benquista.

Como eles, muitos outros. Vários retornaram depois de muito tempo à vida pública, alguns nunca saíram dela e há até os que estrearam recentemente nos papéis de protagonistas de escândalos depois de anos de serviços prestados ao discurso na probidade na oposição.

É o caso dos mensaleiros do PT e também de Antonio Palocci, ex-ministro da Fazenda, apontado como o mandante da violação do sigilo bancário do caseiro Francenildo Santos Costa, tido como possível candidato do PT ao governo de São Paulo ou ministro de novo se o Supremo Tribunal Federal rejeitar a denúncia da Procuradoria-Geral da República.

A decisão é esperada para o próximo mês, assim que o Supremo voltar do recesso. Se a Corte julgar improcedente, Palocci fica, em tese, livre desse peso e, segundo se diz no governo, pode voltar ao ministério e retornar à lista de candidatos do PT a cargos majoritários.

Teoricamente é possível mesmo. Mas só na teoria. Na prática, a situação não é tão tranquila. Para ministro, um pouco menos complicado. Basta uma decisão do presidente, a disposição de deixar passar a fase inicial de questionamentos e a consciência de que o fantasma das denúncias sobre irregularidades na prefeitura de Ribeirão Preto ainda está à espreita.

Para o PT fazer de Palocci candidato, o quadro é mais difícil. Enfrentar eleição majoritária com investigações em aberto e todas as evidências produzidas no episódio Francenildo é um risco; equivale a fazer metade do serviço para o adversário.

Muito se fala a respeito da leniência das leis e da tolerância do eleitor no tocante a uma (ou muitas) nova oportunidade. Mas não se confere o devido peso a um dado da realidade: políticos, quando moralmente condenados ou atingidos, têm cortadas suas cordas vocais. Na melhor das hipóteses continuam podendo agir, mas não dispõem mais da mesma capacidade de falar e ser ouvidos.

Comparemos o deputado José Genoino de hoje ao Genoino de antes do escândalo do mensalão que o alcançou na presidência do PT e, nessa condição, avalista dos empréstimos fictícios ao partido intermediados por Marcos Valério.

O político vivaz, falante, participativo deu lugar a um homem amargo, retraído, silencioso, ressentido. Envergonhado. Um dos raros, diga-se.

Por inteligência e atributo de caráter, Genoino tem noção do que se passa; o constrangimento impede o atrevimento.

Não é o caso de José Dirceu. Mesmo confrontado com acusações graves, deixou a Casa Civil disposto a "governar da Câmara". Pretendia, como parlamentar, liderar a bancada governista e até presidir a instituição. Tal pretensão não teve a duração de um discurso, que não conseguiu sequer terminar, questionado em sua legitimidade. Pouco depois seria cassado e hoje aguarda o julgamento do Supremo agindo como se nada tivesse ocorrido.

Ele fala – tem direito –, mas não influencia.

O senador Eduardo Azeredo. Foi governador de Minas Gerais, presidente do PSDB, é investigado pelo STF pelo uso de esquema Marcos Valério, dispõe ainda do mandato, mas aniquilou-se a atuação política. Quanto mais quieto, mais contribui.

O ex-presidente do Senado, acusado por quebra de decoro e absolvido por seus pares, Renan Calheiros, quer desmentir as escrituras e, como líder do PMDB, tentar recuperar o antigo poder. Como quem repõe pasta de dentes no tubo esvaziado e assaz danificado.

Morder e assoprar

Presença de espírito – ou senso de oportunidade, para fins profissionais – não falta ao presidente Lula.

O arremesso de sapato ao jornalista na visita à Couromodas prestou-se à diluição do mal-estar provocado pelas declarações segundo as quais imprensa faz mal à saúde (dele).

Lula troca a figura do intolerante pela imagem do governante brincalhão e, por isso, inimputável.

29 | 1 | 2009

Como Pôncio Pilatos

A candidatura do senador José Sarney à presidência do Senado não foi decidida na semana passada nem é fato que tenha contrariado o presidente Luiz Inácio da Silva nem chegado ao conhecimento dele no encontro que os dois tiveram dia 20 último.

É urdida há quase dois meses. A data da operação em si pode ser estabelecida a partir do dia 18 de dezembro quando o presidente do Senado, Garibaldi Alves, num movimento estranho, mas agora compreensível, foi lançado pelo PMDB à reeleição, a despeito dos questionamentos jurídicos.

Naquele mês, mais de um senador da base governista foi chamado ao gabinete de Renan Calheiros e ouviu que José Sarney seria o próximo presidente do Senado e, ele, Calheiros, líder do partido. O roteiro da trama é conhecido, mas poucos ousam revelá-lo e nenhum senador o faz sem a proteção do anonimato.

Articulador da candidatura por intermédio da qual volta

ao poder e busca o prestígio perdido em meio a denúncias que lhe custaram a renúncia à presidência do Senado e um processo no Supremo Tribunal Federal, Renan Calheiros abriu o jogo na ocasião.

Disse que tiraria a liderança de Valdir Raupp, que no dia 20 de janeiro Sarney anunciaria a candidatura e que até lá seria necessário criar um fato para impedir a viabilização da candidatura do petista Tião Viana.

Dito assim, exatamente assim foi feito. O senador Garibaldi prestou-se ao papel de simular a retomada da ideia de se candidatar à reeleição e, desse modo, evitou que Viana se consolidasse, o que fatalmente ocorreria se ficasse sozinho no páreo.

Na ocasião, quem quis foi conferir o roteiro com Sarney. A conversa, meio atravessada como sempre, foi sendo conduzida para o desmentido, a negativa da candidatura. Até que Sarney fez uma vírgula, e disse o que de fato queria dizer: "Mas o Tião, nesse meio tempo, terá que decolar..." Pois "nesse meio tempo", o PMDB tudo fez para que não decolasse. Lançou Garibaldi, manteve a possibilidade Sarney no ar e foi levando em banho-maria o momento de decisão que seria anunciada logo após o encontro com Lula.

Reunião de cartas marcadíssimas. O presidente explicou a Sarney que já havia tentado demover Tião Viana da candidatura, naquela altura irreversível, assumida no PT com o compromisso de ir até o fim, "dê o que der".

O senador, então, deu cartada final, dizendo ao presidente que, se ele pedisse, retiraria a candidatura. Lula respondeu que não "faria isso" com um "parceiro" leal e um político da estatura de Sarney. Estava, portanto, sacramentado o abandono de Tião Viana à própria sorte.

Destino, ademais, traçado por diversos companheiros que

o alertaram para que não se iludisse, pois seria deixado no meio do caminho.

Feita a cena no dia 20, no dia 21 Sarney começou a procurar os colegas senadores. Comunicou a "revisão" daquela posição de não concorrer e relatou a conversa com o presidente. Só.

Não pediu voto, mas começou a negociar os cargos na Mesa, assegurando ao DEM logo a primeira-vice-presidência para o senador Heráclito Fortes, um dos mais aguerridos opositores do governo Lula.

Ao PSDB de maneira enviesada fez entender que os votos do partido poderiam levar o apoio do grupo aliado a Lula desde o primeiro momento da campanha pelo primeiro mandato para a candidatura José Serra a presidente em 2010.

Pelo que anda dizendo o presidente do partido, senador Sérgio Guerra, a seus pares, o tucanato acreditou.

Não teria tanta confiança assim, porém, se tivesse tido oportunidade de testemunhar a sem-cerimônia com que aliados de Sarney circulam por Brasília comemorando antecipadamente a vitória no Senado e apostando que, na Câmara, não se elege Michel Temer e sim Aldo Rebelo, cuja campanha, cumpre registrar, está mergulhada no silêncio e no mistério.

Ele atua fortemente, pedindo votos sob o argumento de que não interessa a ninguém, nem ao governo nem à oposição, ver o PMDB no comando total do Congresso.

O grupo de Michel Temer acusou o golpe desde o primeiro instante e passou a trabalhar contra Sarney. Eles não querem briga com o presidente da República (em nome dos cargos que ocupam desde a reeleição), mas já detectaram a evidência: para o Palácio do Planalto não seria de todo mau – ao contrário – que Temer seja derrotado.

Principalmente se Aldo Rebelo ganhar, abrindo-se a oportunidade para a compensação pela derrota para Arlindo Chinaglia, na eleição de presidente da Câmara em 2007, e a desistência da candidatura a prefeito de São Paulo para integrar, como vice, a chapa de Marta Suplicy.

E qual o ganho da eventual derrota de Temer?

A perda do comando do partido, hoje presidido por ele, cuja máquina nacional é diamante para qualquer que seja o plano de Lula para 2010. Esse grupo, como se sabe, é próximo de José Serra, fez parte do governo Fernando Henrique Cardoso e, desde a adesão da seção paulista à candidatura de Gilberto Kassab, costeia perigosa, mas firmemente, o alambrado do campo adversário.

12 | 2 | 2009

Dom de iludir e confundir

O presidente Luiz Inácio da Silva tem uma espontaneidade seletiva. Diz o que lhe vem à cabeça de acordo com o que acredita saberá bem ao paladar da plateia na ocasião.

Na terça-feira precisava dar um jeito de convencer os prefeitos reunidos em Brasília que não haviam sido convidados a fazer o papel de massa de manobra eleitoral.

Não teve dúvida (nem criatividade): sapecou as aleivosias de sempre, desta vez caprichando de modo especial no dom de confundir para iludir.

Vestiu a carapuça do uso da máquina federal para fins eleitorais no espetáculo montado sob o gentil patrocínio dos cofres públicos e acentuou ele mesmo o caráter pejorativo da denominação "pacote de bondades", dada aos agrados distribuídos às prefeituras em troca da presença de seus titulares no comício.

Esquisito alguém se irritar daquela maneira por ser visto como benemérito.

Houvesse o noticiário qualificado o presentinho como "pacote de maldades" ainda se admitiria uma reação mais animosa.

A zanga, então, só pode estar relacionada à consciência que Lula tem sobre a exorbitância cometida e sua contrariedade em ver isso exposto com clareza aos eleitores, ouvintes e telespectadores.

Ele, decerto, preferiria que os meios de comunicação fossem acríticos, não vissem, e se vissem não dissessem o que está à vista de todos, mas não pode ser dito, pois se trata de uma ilegalidade.

"Dona Dilma", como o presidente Lula agora chama a candidata à sua sucessão, é tida como candidata, recebida como candidata, apresentada como candidata, anda para lá e para cá como candidata, Lula faz de tudo para que assim ela apareça no noticiário, mas não admite que se digam as coisas como elas são.

Quer que sejam ditas como lhe interessam.

No encontro de prefeitos, queria que as notícias relatassem uma reunião de trabalho entre o presidente, ministros e chefes de executivos municipais.

Sem nenhum outro significado: de promover Dilma Rousseff, propiciar um passeio com presentes em substituição a uma marcha de reivindicações ou angariar simpatias de potenciais cabos eleitorais.

A própria forma do evento impediu que se desse a ele a interpretação pretendida. Lula anunciou que proporia aos prefeitos um pacto contra a mortalidade infantil, em favor do desenvolvimento, no combate ao analfabetismo.

Pacto pressupõe o cotejo de várias vontades e a formação de um consenso ao final. O que se viu foi um palco e uma plateia sem direito a voz a não ser para manifestar entusiasmo e agradecimento pelos brindes recebidos.

O presidente da República é avesso a críticas e, como na sua concepção autoritária do exercício do poder o chefe se confunde com a nação, qualquer atitude diferente da reverência e subserviência mental é recebida como ofensa pessoal, tratada como crime de lesa-pátria.

Em nome da defesa da soberania (da vontade dele), Lula acha que vale tudo.

Inclusive inventar para melhor manipular reações em seu favor. Acredita que ao presidente todas as homenagens são devidas, mas o chefe da nação não deve nada a ninguém. Sequer respeito pelo contraditório natural da democracia.

Considera-se abusado em sua "inteligência" por "insinuações grotescas" de uso eleitoral de solenidade oficial, mas abusa sem contemplação da capacidade alheia de discernir, pretendendo interditar o raciocínio lógico e a liberdade de apreciações críticas.

Sem qualquer cerimônia, no encontro dos prefeitos o presidente da República misturou o conteúdo de uma única carta de leitor publicada em um jornal com a informação de que várias prefeituras estavam inadimplentes com o INSS e ainda assim poderiam renegociar suas dívidas, para dizer que a imprensa havia chamado seus convivas de "ladrões".

"Não deram sequer a oportunidade para vocês mostrarem que não são os ladrões que escreveram que vocês são." Jornalista algum escreveu isso, mas foi dito pelo presidente, indignado porque "tem gente que pensa que o povo é marionete".

Altos e baixos

A Câmara não sabe da missa a metade. Não captou a mensagem da indignação geral contra o caso Edmar Moreira.

O problema da opinião pública não é com o deputado, mas

com o conjunto da obra do colegiado, cujos líderes voltaram a agir como se nada tivesse acontecido.

Mal Moreira deu as costas da Mesa Diretora, suas excelências engavetaram proposta de divulgação na internet das notas fiscais dos gastos com a verba extra e deixaram para lá a ideia de fazer da corregedoria da Casa uma instância autônoma, provando que a sugestão inicial tinha o único objetivo de tentar livrar o castelão do constrangimento da renúncia.

Se os presidentes José Sarney e Michel Temer querem, conforme alegam, fazer do Congresso um ambiente para discussão de assuntos altos, como a crise econômica internacional, só conseguirão se mexerem primeiro no passivo de assuntos baixos.

28 | 2 | 2009

Barbárie consentida

O presidente do Supremo Tribunal Federal, Gilmar Mendes, foi apenas mais explícito e retumbante devido ao peso do posto.

No conteúdo, suas declarações logo após o assassinato de quatro seguranças de fazenda em Pernambuco seguiram a linha dos inúmeros alertas feitos a propósito da série de ilegalidades consentidas cometidas pelo Movimento dos Trabalhadores Rurais Sem-Terra e denominações adjacentes.

O governo Luiz Inácio da Silva ignorou solenemente todos os avisos de que mais dia menos dia se veria na contingência de pagar o preço da leniência, seja pelo imperativo de usar a força do Estado para coibir os crimes ou pela constrangedora constatação de que o Estado é cúmplice de criminosos.

Pois eis que o presidente da Corte Suprema do país afirma que o governo acoberta os atos ilegais do MST e o Palácio do Planalto não tem como se defender. Presidente da República, ministro do Desenvolvimento Agrário e demais autoridades da área saíram pela tangente: silenciosos, usaram versões de assessoria para classificar de "descabida" a atitude do magistrado por falar "fora dos autos".

Ora, a que autos se referem? Nessa altura, os únicos condizentes com a situação seriam os autos de um bom processo cobrando a responsabilidade do poder público por reiterada infração às leis em vigor no país.

Não fossem o Ministério Público, o Congresso Nacional e os partidos tão suaves diante da acintosa decisão do Executivo de dar aos sem-terra salvo-conduto para transgredir, o presidente do STF poderia falar "dentro" dos autos.

Não havendo processo, faz a sua parte assim mesmo e se manifesta contra agressões à propriedade privada, ao patrimônio público, à pesquisa científica, aos direitos e garantias individuais, às regras de convivência coletiva e, agora, à vida humana.

Começaram invadindo terras improdutivas, em seguida invadiram as produtivas, prosseguiram ocupando prédios públicos, destruindo laboratórios de pesquisa, promovendo a baderna nas dependências do Poder Legislativo, numa escalada de vandalismo cuja culminância foi o assassinato dos quatro seguranças em Pernambuco.

Em contrapartida já foram recebidos com honras de Estado no Palácio do Planalto, ganharam o controle do Incra, continuam a ser sustentados por verbas oficiais, tiveram o apoio do Ministério da Previdência Social para requerer aposentadoria rural e, façam quaisquer barbaridades, do governo federal ouvem no máximo reprimendas paternais.

Tudo em nome do "respeito" aos movimentos sociais, em flagrante desrespeito aos genuínos movimentos sociais. Todos restritos, como os demais setores da sociedade, aos limites legais.

Desde o começo do governo, o presidente Lula fez uma clara opção: entre a lei e o MST, escolheu o lado dos sem-terra.

A matriz da tolerância revelou-se já no início do ano de 2003 quando o então ministro do Desenvolvimento Agrário, Miguel Rossetto, avisava que não cumpriria a medida provisória do governo anterior, proibindo repasses de verbas e excluindo do programa de reforma agrária entidades e pessoas envolvidas em invasões.

Para Rossetto aquela era a expressão do "autoritarismo de Estado" ao qual o PT não se associaria porque, de acordo com a nova concepção, qualquer legislação punitiva representava a criminalização dos movimentos sociais.

À falta de força política e de argumentos aceitáveis para derrubar a lei – por meio de outra medida provisória, por exemplo –, o governo escolheu simplesmente ignorá-la.

E as outras instituições simplesmente aceitaram essa lógica de um grupo que chega ao poder e resolve unilateralmente cumprir ou descumprir a legislação de acordo com suas convicções.

Louvem-se as posições dos presidentes da Câmara e do Senado, que se manifestaram em acordo ao presidente do STF. Apropriada, também, a constatação do governador de Pernambuco, Eduardo Campos, a respeito do destino reservado a homicidas, "a cadeia".

Agora, cumpre lembrar a incoerência dos três que apoiam um governo insensível ao princípio constitucional da igualdade de todos perante a lei.

O presidente do Senado, José Sarney, não faz coro às críticas palacianas ao comportamento do presidente do Supremo. Aponta que Gilmar Mendes defende o estado de direito e as liberdades públicas.

Fala do respeito aos direitos alheios, bem como o presidente da Câmara, Michel Temer, enxerga nas ações do MST violação constitucional.

Esquecem, propositadamente, de estabelecer a relação de causa e efeito entre o recrudescimento gradativo da ousadia dessas hordas e a indulgência com que são tratadas recebendo, por omissão, licença para invadir, destruir, barbarizar e agora também para matar.

Não caberia ao chefe da nação nem a ninguém além da Justiça a iniciativa ou o ato de punição. A condenação moral, contudo, baliza valores no presidencialismo forte do Brasil. Feito quase imperial na era Lula, na prática, quando o Poder Executivo cala o resto consente.

5 | 4 | 2009

Obama é o cara

O presidente Luiz Inácio da Silva saiu muito bem na foto da reunião do G-20, mas o presidente Barack Obama saiu-se muitíssimo melhor. A comparação não diminui Lula em nada, ao contrário. É preciso ter um certo charme, muita simpatia e carregar alguma simbologia para ser chamado a dividir a cena com um catedrático na matéria artimanhas da sedução.

Obama poderia ter escolhido qualquer outro para destacar da roda de presidentes no momento reservado à descontração. Escolheu Lula porque lhe pareceu o parceiro perfeito, entre aqueles senhores e senhoras desprovidos de peculiaridades pessoais, para chamar de "meu chapa".

O único a reunir origem operária, nacionalidade de emergente, ficha aprovada no item condução da economia, em dia no quesito democracia e de bem com a vida no que diz respeito à popularidade interna.

Tudo nos conformes para Barack Obama mais uma vez

acentuar seu perfil "gente como a gente" no monumental trabalho de relações públicas para reaproximar os Estados Unidos do mundo e tirar do país o ranço de império do mal levado ao paroxismo pelo antecessor.

Ao elogiar Lula – "eu adoro esse cara", "é o político mais popular da terra"–, Obama atrai para si tudo o que aquela atitude reflete: desprendimento, naturalidade de expressão afetiva, capacidade de reconhecer qualidades alheias em público e ressaltá-las, alegria, leveza, jovialidade, zero de afetação e por aí seguem-se atributos que o traduzem como o melhor dos contrapontos à representação contida na figura de George W. Bush.

Evidentemente, Obama sabe quem é o político mais popular do planeta, bem como consegue perceber que o presidente brasileiro não estaria entre os finalistas em concurso de "boa-pinta". Não era, porém, a exatidão o que estava em jogo ali.

E, no jogo proposto, o presidente americano mostrou-se um craque: fez brilhar a própria estrela lustrando o brilho do outro; transpareceu humildade, enaltecendo a grandeza do realmente mais humilde no sentido de poder, importância e influência.

Lula, por sua vez, fez direito a parte que lhe cabia: "Obama tem a cara da gente", declarou feliz, como quem recebera a recompensa por toda a existência.

Terá sido ainda mais bem recompensado se perceber que ganhou de Obama mais que elogios. Recebeu de presente uma lição. Caberá a ele absorver – ou não – da melhor forma o conselho involuntário transmitido por seu novo "chapa": o verdadeiro astro é aquele que sabe atrair a luz por gravidade.

Sem cabotinismo, autoexaltação, apropriação dos méritos alheios, anulação das qualidades de outrem, manifestações de egolatria, sem ira nem ressentimento. Com modéstia, simplicidade, classe, compostura verbal e respeito ao contraditório.

Por tabela

Uma comparação entre o valor do salário mínimo e o subsídio dos parlamentares mostra que de 1995 a 2009 houve uma substancial redução entre um e outro. Há 14 anos o mínimo era de R$ 100, sendo necessários 80 deles para pagar os R$ 8.000 da remuneração mensal de um congressista.
Hoje, os deputados e senadores ganham R$ 16.512. Com o mínimo valendo R$ 465, são necessários 35 salários para remunerar um parlamentar.
Porém, se for somada a verba indenizatória de R$ 15 mil mensais, o subsídio do congressista vai para R$ 31.512 e o número de salários mínimos contidos nesse valor sobe para 67.
Esses números circulam a propósito de comprovar que o Congresso sofreu uma redução salarial e que as resistências aos aumentos criam uma polêmica demagógica.
Olhando bem as contas percebe-se que o mínimo subiu mais de quatro vezes no período, de R$ 100 para R$ 465, e o salário dos congressistas (somada a verba indenizatória) aumentou quase na mesma proporção, de R$ 8.000 para R$ 31.512.
A verba não pode ser vista como salário? Tecnicamente não, mas na prática é, e ainda melhor. Sobre ela não há desconto de Imposto de Renda nem repasse para os partidos que cobram porcentual de contribuição dos parlamentares. No caso do PT, salgados 30%.
Por essas e talvez algumas outras, a retomada da proposta de incorporação da verba aos salários, de fato e direito,

pode encontrar resistência. Como o teto do funcionalismo é R$ 24.500, os deputados e senadores teriam uma redução na quantia recebida por mês e ainda precisariam pagar imposto sobre mais R$ 8.000 em relação ao salário oficial de hoje.

Agora, se a ideia for incorporar a verba até a quantia máxima permitida e preservar a diferença (entre R$ 24.500 e R$ 31.512) como ressarcimento, aí sim haverá adesão total.

Passo a passo

O ex-governador Geraldo Alckmin abraçou a causa da chapa puro-sangue José Serra-Aécio Neves para a presidência em 2010. Quando era ele o pretendente, em 2006, defendia outra tese: "O Brasil é um país multipartidário, por isso precisamos de alianças".

15 | 4 | 2009

Abandonado na pista

Juntem-se as provas de que a Operação Satiagraha produziu estoque de material paralelo à investigação sobre o banqueiro Daniel Dantas; acrescente-se a elas a confirmação do delegado Protógenes Queiroz de que agiu para atender a interesse da Presidência da República; a esses dois fatos adicione-se a recusa do ex-chefe da Abin Paulo Lacerda de voltar à CPI dos Grampos para explicar os detalhes obscuros da operação.

Não é necessário *expertise* de estrategista, basta somar e aplicar rudimentos da lógica mais elementar para perceber nitidamente a existência de uma situação no aparelho de Estado, no mínimo, mal contada e, no limite, altamente suspeita.

O delegado Protógenes, verdade seja dita, não é hoje o personagem mais digno de fé da República, dada a quantidade e variedade das idas e vindas nas versões por ele apresentadas sobre sua atuação como chefe da Operação Satiagraha.

Se visto como louco ou incapaz, mentiroso ou vingativo,

candidato a salvador da pátria ou oportunista explorador da utopia alheia, suas palavras, isoladamente, não seriam dignas de crédito.

O problema é que o que o delegado Protógenes diz em boa medida encontra sustentação nos indícios recolhidos pela Polícia Federal na investigação sobre a atuação dele à frente de uma operação montada para capturar um banqueiro acusado de usar métodos empresariais escusos e que acabou relevando a manipulação oficiosa do aparato oficial de segurança. Ainda não se sabe exatamente por ordem de quem e para atingir quais objetivos.

Fato é que um delegado recebeu salvo-conduto para agir livremente ao arrepio da hierarquia, teve à disposição recursos abundantes, contratou agentes no submundo da arapongagem originária do antigo SNI, arquivou em casa material recolhido em escutas ilegais sobre pessoas que nada tem a ver com o objeto do inquérito em si, distribui ilegalmente senhas de acesso a equipamentos de uso restrito e, de repente, esse mesmo delegado passa a ser tratado como se fosse uma deformação nascida e criada por geração espontânea, sob a qual ninguém tem responsabilidade, cujos métodos heterodoxos e atitudes fundamentalistas são condenadas.

Não obstante inverossímil, essa versão da história tem sido tacitamente aceita. De um lado por aqueles com dificuldade de raciocinar sem o maniqueísta instrumento da divisão entre o bem e o mal – Protógenes como a encarnação do santo guerreiro e Daniel Dantas no papel de dragão da maldade.

De outro, pelos que deixaram o delegado "abandonado na pista" quando as coisas começaram a dar errado.

Mal comparando, como os militares encarregados de explodir a bomba no Riocentro depois de o artefato explodir no colo deles.

Até o depoimento do delegado semana passada na CPI, a história pôde vingar.

Protógenes calou sobre qualquer coisa que pudesse incriminá-lo, não confirmou nem desmentiu depoimentos anteriores.

Mais eis que ontem o repórter Vasconcelo Quadros publica no *Jornal do Brasil* uma entrevista do delegado em que ele retoma primeira versão contada ao Ministério Público do Distrito Federal, segundo a qual atuou em "missão presidencial" sob a coordenação direta do então diretor-geral da Polícia Federal e depois chefe da Agência Brasileira de Inteligência, Paulo Lacerda.

Para demonstrar a veracidade do que diz, convida o público a "prestar atenção na estrutura que colocaram à minha disposição".

E reforça: "Por que me dariam essa estrutura se não houvesse interesse do governo? O que não consigo entender é por que as coisas mudaram de uma hora para outra. As investigações voltaram-se contra o investigador". Reclamou de ter sido deixado "sozinho" e queixou-se da mudança de atitude de Paulo Lacerda. Antes, o recebia sempre para orientar sobre o andamento da investigação. Depois que o presidente do Supremo Tribunal Federal, Gilmar Mendes, denunciou ter sido grampeado ilegalmente e estar sendo alvo de tentativa de constrangimento moral, Lacerda foi exonerado, promovido a adido policial na embaixada brasileira em Lisboa e afastou-se de Protógenes.

"Ele me recebeu por apenas 15 minutos e fez questão de encerrar logo a conversa", contou o delegado ao *JB*.

Por que externar a mágoa depois de ter calado na CPI? Policial experiente, bem-sucedido em várias operações contra criminosos de colarinho-branco, sabe, sim, por que as "investigações se voltaram contra o investigador".

Porque ele cometeu ilegalidades e quem deixou que fossem cometidas não queria se associar ao executor das ações subterrâneas na hora da adversidade. Há, portanto, um dilema posto: ou bem o delegado Protógenes mente e delira e, sendo assim, não cabe no figurino de salvador do Brasil ou sabe o que diz. Nessa hipótese, está dizendo ao país que o Estado dá guarida a grupos que atuam ao arrepio dos controles sociais e institucionais, em nome de fins incertos, mediante meios que não se justificam, pondo em risco a democracia e fazendo letra morta de profissões de fé de intenções republicanas.

28 | 5 | 2009

Fracasso invulgar

A recente derrota do Brasil na disputa por uma representação na Organização Mundial do Comércio (OMC) não foi uma derrota qualquer. Destaca-se não pelo resultado em si, mas pelo conjunto da obra absolutamente desastrosa.

Ficou ruim para todo mundo: para a ministra Ellen Gracie, para o ministro das Relações Exteriores, Celso Amorim, e para o Brasil, que já se notabiliza como um colecionador de fracassos individuais naquele tipo de certame, tantas foram as apostas erradas feitas durante o governo Luiz Inácio da Silva.

Celso Amorim, como bem aponta o embaixador Rubens Ricupero, conhece o nome e as regras do jogo. Portanto, seria leviano atribuir os equívocos grosseiros e os argumentos mal-ajambrados usados na defesa do nome de Ellen Gracie à qualificação dele como diplomata.

Tampouco é verossímil que o presidente da República tenha tomado a si a questão e imposto a Amorim a forma de agir. No mínimo teria consultado o chanceler a respeito dos prós e contras envolvidos.

É de se supor que um diplomata experiente como Celso Amorim soubesse que as chances eram pequenas tendo em vista que o posto reivindicado acabara de ser ocupado por outro brasileiro (Luís Olavo Baptista) durante oito anos.

É de se imaginar também que um diplomata experiente como Celso Amorim soubesse das exigências do comitê de seleção da OMC em relação ao conhecimento na área de comércio internacional, tido como insuficiente no currículo da candidata.

É de se presumir que um diplomata experiente como Celso Amorim soubesse da impropriedade do argumento rudimentar de que a candidata brasileira era a escolha acertada justamente pela carência de conhecimento específico. Daria a ela um olhar livre de preconceitos sobre as questões em julgamento.

Portanto, é de se concluir que o chanceler seguiu uma orientação. Se foi apenas realista, no tocante à realidade de governo que o cerca, ou se foi mais realista que o rei, não importa.

Em qualquer das duas hipóteses, uma coisa é certa: Celso Amorim segue à risca o propósito anunciado desde o início de "servir ao governo Lula".

Por mais caro que isso custe ao Estado brasileiro a quem o Itamaraty, assim como as Forças Armadas, deve por princípio de ofício servir, sejam quais forem os compromissos ideológicos do governo em curso.

Em tese, o dever de um diplomata experiente como Celso Amorim é alertar o governo sobre as condições adversas, ponderar a respeito dos riscos e, se for o caso, orientar a estratégia de forma a reduzir os danos.

O que se vê neste, nos casos anteriores e no perigo da repetição do fracasso na escolha da diretoria-geral da Unesco é um diplomata experiente pondo sua competência em xeque em nome do desejo de "servir".

Uma estranha aspiração, pois nem sempre a subserviência compensa.

Santa de casa

A ministra Ellen Gracie não deu sorte. Vários candidatos brasileiros a organismos internacionais já perderam disputas parecidas – é do jogo –, mas ela perdeu por uma conjugação de fatores especialmente desagradáveis, cuja ordem numa escala de importância não altera a má qualidade do produto.

Ex-presidente do Supremo, dona do dístico "primeira mulher a ocupar uma cadeira no STF", respeitada por sua capacidade na área jurídica, admirada pela categoria nas maneiras, Ellen Gracie sai do episódio maculada.

Não merecia, embora não se possa atribuir toda a responsabilidade ao governo. Se há um atributo que um magistrado precisa conservar aguçado é o discernimento.

Assim, intriga o fato de a ministra não ter aplicado sua capacidade de examinar as variantes, pesar as condições existentes e julgar a situação de modo a se preservar.

Vitória-régia

O ministro do Meio Ambiente, Carlos Minc, participa de passeata em prol da legalização da maconha, chama a bancada ruralista de "vigarista" e do governo não se ouve reparo algum.

De duas, uma: ou Minc está com carta branca para pintar

e bordar ou é visto como espécime de extravagância rara e, por isso, destinado à preservação.

Rede de proteção

Se confirmada a escalação da líder do governo no Congresso, Ideli Salvatti, como presidente, e do líder do governo no Senado, Romero Jucá, como relator da CPI da Petrobras, fica patente a intenção do Planalto.

Não é só controlar os trabalhos da comissão. Isso todo governo faz apoiado no regimento, embora a maioria nem sempre garanta o controle de fato. Muito menos dos fatos.

A ideia é tentar impedir que a CPI ande para qualquer lado, transformando qualquer questão – da requisição de documentos à convocação de depoentes – em uma batalha regimental que tomará tempo e renderá desgaste.

31 | 5 | 2009

A lei? Ora, a lei...

Quando estourou o escândalo das mordomias no Parlamento britânico, a crise dos abusos nos privilégios no Parlamento brasileiro estava no auge e as comparações foram inevitáveis.

Dois pontos chamaram atenção: a semelhança da natureza dos desvios e a diferença no trato da questão. O primeiro mostrava que gente civilizada também prevarica. Em tese, nos colocava ombro a ombro com os costumes do Primeiro Mundo.

Mas, o segundo derrubava o argumento, demonstrando a distância existente entre o Brasil e a Inglaterra no tocante à cultura sobre o manejo da coisa pública.

Resumindo, a disparidade evidenciou-se na consequência.

Lá, caiu o presidente do equivalente local à Câmara dos Deputados, o primeiro-ministro condenou liminarmente as práticas, não obstante terem sido cometidas por seus aliados, e as pesquisas de opinião de imediato registraram o repúdio do público ao partido envolvido no escândalo.

Michael Martin, o similar inglês de Michel Temer, renunciou ao cargo. Não porque fosse acusado. Nenhuma das denúncias o envolveu, mas retirou-se de cena porque havia sido contrário à divulgação das informações sobre os privilégios em vigor no "clube privado de cavalheiros", tal como o primeiro-ministro Gordon Brown definiu a Câmara dos Comuns.

Aqui, suas excelências tentaram resistir – com o aval dos presidentes da Câmara e do Senado –, justificando a legalidade das irregularidades; o presidente da República considerou uma "hipocrisia" a críticas aos abusos – aproveitando para confessar seus próprios desvios quando parlamentar –, as infrações foram todas anistiadas, a popularidade do presidente permaneceu intacta e as transgressões continuaram a ser reveladas.

No caso das passagens, o presidente da Câmara teve culpa (confessada) no cartório. No que tange aos privilégios abusivos, o presidente do Senado achou normal – e assim passou a ser considerado no geral – usar seguranças da instituição para vigiar suas propriedades no Maranhão.

Algum constrangimento, alguma concessão ao pudor? Nada. Só uma história de bastidor revelando que o presidente do Senado, José Sarney, cogitara da renúncia ao cargo em conversa com amigos. Não por vergonha das agressões individuais e coletivas às normas da boa conduta, mas por se achar injustamente atingido na majestade pretendida.

Caminhava o escândalo das mordomias no Parlamento brasileiro para o confortável limbo do esquecimento, quando a *Folha de S. Paulo* noticia que o pagamento ao auxílio-moradia aos senadores não tem sustentação legal.

A autorização desses pagamentos fora cancelada seis anos antes e, mesmo assim, o dinheiro continuou a ser religiosamente depositado nas contas dos senadores. Inclusive nas contas daqueles que têm moradia própria em Brasília e, por óbvio, não precisariam de tal benefício.

Entre os agraciados de maneira duplamente irregular com R$ 3.800 por mês estava ninguém menos que o presidente do Senado. Fiel à regra vigente, primeiro negou e, uma vez exposto, confirmou.

Não sabia como o dinheiro fora parar em sua conta, uma vez que não havia requerido o pagamento do auxílio. Detectado o equívoco, pediu desculpas e ordenou a devolução.

E o vácuo, o período em que todos os benefícios foram pagos sem sustentação em regra alguma?

Rapidamente deu-se um jeito. Criou-se uma nova norma autorizando os pagamentos e atribuiu-se o passado à conta do equívoco para justificar nova anistia.

Ninguém procurou saber por que houve a suspensão dos pagamentos há seis anos. A fim de não suscitar mais polêmica, convencionou-se que houve "erro burocrático".

Mas será que houve mesmo? Ou na época aquela regra foi revogada em função de alguma denúncia sobre irregularidades na concessão dos auxílios-moradia?

No mínimo, seria necessário conferir. Nada impede de acontecer o mesmo com algumas normas alteradas em virtude da recente crise. Amanhã, numa próxima legislatura, quando suas causas se perderem na memória nacional, podem causar espanto e, para ajeitar a situação conveniente ao momento, ser recuperadas tal qual o modelo anterior.

Suposição? Não, mera constatação da realidade. No Brasil, diferentemente do que ocorre em nações de costumes mais civilizados, quando a legislação provoca qualquer abalo nos interesses de quem tem poder ou influência institucional, muda-se a legislação de forma a satisfazer os interesses anteriormente contrariados.

Talvez seja esse o ponto que separe os escândalos dos Parlamentos no Brasil e na Inglaterra. Lá, suas excelências dobraram-se envergonhadas aos ditames lei. Aqui, correm sem pejo para alterar os princípios da lei.

Isso responde, por exemplo, a uma questão aparentemente inusitada sobre o que há em comum entre o caso do auxílio-moradia e as mudanças na Lei Eleitoral propostas para, entre outras coisas, revogar a fidelidade partidária interpretada pelo Supremo Tribunal Federal conforme o que impõe a Constituição.

17 | 6 | 2009

Perdido no espaço

O pronunciamento do presidente do Senado, José Sarney, mostrou que o senador não compreende a natureza nem a dimensão da crise que assola o Parlamento. Não está à altura das necessidades do momento e, portanto, não é a pessoa indicada para conduzir os acontecimentos ao caminho da melhor solução.

Não tendo sido – como é melhor crer que não tenha sido – apenas uma manifestação de desfaçatez absoluta, o que se viu e ouviu da cadeira da presidência do Senado na tarde de ontem foi um homem fora de seu tempo e alheio às circunstâncias que o cercam.

Referido no passado, apegado a uma fantasia de majestade, movido por conceitos anacrônicos, a exigir reverência a uma biografia que, na sua convicção, o torna imune a questionamentos e faz de qualquer crítica a seus atos uma injustiça por definição.

Se não se fez de desentendido, o senador José Sarney ontem deixou patente que perdeu seu discernimento no túnel do tempo dos 60 anos de vida pública aos quais aludiu, não para oferecer sua experiência à dissolução da crise, mas para se dizer acima de julgamentos.

Ontem, finalmente, foi possível compreender por que Sarney não mediu nem percebeu o risco da insistência em se candidatar pela terceira vez à presidência do Senado. Ficou muito claro também a razão do equívoco de imaginar que poderia ser ungido ao posto pela unanimidade de seus pares.

José Sarney simplesmente não leva em conta o mundo em volta. Apreende da realidade só o que bem entende e depreende o que lhe é conveniente. A despeito dos fatos.

O presidente do Senado usou do microfone para celebrar seu papel de opositor da edição do AI-5, há 40 anos; para exaltar o gesto de rompimento com o partido de sustentação da ditadura militar, há 25 anos; para teorizar sobre o desgaste do sistema representativo no mundo; para relembrar suas realizações em prol da transparência quando ocupou a presidência da República, há mais de duas décadas; para apontar a existência de forças em movimento para enfraquecer o Parlamento.

Deixou, contudo, de listar a nefasta contribuição que o próprio Legislativo dá a esses interesses ao se apequenar com gestos recentes que o presidente do Senado propositadamente ignorou ou sobre os quais simplesmente tergiversou. Quando não distorceu de maneira explícita.

Por exemplo, ao dizer que não tem feito outra coisa a não ser tomar providências para corrigir erros cometidos em gestões anteriores.

Discorreu sobre o elenco de atitudes que foi obrigado a tomar sob pressão: a demissão de Agaciel Maia, a suspensão de negócios ilícitos de crédito consignado, o cancelamento do pagamento de horas extras no recesso, a regulamentação do uso de passagens aéreas, a divulgação na internet dos gastos com a verba indenizatória, a publicação dos atos secretos.

Distorções que, quando denunciadas, Sarney atribuiu ao desejo da imprensa de fazer do Senado um "boi de piranha". Nenhuma das correções fez parte do discurso de posse, cuja promessa mais austera previa um corte de 10% nas despesas.

Isso embora não fosse um estreante, mas um reincidente na presidência. Em defesa do senador Sarney diga-se que se ele não atua conforme exige o tempo moderno, o corpo do Senado tampouco está em consonância com o contemporâneo, pois, se a maioria o elegeu, foi por considerá-lo o homem certo.

Enquanto isso...

... Na Câmara dos Deputados não se fala mais em reestruturação no sistema de gastos, em modernização nem em aperfeiçoamento de procedimentos, muito menos em punição para a quadrilha que negociava no câmbio negro com agências de turismo as passagens aéreas compradas pela Casa.

Depois de muito discurso, as providências ficaram resumidas à criação de uma cota única de R$ 23 mil a R$ 34 mil por deputado, para gastos com passagens, correio e telefone. Fora isso, continua válida a verba de R$ 60 mil para contratação de assessores nos gabinetes, o auxílio-moradia, mais dois salários extras (13.º e 14.º) por ano. Não houve redução de valores.

O "cotão" poderá ser gasto como, onde e com quem o deputado quiser. De três em três meses, cada qual põe sua prestação de contas na internet. Da maneira como lhe for mais conveniente, não necessariamente da forma tecnicamente mais transparente.

Metodologia

O governo francês levou ao pé da letra a declaração de Lula sobre o pagamento das indenizações às famílias do acidente com voo AF 447 e, mesmo correndo o risco de uma descortesia diplomática, apressou-se em esclarecer que é da Air France, e não da França, a responsabilidade pelos seguros.

Acostumados à precisão das palavras, os franceses não entenderam o espírito da coisa: Lula apenas aplicou a Sarkozy seu método de apropriação de qualquer fato ou ato de caráter positivo.

18 | 6 | 2009

Advogado do diabo

Do tiranete iraniano, Mahmoud Ahmadinejad, ao tiranossauro cubano, Fidel Castro, passando por uma vasta gama local de atos, ideias e personagens erráticos, o presidente Luiz Inácio da Silva não vacila quando se trata de assumir a defesa do indefensável.

São tantos e tão repetidos os casos, que já se configura um padrão: se a questão em pauta envolve conduta, Lula entra no assunto pelo lado do avesso.

A Venezuela, sob o tacão de Hugo Chávez, na personalíssima versão do presidente brasileiro tem "democracia demais".

No auge do escândalo da farra das passagens aéreas no Congresso Lula entrou em cena perguntando "qual é o crime?", para acusar de "hipócritas" os indignados.

Igualmente farisaicas, na opinião dele, são as restrições impostas pela Justiça à ação do poder público em períodos eleitorais, as exigências da legislação ambiental, a fiscalização do tribunal de contas, as manifestações de magistrados e tudo o mais que lhe cause desagrado ou lhe imponha limites aos movimentos. São inúmeros os registros de afagos do presidente em gente cuja folha corrida faria bonito naquela antiga lista dos "300 picaretas", bem como é recorrente o esforço do chefe da nação em atenuar o sentido nefasto de atos por ele outrora batizados de "maracutaias".

A defesa em rede nacional, via transmissão internacional, da prática do caixa 2 em campanhas eleitorais como algo natural, por usual, é de todos talvez o mais eloquente. Consolidou o lema do "todo mundo faz" e conferiu aceitação à tese segundo a qual política eficaz só se faz com as mãos na lama.

Por essas e muitas outras que a memória joga fora, não surpreende a defesa do Senado feita nos habituais termos de elogio ao mau combate.

Ainda assim, a declaração impressiona pela ausência de autocrítica, pelo raciocínio deformado, pelo desrespeito a valores universais de civilidade e, por que não dizer, pela falta de amor-próprio e senso de preservação da estatura do cargo.

Por partes: "Não li a reportagem do presidente Sarney, mas penso que ele tem história no Brasil suficiente para que não seja tratado como uma pessoa comum".

A fim de não se comprometer com o conteúdo dos fatos – prova que lhes reconhece a gravidade –, o presidente diz não saber direito do que trata o principal assunto da política, o processo de desmoralização desenfreada do Poder Legislativo.

Não obstante o alegado desconhecimento, opina. E convalida a cultura do privilégio, fere o princípio da igualdade entre os cidadãos e, ao considerar o presidente do Senado um injustiçado, revela que na visão dele uma "pessoa comum" pode ser difamada sem fundamento, mas jamais um senador.

Segue o presidente: "Elas (as denúncias) não têm fim e depois não acontece nada". E assim o chefe da nação alimenta a descrença nas instituições, incentiva o menosprezo às ferramentas de fiscalização e investigação e mata na raiz a energia da demanda por procedimentos mais perfeitos.

E completa: "Não sei a quem interessa enfraquecer o Poder Legislativo, não se pode todo dia arrumar uma vírgula a mais, você vai desmoralizando todo mundo".

A ninguém de boa-fé interessa enfraquecer o Poder Legislativo. Mas, se for para procurar quem com a fragilização coopera, localize-se quem trata das instituições com ligeireza, não apela nem trabalha por avanços, aprofunda os vícios exaltando a sua prática a fim de fazer uso da submissão dos viciados, faz tábula rasa do exercício da virtude, manipula o lado escuro das emoções e das necessidades, firma compromisso com a desonra, mas não faz um só acordo com a honra.

Quanto ao tratamento reservado ao presidente do Senado, cumpre lembrar que nunca no Brasil um político de oposição chamou em público um presidente da República de ladrão. Nem Fernando Collor que, na sua pior inspiração, carimbou o então presidente José Sarney como "batedor de carteira", mas da "História".

As pessoas que viveram e compreenderam a transição democrática reconhecem o valor de Sarney naquela tarefa de condução. Nisso não se inclui o PT de Lula, que na época virou as costas às exigências da reconstrução da democracia.

Os acontecimentos de 25 anos atrás, no entanto, não subtraem legitimidade do atual presidente nem de seu partido. Da mesma forma, não servem como salvaguarda ao senador José Sarney nos dias de hoje.

Justamente por ter prestado um inestimável serviço à redemocratização com sua personalidade conciliadora é que Sarney está histórica e civicamente impedido de contribuir para a derrocada moral do Congresso.

Ao contrário do que disse em seu discurso, avalizado ontem pelo presidente Lula, José Sarney não está acima de julgamentos. Sua trajetória não o autoriza a descer. Ao contrário, o obriga a ajudar o Parlamento a subir, o que se faz com ações concretas como se fez quando a ditadura baixou a guarda e os políticos profissionais, hoje tão desprezados, souberam construir a abertura do caminho de volta à democracia.

22 | 7 | 2009

Teúdos e manteúdos

O novo presidente da União Nacional dos Estudantes, Augusto Chagas, acha "legítimo" o governo federal patrocinar o "movimento estudantil" e não vê, portanto, fundamento nas críticas ao fato de a UNE receber milhares de reais dos cofres públicos para realizar o seu congresso nacional e muitos milhões para reconstruir sua sede.

É uma maneira de ver a vida. Bem como é uma opção da entidade apoiar o grupo político que bem entender. Se o "movimento estudantil" se sente representado, confortável, ou não, nessa posição, é uma questão a ser resolvida entre os estudantes, a direção da UNE e os saudosos do velho espírito combativo retratado no lema "a UNE somos nós, nossa força, nossa voz".

Há algum tempo, a voz passou a ter um dono só. E, por isso mesmo, o público – ou parte dele – tem todo o direito de reclamar o destino do dinheiro coletivo. Bem como não tem mais condições de vislumbrar a mais tênue diferença entre um político que recebe favores do Estado para integrar a maioria do governo no Congresso e uma entidade que se curva a qualquer descalabro em troca de dinheiro em espécie.

O novo presidente da UNE, um estudante profissional de 27 anos de idade, eleito por pouco mais de 2 mil estudantes em pleito indireto e há anos devidamente manipulado pelo aparelho do PC do B, acha que protestar contra a CPI da Petrobras sob o gentil patrocínio do acionista majoritário da empresa é exercer o sagrado direito à liberdade de expressão.

"Não vejo problema no fato de a UNE ter opinião", diz, aproveitando o ensejo para se associar a quem lhe paga (com o dinheiro alheio) no repúdio aos reparos – gerais, não só da oposição como quer fazer crer em seu sofisma – à presença na presidência do Senado e conduta moral e legal do senador José Sarney.

"A mera saída de Sarney não resolve nada", afirma como quem adere à campanha "eu também me lixo para a opinião pública". Realmente, "a mera saída" não resolve e pode até mesmo servir como lenitivo para aplacar consciências.

Por isso mesmo, o que se defende não é a "mera saída" por conta das irregularidades gerais cometidas na Casa, mas o afastamento por causa das denúncias de malversação do poder político que pesam contra o senador e a escolha de um presidente que possa conduzir o Senado para fora do mar de lama.

Mas tal providência não mobiliza a UNE, assim como aos estudantes do Brasil não parece causar desconforto esse tipo de posição por parte de alguém que diz representá-los. Há duas possibilidades de explicação para a indiferença, uma ruim e outra péssima.

A ruim, a ausência de legitimidade real da entidade. A péssima, o desinteresse da estudantada em tratar as questões nacionais com mais seriedade que protestos carnavalescos movidos ao horroroso simbolismo da "pizza".

O novo presidente da UNE não estabelece relação de causa e efeito entre a dinheirama ganha do governo federal e o protesto contra a CPI da Petrobras. "Não acreditamos que a CPI tenha o objetivo de apurar irregularidades."

Não seria, então, o caso de esperar o início dos trabalhos e, uma vez configurada como verdadeira essa desconfiança, protestar contra a falta de empenho na investigação?

Talvez o novo presidente da UNE não tenha se dado conta, mas defende a mesma posição da tropa de choque comandada por Renan Calheiros, certamente alvo de zombaria e indignação nas rodas de sua convivência social, política e familiar.

O novo presidente da UNE ficaria chocado se comparado ao suplente Wellington Salgado? Pois não deveria.

Ter opinião é uma coisa. Isso o novo presidente da UNE faz quando revela sua preferência pela candidatura da ministra Dilma Rousseff. Quanto a isso, é como ele diz, não há nenhum problema.

A história muda de figura quando essa opinião é vendida como mercadoria. Repetindo: ter opinião é uma coisa.

Vendê-la é outra bem diferente. Implica uma decisão consciente, no mínimo, de abrir mão da moral para criticar o fisiologismo reinante na casa do vizinho.

Isso vale para a UNE, mas vale também para sindicatos e entidades ditas representativas de movimentos sociais, cuja função não é atacar ou defender governos, mas lutar pelas demandas de seus representados e, quando acham que devem, se engajar nas melhores causas. Sem prejuízo da opinião, mas também sem benefícios financeiros.

Como dois e dois

Tão certo quanto o espetáculo à parte que o presidente do Conselho de Ética do Senado, o suplente Paulo Duque, continuará estrelando até ser derrubado do posto, é o arranca-rabo que se avizinha no comando da CPI da Petrobras.

Entre o presidente, o suplente petista João Pedro, e o relator, o peemedebista Romero Jucá. Guardadas as proporções, reproduzirá o embate PT-PMDB no esquema de defesa do presidente da Casa, José Sarney.

É de se conferir se aí também o presidente Lula fará o mesmo tipo de arbitragem.

17 | 7 | 2009

Estadista pelo avesso

Reza a boa norma da política que o estadista até leva desaforo, mas não carrega mágoas para casa. Sobrepõe as questões de Estado a ofensas pessoais. Sacrifica o individual em nome do coletivo.

É sábio para distinguir situações e, mediante o cotejo de perdas e ganhos, calibra suas atitudes de modo a equilibrar responsabilidades e necessidades.

O presidente Luiz Inácio da Silva, a despeito da celebração de suas habilidades no ramo, não possui esses atributos.

Antes, exibe características opostas e age exatamente no sentido contrário ao do governante cujo objetivo primeiro é o zelo pelo bem-estar físico, espiritual, cultural e moral dos governados.

O presidente é hábil no terreno da autoajuda de efeito imediato, comanda como ninguém o espetáculo do crescimento da própria popularidade, mas mostra-se desprovido da noção do que seja a construção de um legado de avanços de longo prazo em benefício de toda a sociedade.

Há exemplos anteriores às mais recentes exorbitâncias que

agora, tardiamente, depois de um longo período de celebração de tais atos como manifestação de genial pragmatismo político, provocam reações gerais de desagrado.

Quando se sentiu pessoalmente atingido por uma reportagem do correspondente do *New York Times*, Lula não hesitou em confundir-se com o Estado e expor o país ao ridículo ordenando a cassação do direito do jornalista ao visto de permanência no Brasil.

Sofreu pesadas críticas e pôs o pé no freio do autoritarismo que se delineava no início do primeiro mandato. Os mesmos reparos, no entanto, não sofreu nas inúmeras vezes em que confundiu a necessidade altiva de passar por cima de idiossincrasias ideológicas com a pequenez da irresponsabilidade de passar a mão na cabeça de infratores.

Distribuiu "cheque em branco", avalizou práticas criminosas, deu abrigo a gente expulsa do poder público por desrespeito ao bem público, afrontou o Judiciário, chamou de hipócritas as restrições ao uso eleitoral da máquina administrativa, reclamou que o excesso de fiscalização faz mal ao Brasil, ignorando o mal que a impunidade secular faz ao país.

Com isso, esvaziou o valor dos princípios, aos quais costuma tratar com zombaria chamando de "principismo" e, assim, tudo se tornou permitido e as críticas ao esfacelamento ético perderam o sentido. Ou pior, adquiriram um caráter de puro farisaísmo.

Lula não fez isso sozinho. Contou com a colaboração de um razoável consenso segundo o qual os vencedores, principalmente se populares, são inimputáveis.

O presidente se sentiu à vontade e, portanto não há razão para surpresa quando Lula acelera na defesa de tudo e todos cuja representação é a desonra, imaginando que isso lhe garantirá ganhos eleitorais e um lugar privilegiado na História.

O que surpreende é que não consiga enxergar o perigo do exagero. Cumprir um dever de solidariedade a um aliado como o senador José Sarney é uma coisa. Poderia fazê-lo dentro do limite da sóbria moderação de Estado.

Mas, não, optou por jogar-se nos braços da impostura ao ponto de produzir aquela frase sobre Sarney não ser uma pessoa comum, que não lhe rende nada além de perdas.

Sarney, nesta altura com muito pouco ou quase nada a perder, fica bem. Ele, Lula, dono de um enorme capital, desperdiça patrimônio à toa.

Da mesma forma, é perdulário na derrama de elogios e afetos para Fernando Collor.

Para quê? O estadista que engole desaforos em nome de um projeto compartilha palanque em Alagoas, não hostiliza o antigo adversário e dá por cumprido o ofício da boa convivência e do respeito ao voto do eleitorado local.

O governante que exacerba e perde a medida é o mesmo que confessa a "mágoa" com o Senado pela derrubada da CPMF, porque, por falta do dinheiro do imposto do cheque, não pôde "melhorar a saúde".

Na realidade, Lula não se conforma é com a derrota política. A ajuda à saúde pública poderia ter dado apoiando o projeto do ministro José Gomes Temporão, de modernização da gestão do setor, largado no Congresso à posição contrária dos corporativistas de plantão, petistas à frente.

As pessoas percebem essas coisas. Pois é como diz o outro: não se engana todo mundo o tempo todo.

Em vão

Um dos principais, senão o principal motivo pelo qual o senador José Sarney resolveu ser presidente do Senado pela terceira vez, foi o de acreditar que no cargo teria influência sobre a Polícia Federal, na investigação envolvendo um de seus filhos.

Pois Fernando Sarney foi indiciado pela PF sob acusação de organizar quadrilha para atuar dentro do aparelho de Estado em prol de empresas privadas interessadas em ter acesso privilegiado a contratos com estatais.

Sarney achou que ao presidente do Senado ainda seriam devidas velhas reverências. Mais um de uma série de equívocos cometidos a partir da ultrapassada premissa de que o poderoso tudo pode. Foi-se o tempo.

23|9|2009

Os russos estão chegando

O resultado da última pesquisa Ibope fotografa o momento em que PT e PSDB testemunham o abalo do jogo muito bem combinado e previsível da disputa plebiscitária entre governo e oposição.

Se era o projeto do presidente Luiz Inácio da Silva pôr sua força à prova, tampouco não desagradava aos tucanos concorrer com Dilma Rousseff, uma candidata inexperiente, cujo atributo mais visível nem é a antipatia pessoal, mas a apatia política.

Estavam ambos confortáveis, na convicção de que a sorte estava lançada de acordo com as regras previamente determinadas, quando a senadora Marina Silva apresenta a candidatura, o deputado Ciro Gomes reafirma a sua e entra em cena a evidência de que faltava um dado fundamental para aquele acerto dar certo: combinar com o eleitorado sempre ávido por novidades.

Os dois principais oponentes foram os que mais perderam.

O governador de São Paulo, José Serra, quatro pontos porcentuais; a ministra da Casa Civil, três pontos. Com a agravante, para ela, de ter caído do segundo para o terceiro lugar. Ultrapassada – pouca coisa em termos numéricos, mas suficiente para provocar um efeito psicológico negativo – por Ciro Gomes, que, em relação à pesquisa anterior, ficou no lucro de cinco pontos porcentuais.

No cenário mais provável, o que põe na disputa Serra, Ciro, Dilma e Marina, o governador tem 34%, o deputado 17%, a ministra 15% e a senadora do PV, 8%.

Ciro ganhou muito, mas, em termos relativos, Marina Silva ganhou mais. É a única sem padrinho e sem *recall* de cargos e eleições anteriores. Se levarmos em conta que Dilma teve quase um ano de exposição diária na companhia de Lula para entrar na casa dos dois dígitos das intenções de votos, os 8% de Marina em um mês de candidatura não assumida, representam um desempenho e tanto.

A rejeição da senadora (37%) beira a marca do pênalti. Segundo os especialistas no tema, candidato com 40% de rejeição dificilmente se elege. Foi o único quesito em que Dilma subiu. Está com exatos 40%. Ciro fica com 33% e Serra com a menor, 30%. Esta poderia ser a boa notícia para o governador, como contraposição à perda na vantagem.

Afinal, ele é conhecido por 66% dos entrevistados. Marina por apenas 18%, Ciro por 45% e Dilma por 32%. De Serra e Ciro um bom naco do eleitorado já conhece qualidades e defeitos. Sobre Marina quase ninguém sabe nada, o que tanto pode apontar para um bom futuro como pode resultar em decepção. Por ora, Marina ainda é um símbolo. E para poucos.

Ciro faz o impetuoso, adversário dos erros e companheiro dos acertos do governo Lula. Estabelece contraponto com o desempenho anódino dos postulantes da oposição, embora possa a qualquer momento se tornar seu maior inimigo.

Seja como vier a ser, fato é que a campanha presidencial desponta fugir à fórmula elaborada nos laboratórios tucanopetistas. O que, em algum momento, poderá resultar numa circunstancial, mas inusitada aliança.

Aos costumes

O ex-governador Orestes Quércia desembarcou ontem em Brasília para uma conversa com o presidente da Câmara, Michel Temer, também presidente licenciado do PMDB, já agastado com o fato de Temer vir adiando um encontro para tratar do assunto com ele.

Quércia fecha com José Serra, domina a máquina do PMDB paulista, da qual Temer dependeu para se eleger deputado federal em 2006, com a mais modesta das votações entre os eleitos pela legenda.

Em miúdos: para ser vice Michel Temer pode até depender da vontade do PT, mas para ter assegurada a sobrevivência política precisa mesmo é se acertar com o PMDB.

Contrato de risco

Até a concessão de asilo político ao presidente deposto de Honduras, entende-se.

Mas, se o governo brasileiro não impuser limites à ação de Manuel Zelaya dentro da embaixada brasileira, compreendendo também as próprias limitações, vai se tornar parte num conflito que não se resume ao embate entre um presidente constitucional contra um governo golpista.

Trata-se, antes, de um choque entre duas concepções autoritárias forjadas na violência. De um lado o governo de facto impondo a regra do jogo a ferro e fogo e, de outro, o deposto a bordo de seu lema "pátria, restituição ou morte".

Zelaya tem contra ele o Legislativo, o Judiciário, parte considerável da opinião pública e o fato pretender ignorar – ao molde de Hugo Chávez – as outras instituições em nome de um projeto de prolongamento anticonstitucional de permanência no poder.

A maneira de se lidar com essas situações é pela via legal e não por meio da força, isso é ponto pacífico.

Só que não cabe ao Brasil se imiscuir nos meios e modos internos de outro país, muito menos quando o asilado em questão não demonstra dispor de organização e apoio político suficientes para fazer valer seu mandato em termos negociados.

24 | 9 | 2009

Correção de rumo

Não é necessário um grau muito apurado de observação para notar algo de esquisito na opção preferencial do presidente Luiz Inácio da Silva pela candidatura presidencial da ministra Dilma Rousseff.

Qualquer um, profissional ou amador, ao menos desconfia de que Lula já tenha percebido que a "companheira" não é do ramo nem tem a veleidade de vir a ser.

Os mais atentos lembram-se de um raciocínio, várias vezes repetido pelo presidente, dizendo que o nome de sua escolha para concorrer à sucessão não seria anunciado com antecedência porque isso significaria expor o pretendente aos efeitos do sol e do sereno, "queimando" suas possibilidades.

Em meados de 2007 Lula dizia o seguinte: "Quando você cita um nome com antecedência você está queimando esse nome. Primeiro, você queima internamente, com os possíveis pré-candidatos; depois, na base aliada com os candidatos dos outros partidos e, finalmente, os adversários e a imprensa colocam uma flecha direcionada para ele 24 horas por dia. Por isso, penso que o nome deve ser mantido sob segredo de Estado".

Seis meses depois (em fevereiro de 2008) e quase três anos antes da eleição, Lula contrariou as próprias palavras – lançando a "mãe do PAC" na pista de testes –, mas talvez não tenha contrariado o próprio pensamento.

Cumpre lembrar que àquela altura não se falava em candidatura governista. Só a oposição ocupava esse espaço. Lula precisava ocupá-lo também, sob pena de já no meio do segundo mandato passar a impressão de fim de festa, deixando que os adversários representassem desde então a tão idolatrada expectativa de poder.

Ademais, era preciso criar uma perspectiva eleitoral para 2010, a fim de enfrentar a eleição municipal de 2008. Um parêntese: na qual ficou comprovada a limitada eficácia da transferência de votos pura e simples.

Os petistas credenciados anteriormente para o posto de candidato a presidente haviam sido obrigados a se retirar de cena por causa de escândalos. Uma alternativa fora do PT, como Ciro Gomes, do PSB, não soaria agradável aos ouvidos petistas, haveria reação.

A solução Dilma apresenta-se, então, perfeita para a circunstância: é filiada ao partido, priva da confiança integral do presidente, tem por ele a fidelidade dos burocratas e, mais importante, nada a perder.

Do ponto de vista da ocasião e do objetivo, deu tudo certo. A cena da oposição foi tomada pela ministra da Casa Civil. Como quase tudo o que vem de Lula, a despeito da ausência de lógica naquela candidatura, muita gente comprou o peixe tal qual ele era vendido. Inclusive, justiça seja feita, por falta de opção à vista.

Agora que Dilma deixa bem claro ao que não veio e que Ciro Gomes se apresenta para o que der e vier, fica muito mais fácil para Lula corrigir o rumo da sucessão. Mas, não agora. Só mais à frente, na hora certa.

Roubada

Sob qualquer ângulo que se olhe, é difícil perceber como o Brasil poderá se sair bem do embate em Honduras. Hospedeiro de uma parte, o país não será reconhecido pela outra, como negociador.

Teria chance de sair como herói da resistência, mas, para isso, Manuel Zelaya, o presidente deposto, precisaria ser um anjo de candura democrática, o que não é o caso. Seria necessário também que o governo de facto fizesse uma agressão direta ao Brasil, coisa que o ocupante da presidência, Roberto Michelletti, já avisou que não fará.

"Se Zelaya quiser viver ali (na embaixada brasileira) por 5 ou 10 anos, não temos nenhum inconveniente", disse, demonstrando disposição de vencer pelo cansaço.

Além disso, há as eleições marcadas para 29 de novembro. Uma vez empossado o eleito em janeiro, é de se perguntar o que fará o Brasil com seu hóspede.

De cima

Os recentes recuos do prefeito Gilberto Kassab – seja no corte de uma refeição nas creches, por orientação nutricional, seja na redução nos contratos de limpeza pública, sabe-se lá qual a razão – foram determinados pela reação do governador José Serra.

Serra não assume a candidatura, mas não dá um passo

nem permite que os aliados façam quaisquer gestos que, na visão dele, possam render prejuízos eleitorais.

Caso de polícia

Depois de insultar o ministro do Meio Ambiente, Carlos Minc, e anunciar que se tivesse chance o "estupraria em praça pública", o governador de Mato Grosso do Sul, André Puccinelli, divulgou nota pedindo desculpas "na hipótese de (suas declarações) terem gerado ofensa ao ministro".

O problema mais grave não foi nem o agravo ao ministro que, de resto, se defendeu bem, mas a ofensa que o governador fez ao código penal ao fazer apologia de um crime. Coisa que evidentemente não se resolve com um pedido de desculpas.

2 | 10 | 2009

Toffoli 10, Senado 0

Com uma explanação inicial bem ensaiada sobre o papel do Supremo Tribunal Federal, gestos de bom efeito – como levantar um exemplar da Constituição ao molde de bíblia e fartos elogios ao Congresso –, esquivando-se da essência das perguntas mais complicadas ao ponto de "esquecer" se havia ou não orientado a defesa do ex-ministro Silas Rondeau, o novo ministro do STF, José Antônio Toffoli, saiu-se a contento da sabatina na Comissão de Constituição e Justiça do Senado.

Não sofreu as prometidas contestações, não enfrentou questionário rigoroso, foi irrepreensível na observância do manual do bom candidato e absolutamente profissional no treinamento e na montagem do *lobby* direcionados ao resultado pretendido, alcançado com larga margem de vantagem.

Isso, a despeito de todas as restrições existentes ao nome dele, numa conjugação de fatores adversos inédita. Toffoli – do ponto de vista dele – merece, portanto, nota 10.

Já o Senado ficou no zero a zero de sempre. Desincumbiu-se da função de submeter o indicado à sabatina como quem carimba um requerimento emitido pelo presidente da República, mas não permitiu ao público saber se o novo ministro é ou não adequado para o cargo.

Tomara que brevemente venha a demonstrar que seja, pois o Senado não deu a chance ao país nem cumpriu o seu dever de esclarecer a questão antes do fato consumado. Não pôs à prova o exigido notório saber, a reputação ilibada e a independência do indicado.

À exceção dos senadores Álvaro Dias, Pedro Simon e mais um ou outro, não se fez referência às restrições que nos dias anteriores à sabatina suscitaram polêmica e justificaram o lobby, cuja organização incluiu a contratação de empresa de comunicação especializada.

Mesmo os questionamentos sobre os assuntos em pauta ocorreram como se fossem parte de um roteiro preestabelecido, para constar. Os senadores aceitaram passivamente o alegado "esquecimento" sobre o caso Rondeau, a afirmação de que as condenações na Justiça do Amapá por recebimento indevido de recursos públicos foram equivocadas, o juramento de que as ligações estreitas com o PT, Lula e José Dirceu são "páginas viradas", bem como o compromisso com a independência nos julgamentos do STF.

Palavra contra palavra, valeu a do questionado. Ao aprová-lo sem questionamento o Senado deu um voto de confiança, quando o que se esperava era que desse um voto consciente.

De preferência, evitando cenas como a do líder do PSDB, Artur Virgílio, dizendo que seu voto a favor havia sido recomendado por um advogado amigo em comum.

Um espetáculo tosco. Não por causa de Toffoli. Mas pelo conjunto da obra de subserviência e displicência do Legislativo para com as suas prerrogativas.

Por isso é um equívoco achar que o erro está no fato de o presidente da República indicar os ministros do Supremo, porque a deformação é de quem aceita as coisas sem discutir.

Algo de podre

Com todo respeito que não merece uma Justiça que fere a Constituição e censura, é altamente suspeita a decisão do Tribunal de Justiça de Brasília de levar dois meses para se declarar incompetente para julgar a liminar proibindo o Estado de divulgar informações sobre a operação da Polícia Federal que investiga Fernando Sarney, filho do presidente do Senado.

Um juiz, o autor da liminar, já foi declarado impedido por suas relações de amizade com a família Sarney. O TJ-DF, bem como outros tribunais com endereço na capital da República, é um ambiente de trânsito sabidamente fácil para o senador.

O envio da questão para julgamento no Maranhão, feudo da família, não contribui para a confiabilidade do Judiciário. Ao contrário, produz desconfiança.

Apesar de todas as incongruências do processo – o presidente do Supremo Tribunal Federal, Gilmar Mendes, já disse que é incompreensível a demora na decisão final –, a censura continua em vigor.

Enquanto um jornal continuar impedido de informar, não se pode dizer que o Brasil esteja em situação de normalidade democrática.

Viva Lula

O Tribunal Superior Eleitoral condenou a maior parte da "reforma" na lei eleitoral feita pelo Congresso, mas aplaudiu – com veemência – o veto do presidente Lula às restrições ao uso da internet. Retrocesso que, no entender do TSE, foi, a bom tempo, corrigido pelo presidente.

Nunca antes

O cidadão Celso Amorim tem assegurado seu direito legal de filiação partidária. O chanceler, porém, tem (ou teria) o dever de manter sua condição de servidor do Estado, que permanece, e não de governos, que se alternam.

Amorim já havia inovado quando da filiação ao PMDB. Agora, na transferência para o PT em busca de "um palanquezinho", superou-se.

14 | 10 | 2009

Degradação programada

Terminado o prazo de filiação partidária para os candidatos às eleições de 2010, no balanço notam-se perdas e nenhum ganho. Houve, sim, uma involução da espécie. Um recuo acentuado em relação a tudo o que tem sido dito e ouvido nos últimos anos sobre a necessidade de reformar os meios e os modos da política, a começar pelo fortalecimento dos partidos.

Na prática, o que se teve foi a negação desse discurso. Cresceram as legendas de aluguel, filiaram-se celebridades a mancheias atrás de volume de votos para aumentar o valor da cota dos recursos (públicos) do fundo partidário e celebrou-se o acordo tácito segundo o qual é golpe baixo reclamar na Justiça o cumprimento do preceito constitucional que dá posse dos mandatos aos partidos.

Instituiu-se a fidalguia da ilegalidade. Dela, decorreram fenômenos visíveis a olho nu: quem sai de um partido sem justa causa – a justeza estabelecida na lei, bem entendido – é uma pobre vítima, se o partido de origem reclama seus direitos. Outro: é sinal de habilidade política manter o bico fechado a fim de evitar represálias na mesma moeda.

Mais um: os perdedores ficam quietos na esperança de que, amanhã ou depois, a legenda que abrigou os trânsfugas venha a ser uma aliada. Com isso, tem-se o Supremo Tribunal Federal feito de bobo e a Constituição de letra morta.

Note-se o absurdo traduzido em percentuais. No Congresso, os partidos que mais cresceram com o troca-troca de última hora foram o PSC e o PR. O primeiro deu um salto de quase 90% e o segundo cresceu mais de 70%. É normal, isso?

Pela ótica do presidente do PSC, normalíssimo. E lucrativo. "Não tem problema nenhum. Aceitamos todo mundo. Se tiver recursos, melhor. Gostou do partido, da proposta, tem recursos lícitos, vai ser candidato", diz Vitor Nóisses, já notório na área por sua atuação em outros carnavais.

A "proposta" em questão é "o ser humano em primeiro lugar" e os recursos aludidos partem do patamar de R$ 1 milhão. Não seria aluguel explícito?

"Quem não é alugado que atire a primeira pedra. Esses partidos são de certa forma alugados com vários cargos." Bem feito para os partidos que poderiam dormir sem essa, caso não emprestassem suas siglas para a degenerescência geral.

Aí incluídas as filiações de cantores, costureiros, jogadores de futebol, dirigentes de clubes, gente sem a menor intimidade com a política que, uma vez eleita, desaparece sob as engrenagens do sistema profissional e, na verdade, corre atrás de mais notoriedade. Na versão amena dos fatos.

E os partidos ganham o quê? Milhares, quando não milhões, de votos para eleger outros tantos sem-voto e engordar os cofres com as verbas do fundo partidário, pago proporcionalmente à representação parlamentar. Votos esses completamente desprovidos do sentido da representação político-partidária. Na realidade, uma legítima representação da despolitização do processo.

De um modo geral, as justificativas para as trocas de partido podem ser resumidas numa só: a oportunidade de eleição mais fácil. Um diz que se "sente melhor" no novo partido, o outro alega que a nova legenda proporcionou "mais facilidades para composições" e há os que, meigos, choramingam reclamando de maus tratos na moradia anterior.

Uma situação em tudo e por tudo bem pior que o cenário já ruim de 2002, quando o então presidente do Tribunal Superior Eleitoral e ministro do STF, Nelson Jobim, dizia que aproveitaria a oportunidade daquela eleição presidencial para fazer um levantamento minucioso mostrando, Estado por Estado, o grau de distanciamento entre o eleitorado, os eleitos e os partidos.

Dizia Jobim que, sem novas regras, o próprio caráter representativo do Parlamento seria desmoralizado. Defendia como normas indispensáveis a obrigatoriedade de as alianças regionais acompanharem os acordos partidários nacionais, a eleição proporcional em lista fechada, a fidelidade partidária, cláusula de desempenho para acesso a vagas no Legislativo, financiamento público, fim da prática da soma dos tempos de televisão das legendas coligadas.

Jobim argumentava que os grandes partidos seriam os primeiros interessados numa reforma desse tipo, pois sairiam delas fortalecidos.

Ledíssimo engano. Se o tal levantamento foi feito e entregue aos partidos, ninguém deu a menor bola. Todos os avanços feitos pelo Judiciário foram derrubados – na lei ou na marra – pelos partidos e, o que dependeu de decisão do Congresso, não foi feito. As poucas modificações tiveram o condão de piorar as coisas, a exemplo da permissão para doações ocultas.

Nesse meio tempo Nelson Jobim deixou o Judiciário, virou ministro da Defesa e nunca mais falou do assunto em público nem se tem notícia de empenho junto ao seu partido, o PMDB, para levar adiante as questões que, segundo ele, ou eram resolvidas ou acabariam provocando a falência do sistema político-eleitoral no Brasil.

Sete anos depois, é exatamente para onde caminhamos.

15 | 10 | 2009

Uma nação de cócoras

Objetivamente: qual a necessidade de o presidente da República passar três dias vistoriando obras do projeto de transposição das águas do rio São Francisco em quatro Estados, na companhia de uma vasta comitiva de ministros, entre eles a chefe da Casa Civil?

Para uma vistoria, engenheiros dariam conta do recado. Para uma prestação de contas à sociedade com a finalidade de mostrar que as obras estão andando, há verbas (abundantes) de propaganda institucional.

Mas, como o objetivo não é verificar coisa alguma e a publicidade pura e simples, no caso, não cumpre o objetivo, o presidente Luiz Inácio da Silva ocupa três dias úteis dos raros que tem passado no país com uma turnê de acampamentos e pronunciamentos de caráter pura e explicitamente eleitoral.

Isso quando há problemas graves que mereceriam do presidente mais que referências ligeiras ou declarações de natureza político-partidária, ora em sentido de ataque, ora de defesa.

Exemplos mais recentes: o cancelamento por fraude do Enem e o confisco temporário de parte da devolução do Imposto de Renda para cobrir gastos públicos contratados pela necessidade de sua excelência alimentar o mito do grande beneficiário da nação, empreendedor ousado.

Mas o que espanta já não é mais o que Lula faz. O que assusta é o que deixam que ele faça. E pelas piores razões: uns por oportunismo deslavado, outros por medo de um fantasma chamado popularidade, que assombra – mas, sobretudo, enfraquece – todo o país.

Fato é que os Poderes, os partidos, os políticos, as instituições, as entidades organizadas, a sociedade estão todos intimidados, de cócoras ante um mito que se alimenta exatamente da covardia alheia de apontar o que está errado.

Por receio de remar contra a corrente, mal percebendo que a corrente é formada justamente por força da intimidação geral, temor de ser enquadrado na categoria dos golpistas.

Tomemos o partido de oposição que pretende voltar ao poder nas próximas eleições, o PSDB, pois ontem um dos postulantes à candidatura presidencial, o governador de Minas Gerais, Aécio Neves, manifestou-se com muita clareza a respeito dessa última e mais atrevida turnê eleitoral financiada com dinheiro do bolso de quem é partidário do presidente e de quem não é.

"Acho que o presidente tem todo direito de viajar pelo país. Isso faz parte do jogo político. Eu não me preocupo com essas viagens. Acho que elas são legítimas, da mesma forma que nós, da oposição, de forma extremamente respeitosa, temos de ter nossa estratégia. Isso é a democracia", disse o governador, num momento de acentuado equívoco.

Pelo seguinte: não se trata de a oposição se preocupar eleitoralmente ou não com as viagens de Lula. Inclusive porque a questão não são as viagens, mas a natureza eleitoral, partidária, portanto, e o fato de transgredirem a lei no que tange ao uso da máquina pública.

A declaração do governador de Minas, sendo ele quem é no cenário político e em particular de seu partido, representa a voz do PSDB. Que, portanto, não apenas aceita que o dinheiro público seja usado pelo governante para financiamento de campanha como, ao achar tudo muito "natural e legítimo", confessa que faria (se já não faz) o mesmo.

O governador de Minas, e de forma mais contida o de São Paulo, José Serra, acham que fazendo vista grossa a todo e qualquer tipo de transgressão estão sendo politicamente espertos, quando apenas fogem de suas responsabilidades como homens públicos que se pretendem "íntegros", conforme pregou outro dia o governador Serra. Não contestam coisa alguma, coonestam e assim vão amaciando, "respeitosamente", o caminho rumo ao Palácio do Planalto.

Pode até ser que a estratégia dê certo sob o ponto de vista eleitoral da oposição. Mas é um desserviço à democracia, que, ao contrário do que parece pensar o governador Aécio, não significa liberdade para transgredir, mas respeito ao direito – e ao dinheiro – de todos.

Modo de operação

O diretor-geral da Agência Brasileira de Inteligência, Wilson Trezza, diz que a Abin não tem como prevenir ações violentas do MST.

Considerando a quantidade de atos de violência já cometidos pelos sem-terra, tal declaração se não é fruto de incompetência é produto de conivência.

Dominatrix

Lula controla o Congresso, indicou quase todos (8 dos 11) ministros do Supremo Tribunal Federal, fez a Petrobras retroceder aos tempos de controle político e agora quer dar um chega para lá em Roger Agnelli, porque o presidente da Vale não lhe presta a reverência exigida.

É por essas e muitas outras que o presidente da República vocifera contra os "excessos" do Tribunal de Contas da União. À exceção de seu ex-ministro das Relações Institucionais José Múcio Monteiro, Lula não conseguiu emplacar uma indicação ao TCU.

Fontes Minion e Univers
Papel OffSet 75 g/m²
Impressão Gráfica Sumago
Em Março de 2010